全国高校校园文化建设优秀成果选编

全国大学生思想政治教育发展研究中心 组编

光明日报出版社

图书在版编目（CIP）数据

全国高校校园文化建设优秀成果选编 / 全国大学生思想政治教育发展研究中心组编 . -- 北京：光明日报出版社，2018. 1

ISBN 978 - 7 - 5194 - 3971 - 2

Ⅰ. ①全… Ⅱ. ①全… Ⅲ. ①高等学校—校园文化—建设—中国 Ⅳ. ①G647

中国版本图书馆 CIP 数据核字（2018）第 024088 号

全国高校校园文化建设优秀成果选编

QUANGUO GAOXIAO XIAOYUAN WENHUA JIANSHE YOUXIU CHENGGUO XUANBIAN

组　　编：全国大学生思想政治教育发展研究中心

责任编辑：曹美娜　朱　然　　　　责任校对：赵鸣鸣

封面设计：中联学林　　　　责任印制：曹　诤

出版发行：光明日报出版社

地　　址：北京市西城区永安路 106 号，100050

电　　话：010 - 67078251（咨询），63131930（邮购）

传　　真：010 - 67078227，67078255

网　　址：http：//book. gmw. cn

E - mail：caomeina@ gmw. cn

法律顾问：北京德恒律师事务所龚柳方律师

印　　刷：三河市华东印刷有限公司

装　　订：三河市华东印刷有限公司

开　　本：710 × 1000　1/16

字　　数：245 千字　　　　印　　张：15. 5

版　　次：2018 年 3 月第 1 版　　　　印　　次：2018 年 3 月第 1 次印刷

书　　号：ISBN 978 - 7 - 5194 - 3971 - 2

定　　价：46. 00 元

前　言

文化是一个国家、一个民族的灵魂,中国特色社会主义文化是激励全党全国各族人民奋勇前进的强大精神力量。党的十九大报告明确指出,要坚持中国特色社会主义文化发展道路,激发全民族文化创新创造活力,建设社会主义文化强国。高校校园文化是大学精神存在和升华的集中体现,我国高等教育每一次历史性跃进,无不伴随着校园文明的传承与发展、校园文化的弘扬与繁荣。在新的时代背景下,高校校园文化所蕴含的"入芝兰之室久而自芳"的独特优势,在思想政治教育中的浸润、感染和熏陶功能愈发凸显。习近平总书记在全国高校思想政治工作会议上指出:"要更加注重以文化人以文育人,广泛开展文明校园创建,开展形式多样、健康向上、格调高雅的校园文化活动,广泛开展各类社会实践。"总书记的重要讲话对高校加强校园文化建设提出了新的要求,为我们增强思想政治工作的文化蕴涵、发挥文化育人的重要功能指明了方向。当前,全国高校以习近平新时代中国特色社会主义思想为指引,把党中央治国理政新理念新思想新战略作为根本遵循,把社会主义核心价值观作为重要引领,把落实立德树人根本任务作为基本要求,不断丰蕴校园文化内涵,创新文化传播载体,增强品牌文化效应,发挥网络育人功能,努力在显隐结合、知行结合中滋养师生心灵,涵育师生德行,引领健康向上的校园风气和社会风尚,让主旋律更加响亮,正能量更加强劲。

为进一步推进高校校园文化建设,凝练优秀的校园文化成果,并在全国形成推广和示范,2016 年,北京化工大学全国大学生思想政治教育发展研究中心和光明日报社教育部联合举办了“第九届高校校园文化建设优秀成果推选展示活动”,全国31个省(区、市)的600多所高校认真总结本校校园文化建设的成功经验,共报送了671项成果。北京化工大学全国大学生思想政治教育发展研究中心和光明日报社教育部组织有关专家进行评审,共评出特等奖12项,一等奖32项,二等奖60项,优秀奖98项。这些成果充分展示了各高校在厚植核心价值、秉承优良校风、创设多元载体、弘扬传统文化、点缀艺术人生、打造双创品牌等方面的宝贵经验和典型做法,是新时期各高校在校园文化建设中的探索与创新。我们现将部分获奖成果结集出版,希望从事校园文化建设工作的同志们,能够在阅读中有所启迪和感悟,在工作中有所借鉴和运用,不断提高校园文化建设的科学化水平。

文以载道,文以化人。迈进中国特色社会主义新时代,高校要自觉担负起新的文化使命,始终坚持正确方向,坚持服务大局,以高度的文化自觉和文化自信,将实现中国梦融入到理想信念教育中,将社会主义核心价值观融入到学生实践,将传统文化融入到学生日常,不断增强意识形态领域主导权和话语权,积极培育过硬的思想作风、优良的校风学风、高尚的师德师风,着力营造高雅的文化环境、优美的自然环境、文明的网络环境,持续完善学校章程、优化校规校纪、健全自律公约,更好构筑中国精神、中国价值、中国力量,进一步推动高校校园文化的繁荣和发展,努力实现“立德树人有道,春风化雨无声”。高校思想政治教育者作为高校校园文化建设的骨干力量,要紧扣立德树人这一根本,将社会主义核心价值观融入教育教学全过程,将以学生为中心的理念贯穿于校园文化建设全过程,不忘本来、吸收外来、面向未来,引导广大青年学生做到志存高远、德才并重、情理兼修、勇于开拓,成为社会主义合格建设者和可靠接班人,为推进国家“双一流”建设战略、建设社会主义文化强国、实现中华民族伟大复兴中国梦做出更大贡献!

编者

2017年10月

目　录
CONTENTS

厚植核心价值　开创育人新篇

校园文化是一所学校的灵魂，是社会主义核心价值观的精神场域和辐射基地，是社会主义核心价值观培育和践行的重要平台。社会主义核心价值观应引领大学校园文化建设的方向，只有有了核心价值观的引领，有了师生的积极参与和广泛认同，校园文化才能拥有经久不息的生命力。高校要将社会主义核心价值观融入校园文化的价值导向、环境塑造、组织建设、实践活动等各个方面，以充分发挥高校的育人功能。

西南交通大学以"善爱我"为核心内涵、以"阳光、坚韧、创造、感恩"为具体内涵，以"文化引领、文化创新、文化育人"为建设理念，扎实推进"3·25"（善爱我）大学生心理文化体系的构建，即：建立以"课堂教学、实验教学、学生协会"三位一体的心理文化载体和平台，以"师生关系、朋辈关系"两大关系为切入点和突破口，以"心理课程、心理实验室、'心力网'、'3·25'心理活动、心理情景剧"为五大特色品牌，不断教育引导大学生学习不松劲、奋斗不停歇、奉献不止步。

北京化工大学以"化说青年"社会主义核心价值观系列教育活动为载体，引导学生讲说、演说、辩说社会主义核心价值观，用主动宣传、艺术感染、理性探究方式，打造全员参与、全程培养、全面覆盖的社会主义核心价值观学习宣传体系，有效凝聚形成了奋发向上、崇德向善的校园文化氛围。青年学生在讲说、演说、辩说中不断提升对社会主义核心价值观的科学认识，深化对社会主义核心价值观的认同，提升自身全面发展综合素质能力，切实丰富了校园文化，成为了广受学生欢迎的精品项目。

中南大学二十二年如一日，始终把青年志愿服务工作作为加强校园文化建设的重要抓手，将志愿服务工作不断推向深入，构建了志愿服务"四个面向"工作体系，取得显著的人才培养及社会效益。目前全校共有60余支常规志愿服务队伍，活跃志愿者10000多人。近十年来，学校志愿者每年开展各类志愿服务时长均在10万小时以上，志愿服务已然成为学校校园文化中一道亮丽的风景线。

南京财经大学以“一院一品”的特色来践行社会主义核心价值观，通过各个学院的品牌文化建设和相关特色活动的开展，使社会主义核心价值观落细、落小、落实，与学院文化精神的传承和高素质、专业化的人才培养实践相结合。学校将12个主题词创新性地分解到18个学院，让各学院结合专业特点诠释社会主义核心价值观，将“高大上”的价值理念贯彻落实到学院、党支部的文化建设、人才培养等相关工作中，在人才培养和校园文化建设等方面取得重要成效。

北京师范大学将培育与践行社会主义核心价值观作为校园文化建设的首要任务，按照“勤学、修德、明辨、笃行”的要求，秉承“学为人师，行为世范”的校训精神，坚持立德树人，深入开展“励志铸魂，弘德世范——培育与践行社会主义核心价值观”系列主题教育活动，将培育与践行社会主义核心价值观融入理论学习宣传、时代主旋律教育、典型榜样引领和社会实践淬炼，引导青年大学生将社会主义核心价值观内化于心、外化于行，促进理论认同、情感认同、价值认同和行动认同。

天津科技大学将“三尚三爱”的校训精神作为培育和践行社会主义核心价值观的宝贵资源，通过一系列“寻、传、融、育”活动，将校训精神的传承与弘扬润物无声地贯穿于立德树人全过程。一是寻根：回溯轻工之根，探寻科大故事；二是传承：演绎校歌校史，缅怀英雄校友；三是融合：融入立德树人，筑牢思想根基；四是孕育：聚焦特色学科，培育文化集群。通过弘扬校训精神，塑造出“爱国敬业、严谨朴实”科大优良校风，筑牢了科大学子在关键时刻展现家国情怀与责任担当的思想根基。

长安大学心理健康教育工作结合教育学、心理学等学科的知识，从学生的认知、情感、意志、行为等四维内容出发，从学校、院系、班级、宿舍四个层面开展工作，构建了独具特色的大学生心理健康教育“四维四级”模式。从而使学校心理健康教育在时间上具有持续性、在空间上富有层次性，形成立体化、网格式的工作模式，达到心理健康教育全覆盖的教育效果。同时，将所有心理健康教育活动整合成为“彩虹”品牌系列文化活动，育人成效显著。

01　阳光　坚韧　创造　感恩

——西南交通大学“善爱我”大学生心理文化创新与实践

心理健康教育作为高校思政教育工作的重要内容，在促进大学生健康成长、培育理性平和心态、健全人格和开掘心智潜能等方面日益发挥着不可或缺的作用。西南交通大学长期重视大学生心理健康教育工作，于1996年在全国率先成立了校级心理研究与咨询中心，把加强大学生心理健康教育作为中心工作的首要任务。学校以此为契机，坚持把大学生心理健康教育作为大学生全面发展、人才培养和思想政治教育的重要组成部分，不断完善全方位的“善爱我”大学生心理文化建设体系，不断完善立体化的心理健康教育活动网络，不断形成全员育人、学生广泛参与的心理文化氛围，通过20年来润物无声的心理健康教育与咨询工作，潜移默化地传递心理健康正能量，不断提升大学生心理健康教育水平，切实保障了大学生身心健康。特别是2016年全国高校思想政治工作会议的召开，在全校掀起了学习习近平总书记在全国高校思想政治工作会议上的讲话精神的热潮，进一步明确了新时期高校心理健康教育工作的任务，心理中心积极“培育理性平和的健康心态，加强人文关怀和心理疏导”，坚持面向全体学生开展有针对性的、形式多样与生动活泼的心理教育活动。在新的历史时期，按照教育部思政司的总体工作部署，积极加强“全国高校心理健康教育与咨询示范中心”的培育建设，积极探索有中国特色与符合当代大学生成长规律的心理健康教育创新体系，积极构建具有全国性示范影响的心理健康教育“样板间”。

一、理念与思路

学校根据青年大学生心理特点和高校心理健康教育规律，提出以“善爱我”为核心内涵、以“阳光、坚韧、创造、感恩”为具体内涵的青年大学生心理文化。该内涵分为两个层次，即以“阳光、坚韧、创造”为内涵的青年大学生自我心理文化和以“善爱自己、感恩他人、感恩社会”为内涵的青年大学生社会心理文化。

在具体培育和构建工作中，学校提出了“文化引领、文化创新、文化育人”的青年大学生心理文化建设理念，即在整个心理健康教育过程中，以心理文化引领心理健康教育乃至高校人才培养全过程，以心理文化的不断发展、不断创新来贴近时代、贴近青年，以心理文化育人作为整个工作的出发点和落脚点，从而构建体现时代内涵、符合青年特点的“善爱我”青年大学生心理文化。

二、举措与品牌

学校扎实推进“3·25”（“善爱我”）大学生心理文化体系的构建，即：建立以“课堂教学、实验教学、学生协会”三位一体的载体和平台，以“师生关系、朋辈关系”两大关系为切入点和突破口，以“心理课程、心理实验室、‘心力网’、‘3·25’心理活动、心理情景剧”为五大特色品牌，不断教育引导大学生学习不松劲、奋斗不停歇、奉献不止步。

（一）建设“三大载体”

健全心理健康教育课堂教学体系。学校开设了以国家级精品课、国家级精品资源共享课《青年心理学》、国家视频公开课《灾难教育心理学》等为核心，以通识教育课《大学生心理健康》等为骨干的30余门个性化课程集群，充分发挥了课堂主渠道的作用。还自主编写了《青年心理发展与健康》《大学生心理健康与成才》等系列教材。

完善心理健康教育实验实训体系。学校于1996年建立了全国首个心理健康教育开放性实验室“西南交通大学心理健康教育实验室”，先后投入800余万元分期建设了情绪宣泄与调节室、心理动力学实验室、生物反馈情绪调节实验室、心理健康大数据分析实验室等15个个性化功能实验室，构建了一套完整的心理健康教育实验体系，先后获批“全国人文社会科学普及基地”“四川省实验教学示范中心”“四川省哲学社会科学重点研究基地”。

优化大学生心理文化协会体系。学校创办了有全国影响力的三大学生专业社团：大学生心理学会、研究生心理学会和大学生创造协会，主持或参与大型活动年均20余场,使心理健康教育全程覆盖到大学生的课外生活,受益学生上万人次。三大社团陆续获"四川省十佳优秀社团""四川省百佳魅力社团"和"全国优秀学生社团"称号。

(二)注重"两大关系"

促进"师生互动"。学校积极探索各种学生喜闻乐见的心理教育方式和手段来促进师生之间的交流互动,一是从2006年起邀请校内外专家累计举办"心力论坛"系列讲座600多讲,听讲学生逾8万人次;二是在学校三个校区建设了心理咨询室,为学生提供个性化心理咨询服务;三是定期安排贴近学生的时代感很强的心理沙龙,师生共同探讨心理问题。

突出"朋辈教育"。学校特别注重突出朋辈教育在心理健康教育中的独特作用,一是指导三大心理类大学生社团面向大学生开展各类心理文化活动,建立起大学生心理健康教育互助体系;二是组建和轮训了一大批班级心理委员和心理骨干学生,针对班级和身边同学开展心理知识普及和咨询活动;三是学校牵头成立了"四川省高校大学生心理自我教育联盟",目前已吸纳60余所高校的相关师生团队一起开展自我心理教育活动。

(三)打造"五大品牌"

一是率先开发大学生心理健康教育MOOCs。学校积极追踪最新教育模式和手段,在席卷全球的慕课浪潮中,在"爱课程·中国大学生MOOC"平台率先开发建设并上线了《青年心理学系列》《心理科学系列》等慕课课程,目前已经开出8门慕课,受到数万学生的热捧。

二是建强大学生心理健康教育实验室。实验室能够开展心理测评实验、心理宣泄与调节实验、心理潜能开发实验等三个层次的百余个心理实验。实验室建成以来,共计接待来访咨询学生10万余人次,服务社会、服务地震灾民也达2万余人次,在业界具有广泛影响。

三是打造立体化的"心力"大学生心理测评与咨询网。学校于2006年开通了西南地区首个心理健康综合服务网站"心力网",经过数年的丰富和完善,大学生可以在网上进行心理健康知识学习、心理自测、在线咨询、网络预约等。网站开通以来,点击率已逾1000万人次,并于2008年受四川省教育厅委托建设了"四川省心理援助与咨询网",直接服务100余所四川高校。

四是积极开展“3·25”大学生心理健康教育系列活动。2012年,学校在充分研究论证的基础上,根据春季和春夏之交大学生心理危机发生的规律和阶段性特点,将以往围绕“5·25”(“我爱我”大学生心理健康日)开展的心理健康教育活动启动时间提前到3月25日,将活动时间从以往的一个月延伸至整个学期,将主题由原来的“我爱我”升华为“善爱我”,通过心理沙龙、团体心理辅导与素质拓展、专家心理讲座、现场心理咨询、心理情景剧表演、心理社团活动、院系活动等板块,开展认知、情感、行动三大系列心理健康教育活动,积极倡导大学生善待自我、关爱自我,感恩他人、感恩社会,共创美丽校园、美丽社会。这一倡议得到了四川省教育厅和教育部思政司的积极肯定和推广。

五是形成多渠道的心理文化传播方式。学校于1997年在四川省率先开展校园心理剧的教育活动,开创了四川省高校心理情景剧的先河,并在学校连续开展至今。从1997年以来,邀请省内高校来校进行心理情景剧汇演,共主办多届高校心理情景剧汇演。历年来举办心理剧表演近30场,受益人数达数万人次。四川省教育厅将这项活动倡导为全省性高校心理健康教育的普及活动。

三、亮点与成效

(一)师生参与

30余门个性化心理健康课程构成的课程集群,年均开办60~70个班次,选课学生年均逾7000人次;以教育部“爱课程网”和“Ewant”(育网)平台为载体开设了多门心理健康教育MOOC课程,实现授惠于民;“心力网”点击已近千万人次。“3·25”大学生心理健康活动年均参与人数逾万人。

(二)表彰奖励

2010年,“构建新世纪高校心理健康教育创新体系”获第六届高等教育四川省教学成果一等奖;2012年,《灾难心理学——灾区学校青少年心理教育与危机干预》获四川省第十五次哲学社会科学优秀成果二等奖,《青年心理学》课件获第十二届全国多媒体课件大赛高教文科组最佳教学设计奖;2013年,《灾难心理教育》课件获第十三届全国多媒体课件大赛高教文科组二等奖;2014年,“全面提升大学生心理素质,构建国内领先心理健康教育创新示范体系”获国家教学成果二等奖,《认识青年》课件获第十四届全国多媒体课件大赛高教文科组一等奖。

（三）宣传推广

近五年来，国内外上百所高校的心理教育教师前来参观访问。2012 年，在全国率先倡导"3・25"心理健康教育活动，首先由四川省教育厅在四川省推广，《教育部加强和改进大学生思政简报》先后两期登载学校做法，下发至全国高校。学校相关做法受邀在 2010 年教育部"全国大学生心理健康教育工作会"、2012～2013 年连续两届"全国学校心理健康教育骨干教师培训与学术交流研讨会"、2015 年教育部"全国大学生心理健康教育工作专题培训班"、2015 年教育部"全国高校心理健康教育专家指导委员会换届会及心理健康教育工作会"上进行重点发言；2015 年 12 月，教育部主办的"全国高校辅导员心理危机干预及心理健康教育能力提升专题培训"在西南交通大学举行；2016 年 3 月 25 日，川陕高校"善爱我"（3・25）心理健康教育宣传活动启动仪式在西南交通大学启动，这一系列活动使得 3・25 心理健康教育活动体系向全国近百所高校推广，并得到了各级教育部门的认可。同时，多年积淀的相关成果得到路透社、新华网、《中国教育报》、《中国青年报》等境内外各大媒体报道，成果向全社会辐射。

四、启示与思考

一是认真落实习近平总书记的"要更加注重以文化人以文育人，广泛开展文明校园创建，开展形式多样、健康向上、格调高雅的校园文化活动"的讲话精神，每一个环节都强调文化育人，以"善爱我"文化为引领、以"善爱我"文化为渗透、以"善爱我"心理文化为覆盖，要始终把心理文化建设与校园文化建设、大学精神培育结合起来，做到一起规划、一起落实、一起见效。

二是加强全国高校心理健康教育与咨询示范中心培育建设。建设好全国高校心理健康教育与咨询示范中心，对提升高校心理健康教育工作质量具有关键性作用。全国示范中心应积极发挥专家智库的作用，强化政策咨询的功能，在心理健康教育领域立标准、建机制、促发展和协同创新方面发挥示范与辐射作用。

三是加强心理健康教育专业队伍建设。作为高校思政教育队伍的一支重要力量，心理教育教师肩负着普及心理健康知识，增强大学生心理能力与提升大学生素质，开展心理咨询与化解心理危机，培育健康心理文化与维护校园稳定的重任。

02 故事演绎人生 真情传播价值

——北京化工大学“化说青年”社会主义核心价值观系列教育活动

习近平总书记强调，要切实把社会主义核心价值观贯穿于社会生活方方面面，通过教育引导、舆论宣传、文化熏陶、实践养成、制度保障等，使社会主义核心价值观内化为人们的精神追求，外化为人们的自觉行动。社会主义核心价值观培育绝非一朝一夕之功，需要融入校园文化，用青年的话语传承和发扬。近年来，北京化工大学围绕立德树人这一根本任务，以“化说青年”社会主义核心价值观系列教育活动为载体，引导学生讲说、演说、辩说社会主义核心价值观，用主动宣传、艺术感染、理性探究方式，打造全员参与、全程培养、全面覆盖的社会主义核心价值观学习宣传体系，凝聚形成了奋发向上、崇德向善的校园文化氛围。

一、在讲台上真情讲说，用心宣讲社会主义核心价值观

“化说青年”活动建立“身边榜样说故事、名人偶像话成长、道德模范谈人生”的三级宣讲体系，让身边榜样、名人偶像、道德模范为学生真情讲说，用心宣传社会主义核心价值观。

（一）主题宣讲，身边榜样说故事

“化说青年”立足让学生自己说，让宣讲活动“有地气”。把宣讲作为主要形式，以社会主义核心价值观直接宣讲为中心，结合五四精神、雷锋精神、长征精神等反映社会主义核心价值观的精神，按照10个方向，5种类型组建了由化大之星、校园明星、党员先锋等多支特色宣讲团，每年开展主题宣讲40余场，受益9000余人。通过该活动有力提升了校园厚德文化氛围，一批宣讲团成员成为各类典型。2014年以来，《中国青年报》先后报道我校冯琪、姜亚楠、鲍天宇、宋舒婷、巴桑旺

杰等5位宣讲团成员的事迹。在宣讲活动中，也培养了一批优秀宣讲员。如，潘超同学参加中央电视台《加油向未来》节目、北京电视台《超级演说家》，并成为鲁豫导师组优胜学员，在校内外引起强烈反响；刘一君同学参加中央电视台《中华诗词大会》，展现宣讲学生的良好底蕴与风采。

（二）青春论坛，名人偶像话成长

"化说青年"坚持让学生偶像说，让宣讲活动"有魅力"。学校精心打造"青春论坛"品牌，通过邀请杰出校友、企业家、世界冠军等在青年学子心中具有较大影响力的青年名家走进校园，分享人生感悟，讲述成长经历，从而激励大学生成长成才，使其心中有榜样、学习有目标，自觉践行社会主义核心价值观，先后邀请著名艺术家六小龄童、世界冠军庞清、佟健，全国青年常委、杭州绿盛集团董事长林东、伏牛堂创始人张天一、央视著名主持人郎永淳、张泽群、光线传媒副总裁刘同等来到我校，与同学分享交流，每年，学校举行多场"青春论坛"活动，4000余人参与，学生为听讲座一票难求，成为了大学生最受欢迎的校园品牌。

（三）榜样讲堂，道德模范谈人生

"化说青年"着力让道德模范说，让宣讲活动"有内涵"。近年来，邀请全国助人为乐模范郭明义，感动中国十大人物洪战辉，首届全国诚实守信道德模范获得者王一硕，全国道德模范曹阳飞宇，全国敬业奉献模范文建明，全国助人为乐模范王文珍等来到北化校园，为北京化工大学师生举办二十多场专题报告会或交流会，在学生中引起了强烈反响，并获得多家社会媒体报道。同时，学校积极承办"全国道德模范首都高校巡讲"等多项宣讲活动，让学生在榜样精神的洗礼中感受社会核心价值观。我校承办的全国大学生"道德力量，筑梦基石"网络主题宣讲活动，全国近百万大学生在网上参与，凝聚高校校园奋发向上、崇德向善力量，为涵养社会主义核心价值观提供实践源泉，此次活动受到了中央电视台、中国教育电视台、《人民日报》、《光明日报》等媒体的报道。

二、在舞台上豪情演说，用情演绎社会主义核心价值观

"化说青年"活动通过原创话剧、舞台剧、情景剧、微话剧等艺术形式，在舞台上演说大师人生、身边榜样和青春故事，用情演绎社会主义核心价值观。

（一）演说大师人生，传爱国精神

大师精神是彰显社会主义核心价值观的最集中体现。学校组织学生自主创作以侯德榜生平事迹为原型、以历史事实为基础的文献史实剧《侯德榜》，经过历时一年多的资料采集、多地调研、剧本创作、演员选拔、舞台设计、联合彩排等过程，在鼓舞师生悟先驱之道、受爱国之教、展化工之美、培育核心价值观等方面发挥实效。《侯德榜》话剧在河南、天津等全国各地进行12场巡演，2万余名师生、家长、校友及社会人士观演，初次参演大学生话剧节便斩获最佳组织奖和最佳编剧奖，受到30余家社会媒体报道，在社会上引起强烈反响。同时，精心制作“化工巨擘，永世楷模”主题展览，组建“侯德榜精神宣讲团”，全方位在校内外传扬侯先生化学报国的大爱精神。该活动受到校内外广泛关注，新华网、人民网等十余家媒体以《北京化工大学原创话剧震撼春日校园》为题报道了话剧演出；教育部网站刊登了《以弘扬侯德榜精神为抓手，深入培育和践行社会主义核心价值观》的简报。

（二）演说身边榜样，传向上文化

身边榜样是践行社会主义核心价值观的最典型代表。每年学校会举行“青年盛典”，以青春榜样的故事为原型，并由校园青春榜样和话剧团成员自编自演，推出了《北化那些事》《榜样在身边》等精彩微话剧、舞台剧，在这些故事中，把学生的成长故事、奉献事迹、创新精神等与社会主义核心价值观的“爱国、敬业、诚信、友善”等要求相结合，成为学生接受精神洗礼的盛宴。近年来，我校共推出30余部话剧，为6000余名学生传递正能量，并荣获2015年大学生戏剧节最佳组织奖、最佳编剧奖。

（三）演说青春故事，传校园正能量

青春故事是传播社会主义核心价值观的最直接形式。学校把身边榜样故事，用微话剧、小品等文艺形式展示，让学生以故事演说核心价值观。近三年来，学校共排演微话剧40余部，参演人数达300余人次，8000余人次观演，用艺术和表演的方式深刻形象演绎核心价值观，坚持以先进文化教育人、以优秀作品鼓舞人、以话剧艺术熏陶人的原则，成为弘扬校园文化和传播正能量的中心。推出了《最后一道防线》《使命》《偏远之地》《信仰》《相依》《匆匆那年》等一批深受学生欢迎的作品。这些优秀作品，成为校园文化的原动力，成为莘莘学子的精神助推器。同时,《相依》受邀在保利剧院展演,获得专业剧组人员和社会人士一致好评。

三、在论台上激情辩说,用理探索社会主义核心价值观

“化说青年”活动开展对话价值观系列活动、主题辩论赛、专题交流会等思想探索活动,让学生在论说与践行的双向互动中,明辨思维,明晰社会主义核心价值观。

(一)对话价值观,论价值真谛

在“化说青年”活动中,学校积极开展“对话价值观”系列活动,在学生中广泛开展“对话价值观”主题班会与大讨论,围绕“对话价值观”开展主题党日、团日活动,邀请专家、教授、老党员为学生讲价值观,围绕价值是什么、怎么践行社会主义核心价值观等。在活动中,一些班级开展了富有特色的教育活动。理学院立足核心价值观中的“友善”,开展“我眼中的核心价值观”——主题微感言征集活动,学生把最贴近生活的善举和决心体现在纸面上,用照片记录目标和承诺,表达对社会主义核心价值观的践行决心。文法学院立足核心价值观中的“法治”,邀请学院名师进行多场“法治讲堂”,为全校学生普法。化工学院立足核心价值观中的“民主”,开展“我心中的价值观”问卷调研,充分了解学生的需求导向,为以后开展工作提供重要参考。经管学院立足核心价值观中的“和谐”,开展“民族文化节”系列活动,通过“民族服饰风采秀”“民族特色美食展示”“民族语言模仿秀”等活动,为各民族学生搭建了一个展示民族风情的平台,促进民族团结和睦,助力社会和谐。

(二)主题辩论赛,辩是非曲直

社会主义核心价值观是真理性价值观念,需要在思辨中明晰。在“化说青年”活动中,学校围绕社会主义核心价值观举办一系列主题辩论赛,结合热点问题、社会焦点,引导学生明辨是非,进一步提升对社会主义核心价值观的认同。在该活动中,重视线上线下互动和宣传,每次赛事的辩题,都由新媒体发布,面向全校学生征集。“核心价值观主题辩论赛”每年举办60余场,共500余名学生参与辩说,3000余名学生观看,深受学生欢迎。

(三)专题交流会,谈人生信仰

在“化说青年”活动中,学校组织学生与名师大家进行专题交流,在畅谈人生

信仰中学习社会主义核心价值观。田永清将军以《核心价值观与大学生成长成才》为题，融合自己丰富的人生阅历，结合国内外大势，引经据典、深入浅出、娓娓道来，激励同学们志存高远，在践行核心价值观的征程上发奋成才；钱学森先生第一届学生、中科院教授张瑜以《钱学森精神》为专题开展课程，深入剖析了钱学森精神在核心价值观下的具体表现形式，引领学生深明青年责任，勇担社会重任；国防大学公方彬教授以《青年人如何践行核心价值观》为题，讲述了青年人践行社会主义核心价值观的方式方法；"京城活雷锋"孙茂芳以《核心价值观下的雷锋精神》为主题，鼓舞师生们要学会奉献，懂得付出，才能共建和谐家园。这一系列围绕社会主义核心价值观的思想碰撞，深化了学生对社会主义核心价值观的认识，坚定了学生的理想信念。

03　勇担中国复兴梦　力践核心价值观

——中南大学连续22年探索建设校园志愿服务文化

习近平总书记在全国高校思想政治工作会议上强调,高校立身之本在于立德树人。要实现高校立德树人的根本任务,就要坚持不懈培育和弘扬社会主义核心价值观,引导广大师生做社会主义核心价值观的坚定信仰者、积极传播者、模范践行者。

志愿服务是培育和践行社会主义核心价值观的重要载体。中南大学自1994年第一个全校性学生志愿者协会成立以来,二十二年如一日,始终把青年志愿服务工作作为加强校园文化建设的重要抓手,取得显著的人才培养和社会效益。有关成果6次得到党和国家领导人的批示肯定,湖南四任省委书记等省部级领导30次予以高度评价。2015年,中央政治局常委刘云山同志对中南大学学生志愿者弘扬正能量的典型事迹作出批示肯定,认为其代表了当代青年学生的精神风貌;人民日报以《这里的暖新闻特别多》为题、中央电视台《新闻联播》以“凡人善举——中南大学:爱心传递青春正能量”为题分别进行了专题报道。

一、以“三个建立”为切入点,让志愿服务春风吹响校园学雷锋的号角

中南大学志愿服务工作滥觞于百年湘雅的救死扶伤人道主义精神,来源于中南矿冶学院知行合一的理念,受益于长沙铁道学院经世致用的传统。自2000年三校合并以来,学校通过整合队伍、建立制度、构建机制,在全校范围内掀起一阵阵“雷锋家乡学雷锋”的热潮。

(一)建立队伍,将校园志愿服务力量拧成一股绳

学校整合校内爱心公益项目及志愿服务资源,构建志愿服务总队,在其下设

立支队和大队，形成集项目、队伍、机制、阵地等于一体的三级架构，推动志愿服务常态化。目前全校共有60余支常规志愿服务队伍，活跃志愿者10000多人。

（二）建立制度，将校园志愿服务热情理成一条线

学校设有学生志愿服务工作专项经费，纳入学校预算管理。开通志愿服务网络系统，记录志愿者的基本信息和服务情况，以此加以“星”级认证。启动公益训练营，通过公益沙龙、公益骨干培养班等加强对志愿者的培训。学校还以制度的方式将学生志愿服务活动纳入课外实践学分，有力地鼓励了学生志愿者的热情。近十年来，学校志愿者每年开展各类志愿服务时长均在10万小时以上。

（三）建立机制，将校园志愿服务活动摆成一盘棋

学校创新管理，形成三大志愿服务机制。一是“百人百项”提质机制。即重点支持开展100项活动，树立100个典型，凸显学校志愿服务的特色与亮点。学校首倡“三进巷”志愿服务模式，组织文化、科技、法律进街道、进社区，被写入了团中央工作要点。二是“学长火炬”接力机制。着力解决志愿服务的可持续性问题，实现“铁打的营盘流水的兵”。“左家垅爱心家教”无偿为社区贫困家庭提供家教，35年来累计服务800多个家庭，1400余名志愿者传递接力棒，授课时间达12万多个小时。三是“爱心集市”对接机制。组织“广交会”式志愿服务“爱心集市”，实现志愿服务供给方与需求方的有效对接。与岳麓区联合创建的“区校共建大学生道德高地”模式，实现了政府与驻地高校的良性互动，并在2014年全国高校实践育人工作现场会上向全国推广。

二、以“四个面向”为着力点，让志愿服务精神点燃实现中国梦的激情

2014年5月，时任湖南省委书记对学校志愿服务总队作出批示，认为中南学子立足湖南、面向社会、深入基层，为湖南发展献计献策，应予充分肯定。希望全省大学生为谱写中国梦的湖南篇章奉献强大青春力量。受此鼓舞，在中南，人人都是追梦人，校园处处在筑梦。

第一，面向课堂构建明德体系。发挥第一课堂主渠道作用，加强学生服务意识培养，如湘雅医学院自1914年成立以来，一直将“悬壶济世、救死扶伤”的理念引入课堂，通过课堂授课面向学生开展志愿精神教育，积极引导学生从课堂走向社会。如2010年，学校党委书记高文兵号召全体医学生开展“百队千村入万户”

医疗志愿服务活动,用实际行动感恩湖南、服务民生。2000 余名学生组成 100 支医疗服务队,由三所附属医院的专家教授担任导师,分赴湖南 14 个州市的院士家乡、革命老区、贫困乡村开展义诊咨询、医技指导、健康讲座等系列服务,湘籍院士时任北京大学周其凤校长亲笔回信予以感谢。

第二,面向校园构建互助体系。课堂培训后,鼓励学生将理论付诸实践,在校园内开展志愿活动,在互帮互助中成长成才。积极构建“学生——学生”“学生——老师”“学生——离退休老同志”三类校园互助体系,充分发挥校内互助功能。组建研究生心理健康朋辈互助营,四年来近 2 万名研究生参与互助活动;设立校园“雷锋岗”,十年来直接帮助人员 12 万余人次;建立全国高校首家离退休八位一体志愿服务信息化平台,营造“相亲相爱一家人”的和谐氛围。

第三,面向社会构建回报体系。在校园锻炼实践后,号召学生将志愿服务延展至校外,服务社会。赴永兴党员博士科技服务团连续五年科技志愿帮扶永兴县,推动了该县循环经济的发展。2007 年——做调研,建议分散的冶炼厂统一进驻工业园区集中处理“三废”;2008 年——送技术,深入园区——企业科技攻关服务,为企业量身打造贵金属回收方案;2009 年——做规划,20 余万字的规划报告对永兴有色金属循环产业的发展现状、特色及问题作了全面阐述,并通过技术支撑帮助政府融资建立了有色金属资源利用示范性生产线;2010 年——建平台,双方依托企业建立了有色金属分析检测中心;2011 年至今——育人才,基于双方长期良好合作关系,建立了人才培养和引进机制。

第四,面向校友构建感恩体系。志愿精神扎根于心中,鼓舞学生毕业成为校友后,继续用爱回报社会。退休校友湘雅二医院副教授徐立几十年如一日,默默地助学行善,自己却一贫如洗,死后将遗体也捐献给医疗事业,媒体称他是真正的“裸捐”医生。在中南,像徐立这样富有爱心的校友还有很多,为了资助经社会或医疗保险等救助后仍然困难的师生职工,广大校友将爱心熔铸成“和谐中南基金”,七年来共筹集善款 3000 多万元。成立全国高校首家基于“众筹”和“接力赞助”形式建立的校友助力基金,校友每年至少捐助 20 万元,专项服务大学生创新创业。据 2016 年中国大学校友捐赠排行榜,学校累计受校友捐赠达 4.09 亿元,排名全国前十。

三、以“三个引导”为落脚点，让志愿服务活动助推核心价值观的践行

第一，立足网络阵地，引导大学生志愿者做核心价值观的坚定信仰者。学校适应互联网快速发展，积极开展网络志愿服务，用正面声音和先进文化占领网络阵地。成立网络文明志愿服务总会，组建社会主义核心价值观“大学生讲师团”，组织近2000人的网络文明志愿者，主动进行网上引导，共建共享清朗网络空间。构建“5+4+1+X”微矩阵，建设“核心价值践行网”，打造“中南小团子”阳光品牌，推出微影音、铜豌豆等20多家网络文化工作室，其中“中南小团子”微信公众号在团中央组织的高校共青团微信公众号排行榜中多次排名第一，为践行核心价值观搭建起有效的网络载体。在学校广大青年网络文明志愿者带动下，“我为核心价值观代言”“青春契约·诚信为人”等数十个网络文明活动，为网络空间注入强大青春正能量。

第二，聚焦弱势群体，引导大学生志愿者做核心价值观的模范践行者。学校注重引导大学生志愿者聚焦弱势群体开展帮扶，体现新时期大学生应有的担当。湖南江华瑶族自治县是中南大学定点扶贫单位，学校投入40万元立项支持100支学生电商创业志愿服务团队深入江华农户，依托“互联网+”，将农村电商作为精准扶贫切入点，重点解决电商当地意识不强、基层百姓不会、本土人才不足等问题，实现贫困户能参与、能收益，挖掘开发了“瑶乡雪梨”“美人牌”玫瑰香柑、“瑶浴”药草包等农产品，并通过搭建电商平台、优化电商发展环境、促进线上线下联动，切实促进贫困地区资源交换流动和经济社会健康发展，走出了一条“互联网+精准扶贫”的公益创业实践新路子。2016年教育部网站分别以“中南大学精准扶贫精准脱贫项目介绍——以农村电商探索‘互联网+精准扶贫’新路子”“中南大学开展科技、医疗、教育、文艺‘四进阜平’志愿服务活动——中南大学精准扶贫精准脱贫经验介绍”为题进行了专题单篇推介。

第三，结合群众需求，引导大学生志愿者做核心价值观的积极传播者。学校积极鼓励和支持广大学生贴近群众需求，在志愿服务中传播中国好声音，弘扬阳光正能量。如2010年“共饮湘江水，保护母亲河”环保实践活动，万名师生签名环保，300名学生志愿者奔赴湘江全流域的8个地市共50个水质监测点，进行水质分析，探寻湘江近年水质变差的根源，对环境治理和保护提供科学依据和可行性

建议,收到了良好社会反响。中央电视台《道德观察》栏目以《担起未来的责任》为题进行了 25 分钟的专题报道。

22 年风风雨雨,一路走来,志愿服务已然成为中南大学校园文化中一道亮丽风景线,中南特色的校园文化在学生心目中不再是抽象的、远离育人实干的口号、说辞,而是成为一股可感、可知、可亲、可近的奉献之风、感恩之风。中南大学的学生中相继涌现出全国见义勇为英雄赵长平、全军实践核心价值观先进典型向军华、全国首位捐献骨髓的医学博士莫森等一批新时代的“活雷锋”。在“奉献、友爱、互助、进步”的青年志愿者精神的引领下,中南大学的广大青年学子,将一如既往地秉承“知行合一,经世致用”的校训,以志愿服务行动助力中国梦的实现,助推社会主义核心价值观的实践。

04 “百花齐放”彰显文化特色 “一点一滴”把握育人根本

——南京财经大学实施“一院一品”工程践行社会主义核心价值观

培育和践行社会主义核心价值观贯穿于高等教育的每一个领域，落实到教育教学和管理服务各环节，覆盖到所有学校和受教育者，形成课堂教学、社会实践、校园文化多维一体的育人平台。南京财经大学将培育和践行社会主义核心价值观定位为学校人才培养的基础工程和系统工程，使学生的世界观、人生观、价值观这个总开关和学生的专业素养结合在一起，并将社会主义核心价值观教育融入到校园文化精神的凝练和师资队伍建设等工作之中。在人才培养和校园文化建设等方面取得显著成效。

一、“一院一品”彰显社会主义核心价值观的文化积淀

习近平总书记在全国高校思想政治工作会议上深刻指出：“要坚持不懈培育和弘扬社会主义核心价值观，引导广大师生做社会主义核心价值观的坚定信仰者、积极传播者、模范践行者。”①南京财经大学以习近平总书记系列讲话精神为统领，将核心价值观教育与专业教育相融合，切实提升大学生的道路自信、理论自信、制度自信与文化自信；注重培育体现教书育人、管理育人、实践育人和网络育人的校园文化氛围，充分发挥社会主义核心价值观在高校人才培养和校园文化建设中的基础功能。

学校以“一院一品”的特色来践行社会主义核心价值观，通过各个二级学院的

---

① 引自新华网，2016. 12. 08. http://news. xinhuanet. com/politics/2016 - 12/08/c_1120082577. htm

品牌文化建设和相关特色活动的开展，使社会主义核心价值观落细、落小、落实，与学院文化精神的传承和高素质、专业化的人才培养实践相结合。学校党委宣传部大力推进校园文化建设和社会主义核心价值观的弘扬与践行，发布《关于开展南京财经大学“培育和践行社会主义核心价值观”专题教育活动的通知》，将12个主题词分解到18个学院，各学院根据学科特色，结合社会主义核心价值观的主题词，每个学院围绕一个关键词，或者多个学院共同围绕一个关键词的方式组织特色活动。如经济学院和财政与税务学院围绕“富强”、工商管理学院和管理科学与工程学院围绕“民主”、外国语学院和体育部围绕“文明”、马克思主义学院和信息工程学院围绕“和谐”、艺术设计学院围绕“自由”、应用数学学院围绕“平等”、公共管理学院围绕“公正”、法学院围绕“法治”、国际经贸学院围绕“爱国”、会计学院和食品科学与工程学院围绕“敬业”、金融学院围绕“诚信”、营销与物流管理学院和新闻学院围绕“友善”等社会主义核心价值观主题词。各学院依托有效载体，创新活动方式，积极推动活动展开，各学院形成富有时代气息、体现文化内涵、具有价值导向的品牌活动。学院结合各自品牌文化和专业特点诠释社会主义核心价值观，将“高大上”的价值理念贯彻落实到各学院、各党支部的文化建设、人才培养等相关工作中。

二、“一点一滴”汇聚社会主义核心价值观的育人导向

南京财经大学践行社会主义核心价值观是一以贯之、逐步发展的过程。学校重点突出传统文化思想引领，助力学生成人、成长、成才；注重“一点一滴、潜移默化、润物无声、化育无形”，提升校园文化氛围；着重宣传优秀人物典型，树立正确价值导向。

学校在传承传统文化上做“文章”，开设《中国古代文学专题》等十余门传统文化课程；开展诵读《弟子规》、寻找“家风”、“南京中华老字号考察”等活动；邀请知名学者包心鉴、童星等，举办“人文时政讲坛”“南财学堂”“南财论坛”等文化讲座百余场。经过不懈努力，传统文化思想引领已经成为南财校园文化建设的重要组成部分，更成为学校弘扬社会主义核心价值观的突破口。

“爱心小站”资助贫困学子社团践行“友善”主题八年不辍，“小雨滴”汇成“大江湖”。“爱心小站”是南京财经大学专门资助贫困孩子读书的社团，以“一班对

一人"的资助模式，一个班级常年资助一名品学兼优的贫困学童。8 年来，爱心小站从最初的一个班级发展到现在 18 个学院 200 个班级的爱心接力，常年资助近百个贫困孩子上学，累计捐助善款十万余元、图书 4000 多册、为农民工小学捐建 4 个图书室。"爱心小站"将"友善"的主流价值观和正能量播撒到学校的每一个角落，让友爱奉献、与人为善、助人为乐的精神之花在校园里处处绽放，增强了全校大学生的社会责任感和时代使命感，用行动回馈社会、报效祖国，培育和践行了社会主义核心价值观，有效提升了校园文化氛围。

与南京财经大学同龄的韩耀教授是践行"敬业"价值观的典范人物。他 26 岁时，患上了被称为"不死癌症"的强直性脊柱炎。他身躯佝偻，颈项不能转动，不能长时间站立，拄着拐棍上课也十分艰难。但他却坚持 34 年站立在大学讲台上，履行着一个师者的责任。他达观幽默、热爱生活，教书育人、桃李芬芳，苦心钻研、成果丰硕，获得江苏省师德先进个人、江苏省教育工作先进个人（优秀共产党员）、最受学生喜爱的老师、"感动南财"十大人物等荣誉称号。2016 年教师节期间，《中国青年报》《江苏教育报》等媒体的头版头条以《拐杖撑起的讲台人生》《为所有开放的花朵歌唱——记南京财经大学教授韩耀从教 34 年的精彩人生》为主题对他的优秀事迹做了典型报道。

三、"百舸争流"突显社会主义核心价值观教育的系统化、制度化、常态化

南京财经大学大力推进以"人文南财"为主旨的校园文化建设，社会主义核心价值观的弘扬和传播是"人文南财"的核心组成部分。在培育和践行社会主义核心价值观的过程中，学校注重强化氛围营造、注重活动形式的多样化，挖掘南财近 60 年来的优良历史文化传统，以建设优良校风、教风、学风为核心，重视校园人文环境培育，系统地将社会主义核心价值观融入校园精神文化、制度文化、行为文化和物质文化之中。学校党委对践行社会主义核心价值观的活动做好顶层设计，将培育社会主义核心价值观融于人才培养全过程，使全校师生员工成为社会主义核心价值观的践行者和传播者。

学校将社会主义核心价值观定位为一个长期、系统、整体性的思想政治教育工程。学校实施"一院一品"工程践行社会主义核心价值观活动，在各学院引起广泛影响，无论是学院在学年中开展的活动，还是暑期社会实践、校外志愿活动都将

社会主义核心价值观作为一条红线，坚持不懈地抓下去，形成了良好的社会影响力。

学校贯彻落实"一院一品"工程，通过各个学院的品牌文化活动，使得社会主义核心价值观落细、落小、落实。学院之间互相砥砺、百舸争流，提升了学校思想政治教育工作的合力，提炼了各个学院的价值观精髓，真正使社会主义核心价值观入脑、入心、入行。各学院之间通过不同形式的活动，互相启发、互相合作使社会主义核心价值观宣传更加生动、更加形象，促进社会主义核心价值观的大众化与生活化，使社会主义核心价值观的践行更加系统化、制度化、常态化。

四、"百花齐放"展现社会主义核心价值观教育的创新化与成效化

南京财经大学"一院一品"活动，结合各学院的自身专业进行培育。社会主义核心价值观结合进专业学习，促使学生投入到实践中来，在专业学习中践行思想政治的教育。以"百花齐放"的理念突显社会主义核心价值观培育与践行的创新化与成效化。

由党委宣传部、校团委、图书馆、艺术设计学院共同主办的"礼韵诗书　翰墨悠扬——2015 年南京财经大学社会主义核心价值观主题书画展"展示了 40 余幅书画作品。书画展作品形式多样、富有特色，通过全校师生艺术才华的展示，反映出学校师生对社会主义核心价值观的领悟。艺术设计学院将"自由"作为自创动漫短片剧本主题，它将"自由"理解为民族与国家的自由与独立，人民享受和平带来红利。在动漫短片《自由》创作完成之后，学院及时利用班会、团支部会议、党支部会议等形式在全院范围内播放，传播社会主义核心价值观。外国语学院围绕"文明"这一关键词，开展系列主题活动，形成具有价值导向和外国语学院特征的"文明"品牌。从 2014 年到 2016 年的暑假，外国语学院的"古梦清泉"侗族文化传承实践团大学生志愿者连续三年来到贵州省从江县，为保护当地文化，弘扬社会主义核心价值观作出实际的贡献。应用数学学院结合"平等"关键词，用微信公众号的形式创新宣传。学院微信长期开设"院务公开"栏目，公示学院大事，让学生享有知情权，体现人人平等。法学院围绕"法治"开展"校地共建，共筑'法治梦想'"暑期社会实践活动，团队奔赴镇江等地与司法局联合开展"纪念建党 95 周年普法在行动"活动。

各学院通过开展主题班会、演讲赛、辩论赛、社区服务、志愿服务等活动践行社会主义核心价值观;通过开展诗歌、音乐、舞蹈、话剧、小品、情景剧、微视频、微电影等创作活动阐释社会主义核心价值观;党委宣传部和各学院以微联盟的形式,结合微信、微博、客户端等新媒体技术,使广大师生成为社会主义核心价值观的践行者和传播者。通过"一院一品"工程弘扬社会主义核心价值观,展现南京财大"自谦、自信、务实、超越"的校训精神。

南京财经大学在培育和践行社会主义核心价值观过程中,形成良好的校园宣传和媒体宣传氛围,社会美誉度和影响力显著提升。从 2014 年初至今,南京财经大学先后通过官方网页、微博、微信发布践行社会主义核心价值观的文章图片百余篇,官方微信关注人数 24000 余人,官方微博关注人数 30000 多人,校党委宣传部通过新媒体大力推进社会主义核心价值观的传播。

学校培育和践行社会主义核心价值观的做法,受到权威媒体和相关领导部门的广泛关注,在江苏省高校的核心价值观教育中产生示范性的效应。2015 年 12 月 1 日,《光明日报》报道了《以"小切口"做"大文章"——南京财经大学践行社会主义核心价值观纪实》,2016 年 9 月 1 日《新华日报》刊登了《大学生社会实践触摸社会痛感 · 感受别样生活——象牙塔外,有他们的一份责》,2016 年 10 月 14 日的《江苏教育报》头版头条报道了《一院一品,落细落小落实——南京财经大学培育践行社会主义核心价值观纪实》,2016 年 8 月 16 日,江苏省教育厅官方微信刊登《践行社会主义核心价值观,南京财经大学暑期社会实践团队这么做……》等新闻报道,形成一定的社会美誉度。2016 年 11 月 1 日,江苏省教育厅发布专题简报,介绍学校培育与践行社会主义核心价值观的典型做法,受到江苏省政府和教育厅等相关领导部门的认可与肯定。

05　励志铸魂·弘德世范

——北京师范大学培育和弘扬社会主义核心价值观

北京师范大学深入贯彻落实全国高校思想政治工作会议精神和《关于培育和践行社会主义核心价值观的意见》《关于进一步加强和改进新形势下高校思想政治工作的意见》(中发〔2016〕31 号)等文件精神,坚持学校教育、育人为本、德智体美、德育为先,将培育和弘扬社会主义核心价值观作为校园文化建设的首要任务,按照"勤学、修德、明辨、笃实"的要求,秉承"学为人师,行为世范"的校训精神,坚持贯穿结合融入,积极实施"励志铸魂·弘德世范"计划,将培育和弘扬社会主义核心价值观融入理论学习宣传、日常思想教育、时代主旋律教育和社会实践淬炼,促进理论认同、情感认同、价值认同和行动认同,真正将社会主义核心价值观内化于心、外化于行。

一、勤学——将核心价值观融入理论学习宣传,促进理论认同

科学的理论是行动的指南,为行动指明前进的方向。理论学习是我们增强思想自觉、行动自觉的重要保证。学校坚持用马克思主义中国化的最新理论成果武装学生头脑,将培育和弘扬社会主义核心价值观融入理论宣传教育,增强理论认同,坚定理想信念。

(一)坚持用科学理论武装头脑

学校坚持不懈传播马克思主义科学理论,坚持用马克思主义中国化的最新理论成果武装学生头脑。近年来,学校抓住国家重大理论创新和重大政治历史事件纪念活动等契机,深入学习习近平总书记系列重要讲话精神和党中央治国理政新理念新思想新战略,为学生发放《习近平总书记系列重要讲话精神学习读本》《兴

国之魂:社会主义核心价值观五讲》《国情备忘录》《苦难辉煌》《长征》《“四个全面”学习读本》等理论学习读物,常态化推进“理论名家讲堂”活动,邀请北京大学钱乘旦教授、首都经济贸易大学冯培教授、中国人民大学刘建军教授、中央财经大学冯秀军教授、以及我校刘勇教授、张胜军教授等著名学者围绕“习近平总书记系列重要讲话精神”、围绕十八大精神和十八届三中、四中、五中、六中全会精神,围绕先进文化、马克思主义信仰、高校思想政治工作与意识形态、南海问题等理论和时政热点问题举办专题讲座。

(二)在文化熏陶中汲取营养

加强中华优秀传统文化和革命文化、社会主义先进文化教育,以文化人、以文育人。中华文明绵延数千年,中华优秀传统文化已经成为中华民族的基因,潜移默化影响着中国人的思想方式和行为方式,我们培育和弘扬社会主义核心价值观,必须从中汲取丰富营养。我校邀请原人大常委会副委员长许嘉璐、著名学者于丹、康震等举办“大学之道在明明德”“诗经的文化之根”“古典的味道”等传统文化专题讲座,联合主办首都大学生读书文化节,举办“燕归来”大学生传统文化季,开展“弘扬经典文化,筑梦卓越未来”传统经典诵读活动等。打造优秀传统文化社团品牌,支持南山诗社、儒士社、国学社、同文馆、春秋学社、民俗学社、华章汉服社、“中华诵”经典诵读协会、辅仁人文学会、松风琴社以及大学生艺术团等近20家学生团体举办各类校园文化活动。南山诗社获评2015年度全国优秀学生国学社团第一名。继承光荣革命传统,邀请周恩来总理侄女周秉德、开国上将李聚奎之子李生雨、开国上将杨得志之女杨秋华、开国少将彭显伦之子彭程等革命后代为学生做革命传统教育辅导报告;选派学生党员干部分赴延安干部学院、井冈山干部学院、西柏坡纪念馆等地培训学习,组织学生赴江西瑞金、福建古田、贵州遵义、甘肃会宁等革命圣地,赴李大钊纪念馆、中国人民抗日战争纪念馆等参观学习,加强革命文化教育;组织学生观看纪念中国人民抗日战争暨世界反法西斯战争胜利70周年盛大阅兵仪式,组织学生参加“辉煌十二五”和“展望十三五”系列报告会,举办“学党史、知党情、跟党走”纪念建党95周年党史知识竞赛,组织学生参观“复兴之路”主题展览、“英雄史诗 不朽丰碑——纪念中国工农红军长征胜利80周年主题展览等,举办“百位优秀共产党员百篇小传”诵读及朗诵晚会,举办纪念红军长征胜利80周年《革命理想高于天》文艺晚会等;组织学生党员观看大型原创史诗话剧《雨花台》《人民海军精神颂》、电影《启功》等；积极开展文艺专场演出、高雅艺术进校园等文艺活动，弘扬社会主义先进文化。

（三）在自我学习教育中提高

组织学生召开理论学习座谈会，组织学生“社会主义核心价值观”理论宣讲团深入各院系，从学生视角解读社会主义核心价值观理论内涵；推动思想政治工作传统优势与信息技术高度融合，拓展网络新媒体宣传空间，利用学校网站、微信、微博平台等多角度全方位宣传核心价值观的内涵，利用“京师学工”“京师研工”“青春北师”新媒体网络平台及时推送理论学习相关内容，打造“一周研讲台”“理论集萃”“百问百答”“共学理论、释词解意”等理论学习特色品牌栏目，引导学生真学、真懂、真信、真用。在各学生宿舍、校园橱窗等醒目位置张贴展示社会主义核心价值观宣传海报、标语横幅，做到处处可见、人人知晓，使核心价值观的影响像空气一样无所不在。

二、修德——将核心价值观融入日常思想教育，促进情感认同

坚持贯穿结合融入，发扬“爱国进步、诚信质朴、求真创新、为人师表”的优良传统和“学为人师，行为世范”的校训精神，将社会主义核心价值观贯穿于大学生日常思想政治教育全过程，升华精神境界，促进情感认同。

（一）在日常思想教育中砥砺品格

学校高度重视大学生的日常思想政治教育，分层、分类加强大学生日常思想教育和管理工作，提高学生工作针对性和实效性。学校结合新生迎新、毕业离校等节点，开展形式多样、扎实有效的日常教育。推进“新生引航工程”，做好新生开学报到、隆重举行开学典礼、大力开展新生入学教育，设立“青春梦想邮局”，组织参观校园和校史展览。扎实做好毕业教育和毕业离校工作，组织开展“我的木铎年华”征文比赛、“我要上典礼”——本科生毕业典礼发言代表选拔活动、制作“最美的时光”毕业纪念光盘、举办毕业生晚会、开展文明离校教育等系列活动，组织毕业生与校领导合影、举办毕业典礼暨学位授予仪式等。2016 年教育部网站对北京师范大学深入开展毕业生教育活动进行了报道，有针对性地面向师范生、国防生、少数民族学生等不同学生群体，开展专题教育。扎实做好师范生思想教育，组织学生学习习近平总书记在北师大与师生代表座谈时发表的重要讲话精神，开展

“我心中的好老师”主题征文活动，引导广大师范生争做“四有”好老师。《学习贯彻教师节重要讲话精神，努力培养中华民族“梦之队”筑梦人》获教育部高校校园文化建设优秀成果评选二等奖。邀请首届启功教师奖和提名奖的20名获奖教师与我校师范生开展“共话教师情　同筑教师梦”座谈活动，并聘任获奖教师为免费师范生的校外导师、与三附中开展“朋辈教育”项目等。扎实做好国防生教育管理、新生军训、在校生服兵役工作，组建女子国旗护卫队，举办“寄情中华、筑梦国防”国防教育文化季，增强学生国防知识和国防意识。扎实做好少数民族学生的教育和管理，在少数民族学生中开展“三个离不开、四个认同”教育活动，为相关少数民族的古尔邦节、藏历年发放节日补助，开展学生联欢等活动。

（二）树立良好的校风学风

学校坚持用社会主义核心价值观引领知识教育，高度重视校风学风建设，强化培养学生的科学精神、学术道德、学术规范。贯彻落实教育部《关于切实加强和改进高等学校学风建设的实施意见》和《高等学校预防与处理学术不端行为办法》等文件，颁布实施《北京师范大学学生课堂学习“六不准”》，切实加强学风建设，引导学生提高学习积极性，养成良好科研习惯，杜绝学术不端行为。持续开展“治学・修身”系列学术活动，打造院士大师论坛、青年精英讲座与研究生学术沙龙组成的学术活动平台，邀请王乃彦院士、陈木法院士、方维海院士等专家学者与学生共话学术前沿，拓宽学术视野，提升科研实践能力，年参与研究生达10000余人次。建立院系学业辅导室，对有学业困难的学生提供学业辅导、咨询和朋辈互助。学校大力开展学术科技竞赛活动，以“双创两赛”（京师杯、挑战杯）为主线，为学生提供学术创新平台，连续三届获得全国“挑战杯”学生作品最高奖项（创业赛金奖/学术赛特等奖）并捧得“优胜杯”，积极推动创业项目实现从赛前“创意设想”到赛后“创业实践”的落地转化。

（三）发挥时代榜样的引领作用

“见贤思齐焉，见不贤而内自省也。”学校结合社会热点、师大特色，全方位、多角度宣传展示典型榜样的真实形象，用感人事迹激荡学生心灵，用崇高品格诠释核心价值真谛。举办“全国道德模范校园巡讲活动”，邀请全国道德模范李素芝、孔祥瑞、孟佩杰、王文珍等走进校园，讲述他们在平凡岗位上的中国故事，邀请北京市公安局“烈火青春铸忠诚”——刘洪坤、刘洪魁烈士先进事迹宣讲团与首都

“五一”劳动奖章获得者、“最帅交警”孟昆玉讲述优秀党员的先进事迹和成长经历，邀请四川凉山“最美山村女教师”马剑霞、全国教书育人楷模、“最美女教师”张丽莉与学生代表交流座谈，举办保定学院扎根边疆优秀毕业生群体先进事迹报告会、马克思主义的忠诚传播者——王强老师先进事迹报告会，组织学生参加全国“时代楷模”黄大年事迹报告会、廖俊波事迹报告等，教育引导学生胸怀祖国、服务人民。

三、明辨——将核心价值观融入主旋律教育，促进价值认同

学校坚持用社会主义核心价值观引领大学生思潮，教育引导学生正确认识世界和中国发展大势，正确认识中国特色和国际比较，正确认识时代责任和历史使命，正确认识远大抱负和脚踏实地，将培育和弘扬社会主义核心价值观融入主旋律教育，积极引导学生明辨是非，唱响时代主旋律，传递正能量，促进价值认同。

（一）坚持用社会主义核心价值观引领大学生思潮

学校积极教育引导大学生要树立正确的世界观、人生观、价值观，掌握这把总钥匙，再来看看社会万象、人生历程。学校广泛开展培育和践行社会主义核心价值观主题教育活动，邀请我校王炳林、张润枝等知名专家学者为学生做“培育和践行社会主义核心价值观”专题辅导报告，开展“自觉培育 · 自觉践行”“践行核心价值 · 树立中国自信”等主题教育活动，举办“我与社会主义核心价值观”系列主题班会，举办“学习践行社会主义核心价值观”主题征文活动，组织大学生通过书法、绘画等艺术形式，展现学生学习、传承和践行社会主义核心价值观的风貌，通过“我宣传 · 我代言”宣传标语征集，引导大学生用朴实真挚情感表达对社会主义核心价值观的理解和认同。重点打造“BNU 天天向上”等网络思想政治教育平台，通过“中国梦 · 秀出师之范儿”微视频等，传播网络正能量。积极教育引导大学生学会思考、善于分析、正确抉择，做到稳重自持、从容自信、坚定自励，明辨是非、正误、主次，明辨真假、善恶、美丑。

（二）结合时政热点弘扬时代主旋律

学校积极唱响共产党好、社会主义好、改革开放好、伟大祖国好、各族人民好的时代主旋律，由专职辅导员为学生开设形势政策课；深入开展“中国梦”“我和我的祖国”“爱学习、爱劳动、爱祖国”等主题教育；组织学生参加“辉煌十二五”和

“展望十三五”系列报告会，组织学生参观“复兴之路”主题展览等，树立社会主义共同理想，引导学生坚定“四个自信”。以重要节庆为契机加强正面引导，围绕“五四”“七一”“十一”“一二九”等重要节日，围绕新中国成立65周年、辛亥革命100周年、纪念抗战胜利70周年、建党95周年、纪念红军长征胜利80周年，以及国家首个烈士纪念日、国家公祭日、国家宪法日等契机，举行隆重的七一升旗仪式、国庆升旗仪式，组织开展“继承革命传统，励志成才报国”“红歌嘹亮——唱响时代旋律”唱红歌活动、“我的家国情·我的中国梦”“一二·九”大合唱等丰富多彩的主题教育活动，开展“革命烈士精神与青年时代责任”座谈会、举行缅怀革命烈士献花仪式、组织党员代表赴革命公墓祭扫等，以生动鲜活的先贤精神和民族荡气回肠的革命传统陶冶学生的历史使命感与时代担当感。

（三）坚决抵制西化渗透

学校不断加强意识形态阵地建设、强化阵地管理，坚决抵制错误思潮对青年学生的渗透。密切关注学生舆情动态，引导学生理性客观看待颜色革命、中东乱局、香港占中等时政热点和敏感问题，严格审查学生各种学术讲座和报告，严守意识形态红线和政治底线；严密防范宗教渗透和邪教传播，邀请何虎生教授为学生作《马克思主义宗教观和我国宗教政策》、左鹏教授为学生作《校园宗教传播与应对》等专题报告，对学生加强马克思主义宗教观教育和科学无神论教育。

四、笃实——将核心价值观融入实践淬炼，促进行动认同

“凿井者，起于三寸之坎，以就万仞之深。”修德，既要立意高远，又要立足平实，坚持培育和践行并重、知行合一，引导学生将核心价值观落细落小落实，争做社会主义核心价值观的坚定信仰者、模范践行者和积极传播者。

（一）在社会实践中锤炼

学校实施“百千万”实践育人计划，每年暑假都有200多支社会实践队、2000多名大学生奔赴祖国各地开展社会实践，开展理论宣讲、“科技、文化、卫生三下乡”活动、农村支教等社会实践活动。大力推进校区合作共建，组织学生党支部与首都基层支部开展红色“1+1”共建项目，“行动在我心，和视障朋友一起看世界”为主题的共建活动获北京高校红色“1+1”示范活动一等奖。大力拓展挂职锻炼平台，积极组织研究生到北京市、北京东城区和西城区、福建省福州市、浙江省台州市、贵州省遵义市、中国残联等单位挂职锻炼；坚持开展研究生西部支教团工作，连续10多年选拔优秀学生赴新疆库尔勒支教，并不断增加内蒙古、贵州等地的支教服务，拓展实践育人平台。农民之子社团贵州项目荣获阿克苏诺贝尔中国大学生社会公益金奖，四川实践项目获特别奖。

（二）在志愿服务中奉献

学校依托白鸽志愿者协会，组织青年志愿者每年参与60多个公益实践项目，涌现出以“大爱清尘”项目发起人周玲为代表的一大批优秀学生志愿者。选拔优秀学生志愿者参与北京园博会、APEC会议志愿服务工作，广受社会赞誉。组织120个学生党支部深入社区、农村、学校开展各类志愿服务活动，广泛设立党员志愿服务岗，促进党员志愿服务常态化，创建服务型党组织。面向全体学生党员开展志愿服务微行动，引导学生通过身边小事弘扬志愿精神，承担社会责任，倡导文明新风，促进社会和谐进步。

（三）从小事做起自我做起

加强日常行为规范和校规校纪教育，养成良好、文明的习惯；持续推进“两学一做”，开展本科生党员宿舍挂牌、迎新党员服务站等活动；开展“诚信·励志·感恩”、“诚信立身金不换”诚信教育系列活动；开展“治学修身”系列学术活动，强化学术道德；围绕毕业生离校，大力开展廉洁自律教育、职业理想教育、就业创业教育，引导毕业生到祖国和人民最需要的地方建功立业。学校定期组织评选“优秀共产党员”“十佳学生共产党员”“十佳大学生”“十佳志愿者”“自强之星”等优秀个人，用身边的优秀典型及其感人事迹激荡学生心灵，涌现出了中国大学生年度人物历史学院古丽加汗·艾买提、首都精神文明建设奖获得者化学学院赵月等一批优秀学生代表。

06 “三尚三爱”铸校魂　校训引领青春路

——天津科技大学弘扬校训精神落实立德树人

2016年“五四”青年节前夕，天津科技大学的大学生收到了一份特殊的节日礼物——加盖李岚清同志篆刻“尚德尚学尚行　爱国爱校爱人”(三尚三爱)校训印章的《科大魂——校训精神读本》。校训是一所大学的办学之魂、育人之纲，是社会主义核心价值观与大学精神、办学理念的有机融合和个性呈现。近年来，天津科技大学将“三尚三爱”的校训精神作为培育和践行社会主义核心价值观的宝贵资源，深度挖掘轻工办学传统和特色优势学科中的精神文化基因，将校训精神的传承与弘扬润物无声地贯穿于立德树人全过程，使校训精神成为引领大学生成长成才的精神航标。

一、理念思路

天津科技大学发轫于1958年，是我国第一批建立的4所轻工类的本科院校之一。建校58年来，“坚持拓展轻工特色，精心培育行业中坚，矢志服务国计民生”的办学特色一以贯之，经世致用的轻工传统和严谨朴实的精神品格一脉相承。2007年，学校办学传统和价值底蕴被提炼为“尚德尚学尚行　爱国爱校爱人”12字校训。2008年，校训石在滨海主校区中心景观区隆重揭牌。

长期以来，学校党委始终坚持社会主义先进文化的发展方向，坚持立德树人根本任务，全面贯彻落实全国高校思想政治工作会议精神，以建设优良的校风、学风为核心，大力弘扬“尚德尚学尚行　爱国爱校爱人”校园精神，唱响主旋律，不断增强文化自信。“围绕校训开展的文化品牌活动，将是一本活的教科书。”校训确立之后，校党委书记李旭炎做出指示：“要引导广大师生将校训牢记于心，融于科大人的血脉,继承好、发扬好科大的校训精神。”学校将弘扬校训精神与校园文化建设有机结合,开展了一系列“寻、传、融、育”活动,将校训精神内化为科大学子踏实担当的特有气质和奋发报国的昂扬斗志。

二、具体做法

(一)寻根:回溯轻工之根,探寻科大故事

一是梳理校史,溯源寻根。50 周年校庆之际,学校编纂《天津科技大学校志》,全面梳理了学校发展的历史脉络,回顾了立校兴校的峥嵘历程。同年,校史馆全面开放,参观校史展成为每届新生的入学第一课。二是课题立项,重点挖掘。2010 年,学校成功申报天津市社科规划项目“隆言泉教育思想研究”,对学校建校之初的“大牌教授”、我国制浆造纸工程学科的重要奠基人之一隆言泉先生的学术造诣、科研成就、教育思想等进行了系统的整理研究。三是对话历史,寻访故事。2011 年,学校 53 岁华诞之际,校友、师生团聚在河西校区兴华宝鼎广场,以“科大故事会”的形式,分享不同年代的校园往事和情感记忆。以此为基础,“科大故事”寻访活动自 2012 年起拉开帷幕,学生记者与离退休老同志、科大建设者、优秀师生“零距离”对话,从青年学子的视角,触摸科大历史,感悟科大精神,让科大人致力于服务国计民生的奋进身影跃然纸上。目前,《科大故事》第一辑、第二辑已经付梓出版,而“科大故事”的探寻仍在继续。

(二)传承:演绎校歌校史,缅怀英雄校友

一是唱响科大旋律。2013 年建校 55 周年之际,学校校歌正式诞生。歌词深情诠释了津门立校、报国图强的“二尚三爱”校训精神,署名“科仲”,取“科大众人”之意;天津音乐学院院长徐昌俊担纲谱曲。学校以新生入校教育、各种重要典礼、会议和文艺演出为契机,广泛开展校歌传唱活动,使科大精神得到凝聚和升华。二是演绎科大历史。2015 年,学校举办以“心怀红色信仰,情系科大发展”为主题的首届校歌校史演绎大赛,用宣讲、诗歌朗诵、话剧、舞蹈、合唱等丰富形式,截取学校历史发展进程中的鲜活片段,对校训精神进行时代诠释。三是铭记科大英雄。1999 年 5 月 8 日,我校包装与印刷工程学院朱颖校友,在以美国为首的北约野蛮轰炸我国驻南联盟大使馆事件中,不幸以身殉职,谱写出家国大爱的感人乐章,成为践行科大校训精神的光辉典范。学校通过传承 17 届的“朱颖班”,每年清明节、烈士纪念日的纪念活动，校园微电影《颖子》，朱颖烈士网上纪念厅等多种形式，使朱颖精神成为校训精神的重要组成部分，在科大学子心中恒久闪耀。

（三）融合：融入立德树人，筑牢思想根基

一是将弘扬校训精神与家国情怀教育有机结合。在新生入学、军训、“五四”、国庆、“一二·九”等重要节点和抗战胜利70周年、建党95周年、长征胜利80周年等重大纪念日，通过征文、诗歌朗诵会、主题教育等多种形式，弘扬“三尚三爱”的育人价值核心，引领大学生将崇德、尚学、力行作为行动指南，将经世、担当、报国作为价值追求。二是将弘扬校训精神与弘扬中华优秀传统文化有机融合。以校训精神为核心，推出“文化之韵”系列主题展览，出版《科大故事》《联墨飘香》《雷锋精神耀科大》《科大魂——校训精神读本》等“文化之韵”丛书，面向全国举办三届“天津科大杯”大学生格言联大赛，打造“兰室书笺”育人品牌、“兰室英华”国学微信平台，通过大学生思政网站“常春藤”“大学生网络电视台”等网络文化载体，持续传递健康向上、催人奋进的正能量。

（四）孕育：聚焦特色学科，培育文化集群

学校因轻工而立，依轻工而强，优势学科具有鲜明的轻工特色，校训精神体现浓郁的轻工底蕴。对校训精神的传承与弘扬，孕育出独具科大特色的轻工文化集群。围绕食品科学、生物技术、海洋科学、材料化工、包装印刷等优势学科，学校深入挖掘“食文化、酒文化、纸文化、盐文化”等学科专业文化，设立“盐业黄埔”展室，推出“葡萄酒文化”“舌尖上的安全”“印出精彩”等系列展览，举办“夜光杯”葡萄酒文化节，开展“食品安全进社区”科普活动，与中国大学生在线共建“食文化频道”，在新校区建设中规划特色学科文化展馆，让校训精神在科大人经世致用、矢志报国的鲜活实践中不断绽放出时代光芒。

三、经验亮点

（一）凝心聚力，塑造科大优良校风

通过校训精神的解读、阐释与传承、弘扬，将学校多年积淀的共同文化、共同价值观和共同发展目标汇集成强大的精神凝聚力，极大地增强了科大人的认同感和归属感。同时，在对校训精神之源的追溯中，陈国符、金培松、隆言泉、张克旭、姚国雄等立校先驱、行业精英的报国情怀、攻坚意志、科学精神，塑造出“爱国敬业、严谨朴实”的科大校风，影响了一代代科大学子。建校58年来，学校面向全国输送的12万余名各类人才，在各自的工作岗位上敬业奉献，拼搏进取，展现出科大学子内敛、踏实的优秀精神品质。

（二）育人无声，强化学子责任担当

校训精神，筑牢了科大学子在关键时刻展现家国情怀与责任担当的思想根基。2013年9月7日，电信学院、机械学院大学生张森、王浩然和周玉轩在天津火车站迎新之际，智救跳河女子；2014年2月，食品学院研究生王汝华在危难之际挺身救人，被海南省委书记罗保铭盛赞为见义勇为“平民英雄”；2015年4月，经管学院90后藏族女生泽仁永措在列车上智救被拐妇女。李冠荣、顾成龙、刘建东、方滔文、薛文茜、关帅、范瑾、郭刚、廖会江等17名在校生成功捐赠造血干细胞，人数接近天津市全部成功捐献者10%；在校注册志愿者达16000余人，全校大学生75%成为志愿者……“三尚三爱”、务实奉献，已成为科大人的基因密码。

（三）引领实践，点燃创新创业激情

校训精神，将“经世致用、服务社会”轻工理念一以贯之，也将科技报国、推动创新驱动发展的社会使命感世代传承。在创新创业的时代背景下，科大人敢于争先，逐梦潮头。2014年，李克强总理在与我校李喜宏教授团队就小微企业科技创新进行交流后，欣然题词“小微企业，大有作为”。2015年9月，在大连举行的达沃斯论坛上，李克强总理与我校大学生、绅士科技CEO申川亲切握手，传达对大学生创业的鼓励和期待。近年来，科大学子在“挑战杯”全国大学生系列学术科技、创新创业竞赛中夺得市级金奖29项，银奖、铜奖64项，国家级铜奖6项，创业学生晁岩、申川入围2015年大学生创业英雄百强。

07 构建四维四级工作模式 打造心理健康教育品牌

——长安大学心理健康教育“彩虹”品牌文化活动

大学生心理健康教育是高等教育培养高素质人才的重要组成部分，也是培养大学生树立心理健康意识、掌握心理健康知识和心理调适技能的主要渠道。中共中央《关于加强和改进新形势下高校思想政治工作的意见》（中发〔2016〕31 号）和《国家中长期教育改革和发展规划纲要（2010—2020 年）》中将加强心理健康教育列为重要内容。因此，高校心理健康教育教学的科学性、目的性和实效性是提升大学生心理素质的基本措施和重要保证。长安大学心理健康教育工作结合教育学、心理学等学科的知识，从学生的认知、情感、意志、行为等心理活动过程出发，从学校、院系、班级、宿舍四个层面开展工作，构建了独具特色的大学生心理健康教育“四维四级”模式，并将所有心理健康教育活动整合成为“彩虹”品牌文化活动，教育成效显著。

一、“四维四级”心理健康教育模式下“彩虹”品牌文化活动的构建思路

（一）“四维四级”心理健康教育模式的内涵

“四维四级”心理健康教育模式中，“四维”是指普通心理学中心理活动发生发展的过程，即认知、情感、意志、外在行为表现四个部分。知：即认知，是学生对心理健康的了解和学习；情：即情绪情感，情感是沟通彼此的桥梁，是开启教育对象内心世界的阀门，通过教育活动培养学生管理情绪情感的能力；意：即意志，通过意志品质的训练，为学生的健康成长、成才创造必要的条件；行：即行为，通过培养学生良好的行为习惯，最终达到知情意行的整合统一。围绕“四维”教育内容，从学校、院系、班级、宿舍四个层次具体开展工作，构建“四级”心理健康教育工作

网络。“知、情、意、行”四维四级教育理念开拓了心理健康教育工作新模式，立体化、网格式的工作模式实现了心理健康教育工作由被动向主动转变、由表层向纵深的延伸。

（二）“彩虹”心理健康教育品牌设计理念

长安大学心理健康教育创建“彩虹”品牌，有三重涵义，其一：彩虹桥是长安大学本部北院和南院之间的连接通道，一桥飞架南北，横跨南二环，现已成为我校的标志性建筑；其二：彩虹形似桥梁，象征心理健康教育工作为广大师生建立沟通的桥梁，引领学生健康成长；其三：彩虹是一种自然现象，只有经历风雨之后才在天空出现，借此寓意，期望大学生不害怕挫折和压力，勇敢面对，提高心理调试能力，最终拥有如彩虹般美好的生活。依托“四维四级”心理健康教育模式，在心理健康教育朋辈互助体系中，构建学校彩虹心理协会、院系彩虹驿站、班级彩虹委员和彩虹使者等四级工作力量。广泛开展“彩虹”品牌系列活动，内容丰富、形式多样、特色鲜明，深受广大师生的好评和喜爱，激发了学生们主动参与心理健康教育活动的热情和积极性。

二、四维四级“彩虹”品牌心理健康教育活动的具体做法

（一）领导重视、保障有力

“彩虹”品牌的创建、推广和传承离不开学校各级领导的重视和支持。陕西省高教工委领导、校领导等多次莅临“彩虹”品牌活动，并给予高度评价和肯定。同时，学校领导和部门领导在活动经费、人员、场地等多方面给予心理健康教育极大的支持和保障，活动经费多年来持续增长，心理中心办公面积不断扩大，配备了心理咨询室、团体辅导室、情绪宣泄室、情绪调节室、沙盘室、测评室等专业功能室，功能日益完备。

（二）专业团队、精心部署

长安大学心理健康教育教师队伍不断发展壮大，目前中心拥有专职教师 6 人，其中副教授 3 人；博士 3 人，硕士 3 人；外聘专家 4 人，兼职教师 15 人，专兼职教师均具有心理学、教育学的学科背景及心理咨询专业资质。中心秉承“以学生为中心，教育为主，预防为重，促进全体学生健康发展”的工作宗旨，以“增进心理健康，塑造完善人格”为工作目标，结合工作实践和专业学科知识，精心设计各类

心理健康教育活动、编写《长安大学心理健康教育手册》(新生版)(发展委员版)(家长版),保障了心理健康教育活动的专业性和针对性。

(三)顶层设计、统一规划

根据我校心理健康教育工作的宗旨和目标,由心理中心对全校心理健康教育工作进行整体设计和规划,各学院配合实施完成。在实际工作中逐渐形成“两个阶段、五个结合”的教育模式,即:心理健康教育重点从大一新生抓起,在新生入学的第一学期进行适应性教育,第二学期进行专题性教育;通过发放新生心理健康知识手册、开设新生家长课堂、新生辅导员培训、新生团体辅导、新生心理健康普查、心理适应讲座、新生发展委员培训等方式实现家庭教育与学校教育相结合、朋辈互助与自我教育相结合、课堂教育与课外活动相结合、教育辅导与预防干预相结合、一般教育与个别辅导相结合。从新生进校开始便塑造良好的心理文化氛围,做到教育与预防为主,提升学生心理保健意识。

(四)四维四级、时空联动

在实践工作中,心理中心不断完善工作制度,构建四维四级工作模式。2009年颁发了《长安大学心理健康教育三级网络系统工作方案(试行)》(长大学服〔2009〕126号文件),构建了两系三级网络工作平台体系。随着工作的开展,逐步将原有的“学校、院系、班级”三级工作网络,拓展为目前的“学校、院系、班级、宿舍”四个层次,建立和完善了各级层的工作制度,实现心理健康教育全覆盖。2010年出台了《长安大学学生心理危机干预实施方案(试行)》(长大学〔2010〕3号文件),确立了我校心理危机干预的基本原则,成立了心理危机干预领导小组,建立了心理危机快速反应机制。

三、四维四级“彩虹”品牌心理健康教育的经验亮点

(一)塑造“彩虹”品牌,提升我校心理健康教育校内影响力

基于“四维四级”工作模式,长安大学广泛开展“彩虹”品牌系列活动。在学校层面,推出“彩虹心理情景剧”“彩虹心理知识竞赛”“彩虹当众演讲训练营”等大型校级教育活动;在院系层面,各学院结合自身专业特色,开展了系列活动,例如汽车学院“七彩塑心梦泥塑大赛”活动;在班级层面,开展了“班徽设计大赛”等活动;在宿舍中,开展了“彩虹宿舍风采大赛”等活动。一系列质量高规模大、迎潮

流接地气的“彩虹”心理健康教育品牌活动，内容丰富、形式多样、特色鲜明，深受广大师生的好评和喜爱，极大地激发了学生们主动参与心理健康教育活动的热情和积极性。同时，运用新媒体不断扩大“彩虹”品牌的影响力。以学生能倾诉、喜欢看、听得懂、爱转发为目标，积极搭建“彩虹在线”心理网站、“彩虹桥”微信平台、“彩虹心情”朋辈咨询热线、“彩虹信箱”“彩虹天空”心理健康教育专刊等多种重内涵、成体系、影响大的校园新媒体平台，传播最新心理健康教育资讯，关注学生心理动态，正面引导校园舆论，开展心理健康教育和宣传活动。

（二）宣传推广四维四级“彩虹”品牌，提升我校心理健康教育校外影响力

2009 年，心理健康教育与咨询中心被评为“陕西省先进心理服务机构”，2011 年和 2014 年两次被评为陕西省高校新生心理普查优秀组织单位，2015 年被评为“陕西省心理健康教育先进单位”和“陕西省普通高等学校心理健康教育与咨询示范中心”，“四维四级”工作模式和“彩虹”品牌心理健康教育理念获得教育部和陕西省教育厅的专题简报报道，成为心理健康教育模式的新典范，并推广应用至省内兄弟院校。

心理中心指导的校级学生组织“彩虹心理协会”已经成为校内规模最大、最具影响的社团之一，在学生自我教育、自我管理、自我服务中发挥了重要作用，曾荣获共青团陕西省委授予的“陕西省五四红旗团支部”称号、两次荣获中国青少年发展基金会授予的“芙蓉学子 · 榜样力量”团队合作奖、陕西省高校优秀心理协会最佳创意奖等多项荣誉。

08 培育·弘扬 中国精神在我心中

——北京科技大学社会主义核心价值观宣传教育

一、理念思路

党的十八届六中全会指出，以习近平同志为核心的党中央观大势、定大局、谋大事，以大视野谋划改革发展稳定，大气魄治党治国治军，大手笔运筹国际国内，中国以豪迈而自信的姿态屹立于世界东方。全党同志要牢固树立政治意识、大局意识、核心意识、看齐意识，切实做好思想理论准备工作、组织准备工作、经济社会发展工作、意识形态工作，切实维护社会和谐稳定。

习近平总书记在全国高校思想政治工作会议上强调，要教育引导学生正确认识世界和中国发展大势，从我们党探索中国特色社会主义历史发展和伟大实践中，认识和把握人类社会发展的历史必然性，认识和把握中国特色社会主义的历史必然性，不断树立为共产主义远大理想和中国特色社会主义共同理想而奋斗的信念和信心；正确认识中国特色和国际比较，全面客观认识当代中国、看待外部世界；正确认识时代责任和历史使命，用中国梦激扬青春梦，为学生点亮理想的灯、照亮前行的路，激励学生自觉把个人的理想追求融入国家和民族的事业中，勇做走在时代前列的奋进者、开拓者；正确认识远大抱负和脚踏实地，珍惜韶华、脚踏实地，把远大抱负落实到实际行动中，让勤奋学习成为青春飞扬的动力，让增长本领成为青春搏击的能量。

新生入学是大学教育的开端，是学生适应大学生活、树立发展目标、坚定理想信念的关键时期。近年来，北京科技大学紧密结合“为中国梦奋斗”的时代主题，牢牢把握“培育和践行社会主义核心价值观”的育人主线，深入开展一系列社会主义核心价值观宣传教育活动,努力使社会主义核心价值观进学生思想、入文化主流、成实践自觉。

二、具体做法

(一)宣传教育融入校史文化,深入挖掘内涵

学校深入挖掘学校历史、传统、校风与中国梦、与社会主义核心价值观的契合点,让践行核心价值观、追逐青春梦想成为崭新的校园时尚。将宣传教育融入校史文化,积极培育彰显社会主义核心价值观内涵和展现学校思想灵魂的文化育人精品活动,开展文献整理与研究,凝练铸造"求实笃行、敢为人先"的精神品质,加强校史校情教育,发挥校史育人作用。从2010年开始,学校每年新生入学即开展校史校情教育,参观校史馆、了解校园成为新生入学的第一课。学校出版了《师韵》等校园文化书籍,精心创作排演校史话剧《燃烧》《绽放》,展现北科大青年矢志不渝、以身报国的精神内核,在广大学生中引起了强烈反响。

(二)社会实践发扬优良传统,寻访中国精神

北京科技大学具有优良的社会实践传统,《大学生社会实践》曾被评为国家精品课程。学校在传承校史精神的基础上,结合社会实践课程,鼓励学生走出去,更好地将校史精神与中国精神紧密结合。

2014年,中共北京市委教工委组织编著了《中国精神教育读本》,书中将中国精神按照历史阶段划分为五四精神、长征精神、红旗渠精神、雷锋精神、载人航天精神、抗洪精神等具体类型。为更好地寻访中国精神、讲述中国故事、传递中国声音、凝聚中国力量,北京科技大学自2015年开始,连续两年组织多支实践团队奔赴全国各地开展了"寻访中国精神、培育核心价值观"主题实践活动,全面发掘中国精神背后的故事,取得了丰硕成果。

2016年正值长征胜利80周年,以此为契机,学校在往年社会实践组织经验的基础上,再次组成了联合课程组,由马克思主义学院牵头策划组织,以"中国精神寻访"作为2016年社会实践的重点选题,面向全校范围内的本科生开展招募组队工作。学校今年共形成18支"寻访中国精神"实践团队,组织约200余名学生利用暑期开展为期10天的社会实践活动。其中,特别组织8支实践团约100名学生,"重走长征路"开展长征精神寻访。

（三）教辅结合探索育人模式，讲述中国故事

北京科技大学在组织此次社会实践过程中，不断改进工作模式，创新工作思路，形成了教辅结合的育人模式，实现了研究生与本科生的联动机制。并在组织管理方面加大投入力度，严格选拔、培训、监督、成果转化等各个关口。学校充分发挥马克思主义学院思政课教师的专业优势，为每个实践团专门配备一名思政课教师作为指导教师，从前期调研设计到后期成果转化全程参与指导；此外每一个实践团配备1～2名研究生，作为指导学长学姐全程跟团辅助指导，并即时解答学生疑惑，处理学生问题，做好充分的保障工作，以便给实践团成员提供开展实践调研的帮助。

此外，"长征精神寻访"实践团队的8支团队还联合北京电视台"带本书给家乡的孩子"活动，在寻访长征精神过程中，将爱心书籍捐献给长征沿线的小学，同时开展了丰富多彩的支教活动，为小学生们讲述活动一路收获的、以及书籍课本中的动人故事，实现传承经典好书，传递知识爱心、弘扬长征精神，讲述中国故事。同学们从江西瑞金出发，重走长征路，再克服重重困难后，最终奔赴长征沿线的各个重要站点，将新时代的"长征精神"践行在路上，累计捐书30000余本。

（四）校企合作开发优质资源，凝聚中国力量

为牢记红军丰功伟绩、弘扬伟大长征精神，北京科技大学还于10月中旬与北京出版集团联合举办了"《长征　长征》新书发布会"暨北京科技大学"寻访中国精神"社会实践成果展。同时邀请图书作者陈虎、党史专家王新生、军事专家武军以及北京科技大学马克思主义学院院长彭庆红与在场的师生们举行了"长征精神论坛"，专家们现场为师生观众答疑解惑，进行深入有效的互动交流，北京科技大学的250余名师生及新华社、《光明日报》、《中国日报》、人民网等20余家新闻媒体共同参加了此次活动，影响范围广泛，论坛过程由北京网络电视台全程直播，希望可以感召更多的人来凝聚中国力量，传递中国精神。

图书的出版通过鲜活的文字，纪念那段辉煌的历程，让人深刻感受到长征精神的伟大和恒久的魅力，继承和发扬长征精神，实践长征路的胜利，而"重走长征路"社会实践活动的开展，不仅仅为当地的孩子传递了图书与爱心，更让当代大学生感受到新时代的长征精神，时刻提醒我们要不忘初心，继续前进。

三、经验亮点

弘扬培育中国精神的校园文化建设中，学生们参与热情高涨，形式丰富多彩，文化成果丰富。学生们挖掘了感人的中国故事，并通过微电影、文献资料、歌曲、手绘画、访谈录、文化创意展等丰富多彩的形式展现，传递中国声音。

“壮熠兮，中华民族，精神立，不屈不辱，我辈起，高歌一路，当赓继，朝朝暮暮”学校学生自编自唱的原创社会实践纪实歌曲 MV《中国精神》，唱出了学生们的传承精神、砥砺前行的心声；精心编排的短剧《长征，我们一直在路上》原景重现了此次重走长征路的真实故事，感人至深；欢快的舞蹈《新长征路上的摇滚》展现了新长征路上当代青年昂扬蓬勃的精神风貌，而专属于中国精神的纪念版日历，更是让同学们将伟大祖国“历史上的今天”深深铭记……

长征精神团队用自己的脚丈量了长征路，并用一幅 8 米长的手绘长征画卷来展示对长征精神的深刻感悟；井冈山精神实践团队原创的流行曲风红歌《星火》，从歌词到谱曲，都显示出大家对井冈山精神的透彻感悟；大庆精神实践团队通过上百万字的文献研究，汇聚真知，并精心录制手语 MV《我为祖国献石油》；红船精神实践团队的原创沙画；特区精神的精彩故事分享；小岗精神实践团队的真实微电影《红手印》等都是同学们丰硕的实践成果。各个团队的调研数据和实践报告，也将自身所学与实践有效结合，用心完成了社会实践，这一新时代的“长征”。

通过此次社会实践活动，同学们激发了爱国热情，树立了文化自信，同时也取得了丰硕的社会实践成果。此次“寻访中国精神”大学生社会实践团队共累计发放调查问卷约 4000 余份，足迹遍布大江南北，总行程累计约 63000 多公里。实践活动得到了北京电视台《北京你早》栏目的专题系列报道，同时也被江西新闻联播、会宁电视台《会宁新闻》、中国网、凤凰网、九江新闻网、固原日报等多家媒体关注与报道。

参加此次社会实践的同学们感慨：“啃”过数以千计的论文、报告和书籍，才踏上寻访的征途；也有人说，看过数以百计的博物馆、纪念馆和旧址，方知历史的厚重；更有人体会到，听过老一辈口中真实的故事，收集到百本珍贵书籍，更感中国精神生生不息、振奋人心。

秉承优良校风　牢筑大学精神

高校立身之本在于立德树人。落实立德树人根本任务，培养德智兼备、全面发展的社会主义建设者和接班人，高校校风建设非常重要。优良的高校校风作为高校生存发展的必要条件，是高校品位和格调的重要标志，也是大学精神的集中彰显。它不仅能激发学生奋发向上、追求美好人生，而且能充分调动学生学习的积极性、主动性，激励其不断获取广博的知识，矢志不渝地攀登科学高峰。因此，优良的高校校风对学生价值观念和治学风格的形成具有重要意义。

中国地质大学（武汉）在长期的学科发展与文化建设中，擦亮了“艰苦奋斗精神”这张名片。艰苦奋斗精神是该校的优良传统和办学治校法宝，也是校风学风的真实写照。建校六十多年来，学校始终用“艰苦奋斗”精神构建校园文化之魂。艰苦奋斗精神助推了该校优良的校风学风，同时呈现于大学景观文化，体现于大学特色体育文化，彰显于大学文艺创作活动。更重要的是，艰苦奋斗精神深深地植根于广大学生心灵，引领着学生的思想与行为。

复旦大学高度重视中华文化走出去工作，着力加强文化内容建设，突出思想内涵、彰显价值观念，努力探索中华文化走出去的有效形式和载体，通过建设孔子学院，创设中国研究院、“海外中国研究中心”，构建“大国对话机制”，打造“复旦出版”版权输出品牌，推介学生艺术团赴海外进行艺术文化交流等多项举措，多层次推进中华文化走出去工程，积极传播当代中国价值观念，展示中华文化独特魅力，增强中华文化的吸引力和感召力。

西安工业大学“传统文化菁华传承工程”以社会主义核心价值观为指引，以构建“忠诚进取，精工博艺”的校园文化精神为目标，抓住体验、传承、实践等环节，弘扬优秀传统文化及兵工精神，完善工科学生知识结构，提升学生人文素养，提升学校文化气质。同时通过文化公益活动、系列开放讲座及国际交流合作等方式使优秀传统文化走出象牙之塔，建立起“立德树人——普及研究——文化体验——服务社会”为闭环的文化传承路径，以“文”化人，服务社会。

宁波职业技术学院“思源基金”旨在进行慈善助学，培育大学生的慈善公益精神，实现立德树人。“思源基金”坚持“人人参与，实践育人”的育人理念、“以人为本，诚信至上”的资助理念和“人人献爱心，慈善成习惯”的工作理念，形成了“基金资助－学生反哺”、资助与育人相结合的慈善助学新模式，并逐步成为“捐资、助学、育人”三位一体，慈善助学、思源超市、班级冠名基金、思源夜市、爱心小屋“五台并建”的思源文化教育实践基地。不仅实现了精准资助，帮助贫困学子圆了大学梦，顺利完成学业，还实现了“自强自立、诚实守信、感恩社会、传递爱心”的德育育人目标，营造了“人人可慈善”的校园文化氛围。

华中科技大学评论学社成立十余年来，探索出了一套行之有效的评论人才培养模式。即以培养中国特色社会主义评论人才为中心目标，使学生形成社会主义核心价值观的价值认同，训练学生新闻评论的专业化写作能力，通过文化熏陶和技能训练，将理论学习和实践活动结合一起，更有效地培养评论人才。评论学社通过拓展各种媒体资源，搭建会员作品的展示平台，进行“真刀真枪”的新闻评论演练，形成了独特的校园评论文化。

中山大学以学生马克思主义理论研修班为平台，以学习、研讨、宣传马克思主义和当代中国马克思主义理论成果为内容、以践行社会主义核心价值观为己任的学生理论骨干团体。不断丰富研修内容、拓展实践途径、创新培养模式，探索形成在第二课堂培养大学生马克思主义者的育人机制，在校园和社会中有广泛影响力。

09 弘扬艰苦奋斗精神 主推优良校风学风

——中国地质大学(武汉)以艰苦奋斗精神涵育大学文化建设

中国地质大学(武汉)作为一所行业特色大学,围绕立德树人的教育目标,遵循"艰苦奋斗、求真务实"之校训,文化建设中擦亮了艰苦奋斗精神这张名片。

一、艰苦奋斗精神助推良好校风学风的形成

中国地质大学(武汉)经过长期的学科积淀,形成了富有地学智慧和文化特色的大学精神,即艰苦奋斗精神。艰苦奋斗是该校的优良传统和办学治校法宝,也是校风学风的真实写照。建校六十多年来,始终用艰苦奋斗精神构建校园文化之魂。

该校随着教育事业和校园文化的不断发展,艰苦奋斗精神思想内涵也在不断发展。艰苦奋斗精神作为该校大学文化的基本价值取向,影响了一代又一代学子,成为激发一代代地质大学人自强不息、努力奋进、立志成才的精神源泉。

每年暑期,地学类专业大学生成批奔赴位于北京周口店、河北北戴河、湖北秭归的野外实践教育教学基地,开展野外地质实习。在野外,老师和学生一起跋山涉水,一起风餐露宿,一起砥砺前行。在人迹罕至的高原上、在茫茫戈壁滩上、在茂密的丛林里、在崇山峻岭中,该校大学生用艰苦奋斗精神,阐释着对地球科学的追求、对祖国大地的挚爱。

艰苦奋斗精神不仅在在校生中得到呈现,在无数毕业生中也得到发扬。比如,该校 1990 级水文地质专业毕业生张国旗,大学毕业后放弃在省城太原工作的机会,主动回到老家山西陵川县从事水文地质工作,32 岁时因工殉职,感动无数人。山西电影制片厂 2006 年专门拍摄电影《洪山雨》。该校为了纪念这位平凡的

毕业生,在校园内为其塑像。艰苦奋斗精神是一笔无形的精神财富,无论是在校生还是毕业生,都将其当成人生的价值坐标,指引前进的方向。

二、艰苦奋斗精神呈现于大学景观文化

中国地质大学(武汉)的艰苦奋斗精神,深深根植于地球科学和地学文化之中,也源于地学教育中的人文内涵。以地学文化作为校园文化的基色,把“地质元素”融入大学文化建设,能够直观形象地呈现学校的精神风貌,对学生产生潜移默化的育人功能。

校园的标志性文化景观,是大学精神的外在集中反映,也是校园文化历史传承的重要载体。近年来,该校先后建成了勘探队员雕像、化石林、院士长廊、博物馆、四重门、校训碑等文化景观。如,树立在学校图书馆前的地质勘探队员雕像,不仅是老一辈地质工作者的缩影,还是艰苦奋斗精神的艺术表达,呼唤着新一代地质人在奉献中追寻生命的真谛。

再如,“四重门”校园文化景观,不仅是办学历史的记录,还是新中国高等地质教育的见证。站在这个简朴、大气的文化景观面前,总是会不由自主地联想到学校历史上的建设者们,付出的艰苦劳动和巨大代价,“四重门”如同在无声地述说艰苦奋斗精神的时代内涵。

而院士长廊,集中展现着该校校友、在该校工作过和正在该校工作的两院院士图像。两院院士不仅是国家宝贵的人才资源,也是该校艰苦奋斗精神的践行者。师生们经过这里,时常停下脚步,感悟艰苦奋斗之于成长、成才的深意。

三、艰苦奋斗精神体现于大学特色文化

艰苦奋斗精神,不仅在中国地质大学(武汉)地学学科中得到呈现,在体育运动中也得到彰显。登山、攀岩、野外生存体验等等,长期以来是该校的特色体育运动。大学生攀岩训练馆,是亚洲最大的室内攀岩馆,每年到攀岩馆参加训练的学生人数达5000人次,这里是学生磨练意志、勇攀高峰、培养艰苦奋斗精神的运动平台。而户外拓展运动训练基地,由国家登山协会和我校联合建立,设有23个高低空拓展运动项目,每年有近1000人次学生参与训练,这里是培育大学生挑战自我勇气的“舞台”。

中国地质大学(武汉)自1958年成立我国第一个业余登山队,先后和多个国家及地区的大学生登山队,攀登了6000米以上的高峰近10座。就是凭着艰苦奋斗精神,为国家培养了王富洲、李致新、王勇峰、次洛等一大批登山健将。

2012年5月19日,该校登山队经过周密准备和部署,克服重重困难,成功登顶世界最高峰——珠穆朗玛峰。其中,队员中的陈晨同学,是我国第一位登顶珠峰的在校女大学生。登山队在挑战世界最高峰的行动中,以勇气、毅力和不屈的攀登精神,将艰苦奋斗精神体现得淋漓尽致。

2013年五四青年节前夕,在"实现中国梦、青春勇担当"主题团日座谈会上,陈晨作为全国大学生代表,畅谈了登上珠穆朗玛峰的体会,受到习近平总书记的勉励和肯定。习近平总书记勉励道:"陈晨同学,我是非常敬佩的,对于珠穆朗玛峰,我可以说是'高山仰止,景行行止,虽不能至,心向往之'。有这种精神,我相信你今后人生的事业一定会在这种精神的砥砺下,勇往直前,不断地攀上人生新的高峰。"

也就是从2012年开始,该校师生将艰苦奋斗精神转化为实际行动,向世界七大洲的最高峰发起挑战。到2016年12月,该校师生用四年时间,成功登顶世界七大洲最高峰和南、北极极点。每一次挑战最高峰,都是在充分阐释艰苦奋斗精神的魅力。

四、艰苦奋斗精神彰显于大学文艺活动

地质学事业是豪迈的事业,而大学文艺活动可以培养豪迈与激情;艰苦奋斗是一种思想境界,而文艺活动能提高人的品位和境界。围绕艰苦奋斗精神,中国地质大学(武汉)在文艺活动中,不断挖掘时代寓意,用文学与艺术的形式,对广大学生开展艰苦奋斗精神的熏陶。

近年来,该校根据中国科学院院士池际尚教授生前带领学生在野外从事地质科研的事迹,分别创作音乐舞台剧《雪莲花开》和音乐交响诗《我常怀念她》,在武汉、北京、上海等进行多场演出后,受到社会各界的广泛好评。此外,该校围绕地学题材和艰苦奋斗精神,创作的文学剧本《祁连山魂》剧本,在《大地文学》杂志发表。

2012年以来,教育部和中国科学技术协会共同发起"共和国的脊梁——科学

大师名校宣传工程”，中国地质大学（武汉）的大学生，根据著名地质学家、地质教育家李四光科学研究和人才培养的故事为原型，自编自演创作大型话剧《大地之光》。该校学生一次次参与《大地之光》的演出过程，本身就是接受爱国主义、艰苦奋斗精神的洗礼。该剧自 2012 年首演以来，在武汉、北京、西安等地多次演出。新华社、《人民日报》、《光明日报》等媒体纷纷报道，有力地提升了学校的美誉度、知名度。2015 年 9 月，在《大地之光》基础上编排的原创情景剧《北京，不会震》在人民大会堂上演。

文艺活动中充分彰显艰苦奋斗的精神，不仅传递思想的正能量，还宣扬了艰苦奋斗精神在当代的生命力。艰苦奋斗精神，无时不在该校校园文艺活动中彰显。如，2014 ~ 2016 年，文艺表演作品《攀登》《丝路新语》《山水中国美》，分别在中央电视台播出。

五、艰苦奋斗精神植根于广大学生心灵

对于中国地质大学（武汉）而言，艰苦奋斗精神在人才培养的各个方面都得了体现。思想政治课教育教学中，老师们在讲授中国特色社会主义、中国梦、社会主义核心价值观等内容时，将艰苦奋斗精神纳入到教学范畴体系，和理想信念教育、思想品德教育、心理健康教育有效结合。

该校为了培养学生艰苦奋斗、吃苦耐劳的意志，对全校一、二年级学生举行早操制度。无论春夏秋冬、严寒酷暑，要求学生从事体育锻炼。清晨，大学生在悠扬的广播声中赶紧起床，在规定的时间内前往操场出操。同时，为了将出早操作为制度延续下来，出操考勤和大学生综合测评结合在一起。这项制度的长期坚持，使得大学生养成了勤勉、准时的学习生活习惯。

艰苦奋斗精神，在该校学生社会实践中全程贯穿。长期以来，该校高度重视各类社会实践活动，鼓励学生在社会广阔的舞台中磨砺品质和提升本领。从 2006 年开始，规定大学生要完成 2 个社会调查的自主学习学分。2009 年以来，该校组织二年级全体学生从事社会调查活动，至今形成了数千份有价值的社会调查报告。此外，还广泛开展“三下乡”社会实践，引导学生在地震及地质灾害防治、资源服务等方面投身实践、服务社会，用艰苦奋斗的精神，书写美丽的青春梦。

每年暑期，中国地质大学（武汉）近百个社会实践团队，奔赴祖国各地开展社

会实践。比如,"山中花儿"爱心助学团队,从 2005 年起,连续 11 年来到广西,在中越边境的深山里,给贫困山村小学的孩子义务补习功课。一届一届的大学生,利用暑期休息时间,告别大城市,本着吃苦与奉献的态度,给山村的孩子们上课。这个团队的支教点,由最开始的一个支教点——广西靖西县吞盘乡岩奉小学,发展到十个支教点。截止到 2016 年,"山中花儿"助学团队已经派出暑期活动志愿者 600 余名,资助金额达 25 万余元,受助学生 300 余人次。

总之,中国地质大学(武汉)大力倡导的艰苦奋斗精神,是在长期的办学实践中逐渐形成的,已经深深内化到广大学生的思想与行动中。艰苦奋斗精神作为中华传统美德,与这所大学的文化气质、文化追求气脉相通,在今后的大学文化的建设中,将继续擦亮这张名片!

10　架设文化之桥　讲好中国故事

——复旦大学多措并举推动中华文化走出去

文化承载着一个国家的精神价值。习近平总书记强调指出，中华文化积淀着中华民族最深沉的精神追求，包含着中华民族最根本的精神基因，代表着中华民族独特的精神标识，要努力展示中华文化独特魅力，塑造我国的国家形象。多年来，复旦大学高度重视中华文化走出去工作，积极探索中华文化走出去的有效形式和载体，多层次推进中华文化走出去工程，取得明显成效。

一、孔子学院架起中华文化走出去的桥梁

复旦大学是在海外设立孔子学院最早的高校之一，自 2004 年起，已在瑞典、新西兰、澳大利亚、德国、英国等国家先后创设了七所孔子学院，陆续向海外各孔子学院派送中方院长、汉语教师、学生志愿者 170 余人次，成为汉语教学推广与中国文化传播的重要平台。

秉持传播中国文化、促进中外文化融合的宗旨，复旦大学以每年的“孔子学院日”为契机，通过宣讲、文艺演出、学生交流等丰富多彩的活动形式，向当地学校展示多元化的孔院形象和中国传统文化魅力，并隆重推介新汉学计划、孔院奖学金等总部重大项目，增进世界各国和地区人民对中国语言文化的了解，加强中国与世界各国教育文化交流合作。复旦大学还常年坚持参与海外巡讲这一常规学术交流活动，自 2012 年起，组织专家巡讲团赴海外孔子学院及高校举办讲座近 50 场，内容涉及文化、历史、社会、经济、文学等多个领域。如今，每年例行的学术巡讲已成为品牌项目，为海外人士了解中国提供了一个重要平台，受到海外社会各界的广泛欢迎和赞扬。

二、"中国研究"传播中国价值观念

2015 年 11 月，旨在围绕中国道路、中国模式和中国话语进行研究、咨政、培训和传播的复旦大学中国研究院挂牌成立。一年来，研究团队先后出访埃及、荷兰、比利时、法国、英国，积极开展高端对话和智库交流，介绍中国模式，讲述中国故事，传播中国思想，建构中国话语。在 2016 年 5 月 17 日习近平总书记主持召开的哲学社会科学工作座谈会上，复旦大学中国研究院院长张维为教授参加座谈并发言，其专著《中国震撼：一个文明型国家的崛起》出版后引发海内外积极反响，习近平总书记曾把它推荐给世行前总裁罗伯特·佐利克。该书的阿文版首印五千册，创造了外国学者政论译著鲜有的记录。复旦大学中国研究院还通过高端培训、青年论坛、共建观察者网、推送理论解读系列视频等方式，积极传播中华文化思想内涵和话语体系。今年 6 月 19 日，刘云山同志视察复旦大学中国研究院时对此给予高度评价。

同时，复旦大学还结合人文社会科学校级平台和新型高校智库建设，在推动哲学社会科学"走出去"过程中，在美国圣地亚哥、丹麦哥本哈根、墨西哥蒙特雷分别设立"中国研究中心"，委派优秀中青年学者到海外任职，建立起一整套良性的运营、生产、推介和保障机制，开创了新的国际合作研究模式，为中外合作开展中国问题研究、中国文化研究提供了有益的借鉴。三个海外"中国研究中心"成为复旦服务国家中外人文交流战略、提前布局探路铺石的重要尝试，得到人民日报、光明日报以及文汇报等主流媒体的热切关注与报道。

三、"大国对话机制"彰显中国治国理政智慧

2005 年至今，复旦大学与韩国高等教育财团共同主办上海论坛，已举办了十一届。论坛以"关注亚洲、聚焦热点、荟萃精英、推进互动、增强合作、谋求共识"为宗旨，每年有近 700 位来自世界各国政府机构、知名企业、一流高校、著名智库和主流媒体精英参会，在经济、政治、社会、文化、生态、科技等领域，围绕重大战略性议题和发展问题展开对话交流和思想碰撞，同时形成"上海政策建议书"和"上海共识"等思想成果，为国家和地方政府提供决策建议。

在连续多年成功举办"上海论坛"的基础上，复旦大学积极探索"把论坛办到

国外去”的创新模式。通过多年学术网络的构建和智库建设的深入,已经建构起多形式的海外学术交流和对话机制,从内容、形式、渠道等方面都已经形成了长期性、机制化的品牌。近十年来,先后在海外成功举办中美大学智库对话、上海 - 加州创新对话、中德莱布尼茨论坛、复旦中法论坛、复旦 - 牛津暨中英社科对话、中拉高端圆桌会议、复旦 - 俄罗斯国际事务委员会中俄关系对话、中印文明对话、中哈对话、中尼友好论坛等十余个高层次国际性论坛和对话,聚焦全球性的经济、政治、文化、教育以及双边关系等主题展开学术讨论与交流。

复旦大学还依托学科、人才、资源和智库建设优势,积极尝试与海外地方机构建立合作,先后与美国、柬埔寨等国家签订中美友好互信合作计划、中柬合作研究等战略合作协议,构建起一个多维度、复合型的综合平台,全面推动政治、社会、文化研究。增进政商学界精英团体交流和沟通,拓展青年往来,培养青年领袖,是复旦大学高校智库“走出去”、直接服务当地经济社会发展、推动两国公共外交的重要举措。

四、“复旦出版”为中华文化走出去插上翅膀

多年来,复旦大学出版社坚持图书出版国际化发展战略,积极与境外出版社开展版权贸易,将数百项版权输出到美国、英国、日本、德国、马来西亚、越南、新加坡、韩国等。这些以多种文字在不同国家出版的图书,在当地出版后,产生了很好的社会影响,不仅扩大了复旦大学出版社在海外的知名度,同时,由于复旦大学出版社输出的图书以中国传统文化为主,也使中国文化在海外产生了很大影响。

2011 年,复旦大学出版社《中国文学史新著》由日本关西大学出版部推出了日文版,《简明中国文学史》由有400 多年历史的世界著名出版机构荷兰 Brill 出版社推出了英文版,这两部文学史著作在国外的出版,是新中国成立 60 多年来国内文学史著首次进入国外主流学界,《中国思想史》也于同年由 Brill 出版。2012 年,与英国 Paths nternational Ltd 签订《中国儒学之精神》等 3 种图书英文版的出版合同,与香港万里出版公司、香港三联等签订《难忘的书与插图》《老舍之死口述实录》等 16 种图书的出版合同,《老舍之死口述实录》一书,还获得多项奖励。2013 年,与德国施普林格出版社签订《消化内镜切除术》的英文版的出版合同,与韩 Joongang Books Co. Ltd. 签订《红颜祸水》的韩文版的出版合同,与韩国 Booklogcompany. 签订《易家之言》的韩文版的出版合同，与美国圣智公司签订宋子文系列（共8本）的电子书版权合同。2014年，与荷兰Brill出版社签订《走出中世纪（增订版）》《走出中世纪（两集）》《革命与形式》和《中国社会生活资料长编》（约30本）的英文版的出版合同，与美国圣智公司签订《现状与未来：档案典藏机构与近代中国人物》《民国人物的再研究与再评价》的电子书版权合同。此外，《国史概要》《中国游侠史》《当代中国政治制度》《心中的坟》等也先后出版了英文本或是日文版、韩文版。2015年开始，又与韩国Munjahyang出版社签订《修辞学发凡》、与Somyong Publishing Co. 签订《中国文学中的商人世界》的韩文版出版合同，与新加坡世界科技出版公司签订《博雅教育（第二版）》的海外版。《中国学术名著提要》《中国现代文艺思潮史》《中国当代文学史教程》《语法学习》《百年激荡》《百年收藏》等一大批反映中国文化、彰显国人精神的图书输出到海外，为中华文化在海外的传播做出了贡献。

五、海外艺术交流展示中华文化独特魅力

艺术是一种世界语言，直指心灵，是最好的交流方式。戏剧、民乐、民歌、书法、国画、舞蹈、武术等，这些独具中国特色的文化瑰宝，不仅铸就了中国历史的辉煌，而且在今天依然充满着智慧的力量。多年来，复旦大学坚持把弘扬民族传统文化作为校园文化建设的重要内容，并积极推介学生艺术团走向海外，使跨越时空、超越国度、富有永恒魅力、具有当代价值的文化精神在世界上弘扬起来，成为中华优秀传统艺术文化的积极传播者和有力推动者。

复旦大学学生艺术团是活跃在校园文化艺术舞台上的一支生力军，多部原创艺术剧目赴海外巡演，赢得广泛赞誉。自2011年起，艺术团先后赴德国、美国、巴西、英国等国家参加艺术巡演，曾与葡萄牙、冰岛、亚美尼亚、约旦、南非、哥伦比亚、俄罗斯、巴西、巴拉圭等国家的艺术团体同台表演，不仅展现了中国大学生的青春风采，更将悠久灿烂的中国文化传播到世界，架起中外友谊的桥梁，促进了中国青年与世界各国青年的交流和了解。2016年是莎士比亚诞辰400周年，复旦大学学生艺术团以历史剧《理查二世》作为出访巡演剧目赴英国参加爱丁堡艺术节，向伟大的莎士比亚致敬。而作为到访的英国来说，历史剧《理查二世》也更加贴近英国历史文化，更容易引起共鸣。在莎士比亚创作的基础上，艺术团大胆创新，在剧本中适当加入中国文化的解读元素，进一步丰富表演形式和观感体验。同时还准备了莎士比亚十四行诗的双语朗诵，作为中英文化交流的一种尝试，让国外民众在审美过程中获得愉悦、感受魅力，加深了对中华文化的认识和理解。

文化如水，润物无声。推动中华文化走出去，传播当代中国价值观念，展示中华文化独特魅力，增强中华文化的吸引力和感召力，是复旦大学的不懈追求。复旦大学将一如既往着力加强文化内容建设，更加突出思想内涵、彰显价值观念，为中华文化走出去做出新贡献。

11 弘扬优秀传统文化精神 提升工科大学文化气质

——西安工业大学“传统文化菁华传承工程”育人显效

习近平总书记高度重视弘扬中华优秀传统文化，在历次讲话中将其称为我们民族最深厚的文化软实力，是中华民族的精神家园，是人类文明的生存智慧。在全国高校思想政治工作会议上，习近平总书记强调，要更加注重以文化人、以文育人，开展形式多样、健康向上、格调高雅的校园文化活动。西安工业大学将社会主义核心价值观培育与优秀传统文化教育有机结合，通过实施“传统文化菁华传承工程”，承载学校兵工办学特色，以构建“忠诚进取，精工博艺”的大学文化精神为目标，走出了一条富有特色、效果明显的校园文化育人之路。

一、理念思路

西安工业大学“传统文化菁华传承工程”实施10年来，以弘扬优秀传统文化为切入点，引导学生“敦德励学，知行相长”；以中国兵器文化和当代兵工精神的结合为立足点，培育“忠诚进取，精工博艺”的大学文化精神。在优秀传统文化传承上形成了“研究普及—文化体验—立德树人—服务社会”的闭环链条，促进学生全面发展的同时，服务社会文化建设。

二、具体做法

（一）深化传统文化研究，促进传统文化普及

学术研究夯实文化传承根基。学校结合地域特点和学科优势，从文学、民俗、兵器、文化地理等不同角度展开传统文化研究。组建有“陕西地方文献与文化研究中心”“陕西当代文学与艺术研究中心”“陈忠实当代文学研究中心”等4个省

级重点基地，结合我校兵工特色，建有“中国兵器文化研究中心”。近年在传统文化研究领域先后获批国家、省部级社科基金项目 30 余项，获批国家重点图书出版基金项目 1 项。

2. 文化教育促进文化自信提升

学校注重传统文化研究普及与人才培养相融合，广大学生人文素养显著提升。书法专业、汉语言文学专业均为省级特色专业和省人才培养模式创新实验区；《中国传统文化概要》获批国家“十二五”规划教材；拥有省级人文艺术素质教育实验教学示范中心 2 个；有《中国古代文学史》《国学导论》《书法》等 6 门人文类省级精品资源共享课程；建有《中国古代兵器文化》慕课；开设全校人文通识课程 56 门；开设“国学研习班”；做好“文史经典”导读计划；购置《续修四库全书》，遴选教师引导学生研读，感受经典魅力。通过传统文化教育，不仅是教师向学生传授了知识，更重要的是将价值引领与培育学术精神相统一，不断增强全体师生对中国文化特别是民族传统文化的自信。

3. 社团活动推进文化精神实践

学生社团是活跃校园文化的细胞。我校现有国学社、书法协会、秦风社、传统戏曲研习社等传统文化类社团 14 个，聘请 26 名校内外专家进行指导，以读书会、文人雅集、文化沙龙、剧场表演等方式研习传统文化。学生社团还以实际行动践行传统文化精神，在校外设立陕西历史博物馆义务讲解岗、省图书馆国学辅导站等 6 个服务基地，在学期日常以及暑期开展文化公益活动。以传统文化实践应用为内容的学生创新创业项目获得省部级和国家级立项 8 项，获奖 2 项。

(二)着力贯穿融入，以“体验”促传承

再现传统，明礼修德。礼为“六艺”之首，通过复兴古礼召唤学生进行情境体验。至今共举办校内外大型传统文化体验活动 30 余场，其中端午“风追屈子”祭祀礼、壬辰祭月祈福礼、上巳女子汉服成人礼、纪念孔子诞辰暨拜师礼等大型传统文化体验活动，还原再现了传统礼仪习俗，使学生在真实体验中感知何为尊师重教，何为家国担当，何为成人成才，从而对价值的追求内化于心、外化于行，潜移默化中提升素质。

兵工精神，薪火相传。我校是国家在西北地区设置的唯一一所兵工院校，在继承和发扬兵工精神，凝练兵工文化方面积极实践。学校建有“中国兵器文化研究中心”，其下属的“中国古兵器展室”定期举办武道文化展示活动。中心策划“中国古代兵器文化研究丛书”，首批著作中《中国古代兵器图鉴》《中国兵器与文化》已正式出版，《〈武经总要〉注疏》《中国兵器史话》等已交付出版社编辑校对，并拍摄体现当代兵工精神及社会主义核心价值观的专题片《使命》《忠诚》《淬火》。

环境育人，营造氛围。学校先后建成传统文化体验中心、书法艺术馆、中国古兵器文化展室等，成为优秀传统文化、兵工精神的环境育人场所。创办“未央人文大讲堂”，邀请已故“茅盾文学奖”得主陈忠实、作家贾平凹、“百家讲坛”主讲于赓哲、非物质文化遗产传人屈希望等入校交流，举办张岂之、金正昆、六小龄童、惠敏莉等文化名家报告，承办共青团中央“与信仰对话”读诗活动，学校每年春季举办“西工中国文化节”，开展主题活动20余项，良好的文化环境全方位提高学生的人文素养。

（三）服务社会文化建设，打造高校文化形象

走出象牙之塔，志愿服务社会。每年我校100余个学生志愿者在陕西历史博物馆、碑林博物馆义务讲解，为超过50000名游客进行服务，50名志愿者在省图书馆常年义务辅导青少年学习国学。学生走出校园，暑期开展“汉唐之行”、“追溯秦俑情，共圆强国梦”、“古都西安文化密码”等实践活动，弘扬传统，古为今用。学校举办的系列大型传统文化活动在汉城湖等名胜地举办，得到社会关注，打造了西安的城市文化名片。

立足社会讲坛，致力以文化人。学校近年举办全国性高水平文化研讨会12次，提升了陕西地域文学与文化在全国的影响。省级教学名师冯希哲受邀校外开讲20余次，其中为全省理论宣传骨干所做《弘扬传统文化，践行社会主义核心价值观》报告及在国家行政学院所做《〈白鹿原〉与关中文化》学术报告影响广泛。

开展海外交流，搭建文化桥梁。学校与10余所海外高校建立学生交换机制，已有包括欧美以及一带一路沿线国家等在内的7个国家的汉语留学生来校交流学习；承办“海峡两岸中华文化研习营”；现有5名教师近20名毕业生在海外担任国际汉语志愿者；省级教学名师于唯德代表中国书法界出访多国，这些都搭建起了中外文化交流的通道。

三、经验亮点

（一）经验

文化育人与文化强校相融合。学校始终奉行“立德树人、文化育人”的培养理念，特别是实施“传统文化菁华传承工程”以来，通过大学人文环境的塑造和透着古韵新风的传统文化建设，一方面营造了育人氛围，促进学校文理兼备特色人才的培养。另一方面，学校以社会主义核心价值观为指引，立足地域和兵工行业，树立了“忠诚进取，精工博艺”的大学精神。

文化研究与情境体验相结合。习近平总书记在全国高校思想政治工作会议上强调，我国有独特的历史、独特的文化、独特的国情，决定我们必须走自己的高等教育发展道路。这就要求我们必须弘扬优秀传统文化，把中华民族最基本的文化基因，以人们喜闻乐见、具有广泛参与性的方式推广开来，我们强化情境体验模式，满足当代学生参与的诉求，使中国传统文化转化为现实文化，具有较强推广价值。

文化传承与时代创新相适应。传承优秀文化重在古为今用，我们从尊德崇礼中升华社会主义核心价值观，从古代兵器文化中凝练当代兵工精神，从文化研究中探寻文化产业路径，同时采取新媒体形式扩大影响，受到青年学子的欢迎和追捧。

（二）亮点

完善学生知识结构，造就学子优秀人格。学校的系列传统文化课程及讲座每年使12000名工科学子受益；学生社团主办的“中国文化节”及各类实践活动每年数千人接受传统文化熏陶；网络平台建有8个传统文化微信公众号，打造“经典名篇”；传统文化专刊《弘文》吸引师生关注。学生的知识结构趋向完善，文化素养及能力不断提升，近年来在全球华人诗歌大赛、全国大学生语言文字基本功大赛、“兰亭杯”书法大赛、校园戏剧节等文化竞赛中各领风骚，100余人次获得国家级奖项。

习总书记提出要认真汲取中华优秀传统文化的思想精华和道德精髓，也正是传统文化塑造了西工学子的道德品质，模范人物层出不穷。有勇救落水儿童荣登西安好人榜的郝亮亮、刘立泽，在基层带领百姓脱贫致富被《新闻联播》报道的大学生村官毛海涛，毕业七年还在照顾患病老师的张晓斌、于鸿雁，帮保洁员父亲扫街、被时任陕西省委书记树为自立自强典型的李艳婷，赴尼泊尔传播汉语的李念琛、邵雨等。近年来学校累计评选感动校园人物近百名。

提升校园文化品位，优化学校文化生态。“传统文化菁华传承工程”实施10年以来，直接参与传统文化体验活动的学子超过5万人次；清明、上巳、端午、中秋等传统节日，身着汉服唐装的学子拜师、起舞、赋诗、投射；校园里聆听国学讲座、舞文弄墨成为大学生们的“潮生活”，传统的工科院校展现出博艺多彩的文化气质。

服务地方文化建设，担当高校时代责任。我校的文化建设着眼于助力“丝绸之路”起点的文化建设。校党委副书记于孟晨在“一带一路”战略陕西论坛开讲如何在互联网时代宣扬陕西文化。《中国兵器文化研究》《延安文艺档案整理研究》等丛书及《唐长安至汴京道文学的文化学考察与信息平台建设》《陕西当代乡村叙事与乡村结构变迁研究》等多项国家、省部级科研项目对促进地方文化建设、塑造陕西文化形象均有积极意义。

我校系列活动在社会各界引起良好反响。大型文化体验活动如“癸巳长安大型汉服成人礼”等不仅引领了社会文化导向，吸引了各界人士参加，更受到中国新闻网、人民网、光明网、中国青年网、凤凰网、搜狐网、陕西电视台等的宣传报道，媒体报道累计90余次。

西安工业大学“传统文化菁华传承工程”紧紧围绕立德树人这一根本任务，促进了西安工业大学人才培养工作创新实践，深化了人文学科内涵建设，进一步涵化培育了“忠诚进取，精工博艺”的大学精神，取得了大学校园文化育人的显著成效。

12　思源基金:慈善助学与实践育人的有机融合

——宁波职业技术学院思源文化教育实践

习近平在全国高校思想政治工作会议上强调,要坚持把立德树人作为中心环节,把思想政治工作贯穿教育教学全过程,实现全程育人、全方位育人。高校学生资助工作在贯彻落实全国高校思想政治工作会议精神中如何实现"资助育人""精准资助""培育慈善文化"等已成为高校学生资助工作的新课题。高校学生资助工作不能停留在经济资助层面,更要把资助与育人工作有机融合。资助育人不但要培养经济困难学生自信、自立、自强的品质,而且要面向全体大学生培养他们的慈善公益理念,更要通过慈善公益的实践活动推进高校校园文化建设,以文化人以文育人,实现立德树人的目标。

宁波职业技术学院思源基金于 2007 年成立。其意取自于北周庾信的《徵调曲》"落其实者思其树,饮其流者怀其源",释为"饮水思源,回报社会"。思源基金在近十年的运行中,打破以往短期、被动的资助方式,将帮困助学工作与慈善文化育人相结合,形成了"基金资助 - 学生反哺"的慈善助学新模式,并逐步成为"捐资、助学、育人"三位一体的资助工作模式。慈善助学、思源爱心超市、班级冠名基金、创业梦工坊、爱心小屋"五台并建"的思源文化教育实践基地的建立,不仅实现了精准资助,还将高校资助工作与实践育人相结合。正如《光明日报》发表的题为《宁波职业技术学院"思源基金"铸文化育人品牌》一文所说:思源基金这一独特的助学模式,开创了全国高校慈善助学育人先河,使助学帮困成为文化育人的精品课程。

一、坚持资助育人的工作理念

思源基金项目的设计目标是要解决高校资助工作中的三个问题:第一是要通过精准资助,解决经济困难学生经济问题,让受助学生享有人生出彩的机会;第二是通过润物细无声的教育,让经济困难学生自强自立、诚实守信、知恩感恩,将爱心传递,勇于担当,实现资助育人;第三是培育校园的慈善文化,引导全体学生在慈善公益实践中成长成才,使资助育人真正成为立德树人的第二课堂。

思源基金确立了"人人参与　实践育人"的育人理念,强调可以通过多种方式与途径参与慈善活动;强调通过参与慈善实践,培养学生的思想品德、人文素养,引导学生树立正确的"三观",使"慈善"内化为学生的精神追求、外显为学生的自觉行为。

思源基金确立了"以人为本　诚信至上"的资助理念,充分信任和尊重学生,根据学生的需要提供个性化的资助。同时,"在有能力时,回报社会,奉献爱心"是思源基金对受助学生的唯一要求。

思源基金确立了"人人献爱心　慈善成习惯"的工作理念,通过各种爱心"微行动",培养人人做慈善的习惯,引导大学生加入慈善队伍;通过积极开展慈善文化宣传,营造人人慈善的校园文化氛围。

二、搭建思源基金资助育人平台,培育校园慈善文化

思源基金把慈善助学、资助育人作为工作目标,创设"基金资助,感恩反哺"的慈善助学模式。2016 年下半年,学校把"立德树人"作为根本任务,进一步拓展深化思源基金,建设"思源文化教育实践基地"。实践基地的思源公益学堂、思源爱心超市、爱心小屋、爱心维修站、创业梦工坊、班级冠名基金等项目为学生提供了获资助、献爱心、提能力、育爱心的实践场所。这既让宁波职业技术学院的每一位学子感受到关爱,又将资助工作与育人相结合,融合经济扶贫和智力扶贫,让学生在慈善公益中得到成长。让学校校园充满了"自强自立、诚实守信、感恩社会、传递爱心"的文化氛围。

(一)慈善助学平台——为贫困生"经济和心理"减负

2007 年,学校与北仑区慈善总会合作设立思源基金,基金由宁波职业技术学

院运行，并由北仑区慈善总会监管，账户单独管理，基金主要用于帮助解决在校学生经济困难问题。思源基金的资助由学生个人根据需要提出申请，再根据以下流程完成资助：面谈——确实并资助金额——签订“资助承诺书”——发放资助金，资助完成后持续跟踪，关心学生的发展情况。思源基金“资助承诺书”只要求受助学生：“受助人在参加工作后，以实际行动回报社会。在有能力且不影响正常生活的情况下，自愿向思源基金捐赠善款，让思源基金能够爱心永传，帮助更多经济困难的学生；如果没有能力回捐，也可以积极参与社会公益活动，奉献爱心”。“以实际行动回报社会，奉献爱心”这是思源基金对受助人的唯一要求，目的是教育受助学生做一个诚实守信的人。思源基金的资助方式充分信任和尊重学生，这不仅消除了贫困学生的心理压力，有助于其建立自信、完善的人格，也减轻了贫困学生的经济负担，有助于其安心读书，提升综合素质。

（二）思源爱心超市平台——在服务实践中传递正能量

以“捐物也慈善，购物献爱心”的理念建立了思源爱心超市平台。思源爱心超市倡导“节俭、环保”，鼓励师生、社会爱心人士将闲置的物品捐赠，由义工重新包装后进行义卖，义卖所有收入都捐给思源基金。思源爱心超市中也有新疆少数民族学生励志创业的新疆优选特产，也有携手青海柴达木职业技术学院的爱心特产。超市日常运行从进货、理货、上架、收银等一系列流程，全部由自愿参加实践服务的学生完成。思源爱心超市所有收入都捐入思源基金，其营业额平均每年达80万元，已为思源基金捐款累计60余万元。

（三）班级冠名基金——在慈善公益实践中升华思想境界

“爱心不分大小，都值得尊重”，学校多年来已形成了良好的慈善氛围，每年师生捐款近50万元。2016年，思源基金设立了班级冠名基金，只要班级累计捐款超过1000元即可设立班级冠名基金，班级冠名基金在确保公益性前提下，可指定资助对象和用途，使思源基金的资助范围不断拓展，资助内容不断丰富，也实现了精准资助的目标，真正做到“你的基金，你做主”。班级冠名基金让学生在慈善公益实践中增强班级团队归属感、慈善捐助荣誉感，升华了思想境界。

（四）思源创业梦工坊——在创业实践中助力思源基金

在“大众创业，万众创新”的背景下，思源文化教育实践基地为引导学生创新创业，免费为创新创业学生提供实践场所——思源创业梦工坊。参与思源创业梦工坊的创业团队由思源文化教育实践基地创业导师指导,并引导学生将创新创业与慈善感恩精神相结合,自愿将创业中所获的利润拿出一部分捐助思源基金,助力公益慈善。思源创业梦工坊不仅开辟了学生参与思源基金捐助的新模式,更提升了学生创新创业的实践能力。

(五)有爱小屋——自觉践行慈善爱心与诚信

思源文化教育实践基地设立了"慈善无人商店"——思源有爱小屋。小屋里的物品来自爱心人士的捐赠,爱心人士捐赠物品时由本人登记;所有物品只有参考价,顾客购物自定价格;店内不设收银人员,只在门口设立爱心投币箱,由顾客自助付款,如果你没带钱也没关系,下次再来带上钱补上就行。思源有爱小屋所有收入均捐给思源基金,实现了捐物、购物献爱心,培养了学生慈善爱心与诚信。

(六)思源公益学堂——名符其实的第二课堂

思源公益学堂结合学校实际开设宁职有约、音乐艺术、创新创业、职业生涯规划等微课程。学堂聘请学校专业老师、辅导员、校友、社会著名人士作为微课程教师。学堂更是发挥在校学生的特长,请学生结合专业为其他同学开设微课程,提高了"学生教师"和其他同学的综合素质。微课程每周 3~4 次,每次约 1 小时,受到了广大同学的欢迎,选课场面火爆,课堂互动热烈,第二课堂初显成效。同时思源公益学堂也为周边民工子弟提供公益的培训课程。

三、思源基金资助育人的成效和启迪

思源基金在社会主义核心价值观的理念引领下,将高校资助工作与慈善文化育人有效融合,慈善理念宣传与感恩诚信教育、创新创业教育有机结合,实现了对传统资助模式的超越,取得了骄人的成绩,已成为一种校园文化。

(一)思源基金助经济困难学生圆"大学梦"

思源基金的"贫困不是错"增强了贫困学生的自信心,基金周密细致的审核让贫困学生找到心灵的归属感和安全感,基金的发放让困难生彻底摆脱"欠债"的精神压力。截至 2016 年底,思源基金接受爱心捐款累计达到 1200 多万元,已为 1187 名学生提供资助,资助金额达 521.67 余万元。其中近 400 多位受助学生反哺基金近 200 万元,学生反哺基金数额比率达 45% 以上,真正实现了爱心传递。

此外,思源基金的资助范围还辐射到了其它社会群体,如环卫工人、智障儿童、民工子女捐款献爱心;还与西藏职业技术学院、雅安职业技术学院、咸宁职业技术学院、青海柴达木职业技术学院结对资助经济困难学生达90余万元。

(二)实现了资助育人的目标

思源基金把资助和育人相结合的工作模式,已成为一门帮助大学生学会感恩、助人、诚信、自强自立,自觉践行社会主义核心价值观的精品课程。思源基金改变传统的单向性"施舍"方式,采取"按需申请"的方式,培养了贫困学生主体意识和自我规划能力。受助者可以欣然接受基金的资助,因为这些资助是暂时的,之后可以通过自己的努力反哺基金,这消除了贫困学生中极易产生的依赖心理,助其树立自强自立的信念,激励其实现自身的价值。"以实际行动回报社会,奉献爱心"是思源基金对受助人的唯一道德约束,目的是教育受助学生做一个诚实守信的人,实现"饮水思源,感恩社会"的爱心传递。如此,思源基金成为实践育人的重要平台,受助学生在受助中深受感染与鼓舞,养成自立自强、诚信感恩的品格,实现了立德树人的目标。

(三)社会主义核心价值观落细、落小、落实有了新途径

我们如果与95后学生泛泛谈社会主义核心价值观,对学生缺乏足够的吸引力、感染力,教育的实效性和针对性不够理想。思源文化教育实践基地一系列平台的搭建成了培育和践行社会主义核心价值观教育大课堂。在整个资助育人过程中,学生与学校之间形成一种良好的互动和交融,真正让全体学生在慈善公益活动中学会饮水思源,让学生"学会感恩、学会助人",成为一个懂得感恩,富有爱心和责任感的人,使全体学生把社会主义核心价值观内化于心,外化于行。

(四)形成了"人人可慈善"的校园文化氛围

通过举行思源慈善文化节,开展"慈善一日捐"、"获奖捐"、爱心义卖、发展性资助项目建设等活动,营造校园慈善文化氛围;通过捐一元钱、献一件物、做一小时志愿者等活动,鼓励学生参与慈善实践。"让慈善成为习惯"的理念已深入宁职院每一位师生的心灵,同时随着思源基金影响力的不断扩大,更多的中外爱心人士加入思源行列,学校形成了浓厚的慈善文化氛围,思源文化教育实践基地也成为学校文化育人的主要阵地。

(五)得到了社会各界的赞誉

这一资助育人模式在全国高校开创先河,得到了社会各界的高度赞誉,很多

高校来学习交流时也给予一致好评,取得了良好的社会效应。

项目自实施以来,已获得第二届中华慈善总会“中华慈善突出贡献(项目)奖”、浙江省高校助学工作典型高校、浙江省高校教书育人典型案例项目、宁波市人民政府首届“宁波慈善奖”、“感动宁波”十大慈善新闻事件等荣誉。

光明日报、中国青年报、中国教育报、环球慈善和中央电视台教育频道、凤凰网、省市各类新闻媒体等对思源基金进行了多次采访和专题报道。

高校的学生资助工作要与育人工作结合,让慈善成为全体师生的习惯,让“学会感恩、学会助人”深入到每个师生的心灵,更要使“学会感恩、学会助人”成为一种校园文化。思源基金十多年的运行经验给了我们一个有益的启迪——高校资助育人工作能担当培育和践行社会主义核心价值观的重任。

13　培养中国特色社会主义新闻评论员

——华中科技大学评论学社创新评论人才培养之路

华中科技大学评论学社成立于2001年,是全国高校中第一个以评论为主题、实践与研究并重的学术社团。学社依托新闻与信息传播学院新闻评论专业教育的优势,以“评论时事,引导舆情,研究方法,培育人才”为宗旨,与国内多家高端媒体合作,为学生营建了学习、交流、历练、创新的平台,走出了一条专业教育与校园文化互生共进、技能训练与品德养育有机融合的中国特色社会主义新闻评论人才的培养之路。

一、组建的背景与初衷

党和国家领导人历来重视新闻评论。革命战争时期就将精心写作社论视为一项极端重要的任务。习近平总书记在今年“2·19”讲话中强调新闻舆论是治国理政、定国安邦的大事,明确了媒体“高举旗帜,引领导向”的职责。在新闻舆论中,评论是灵魂,评论的社会公信力和影响力已经成为国家文化软实力的重要组成部分。

新闻评论的水平及其作用的发挥,取决于评论员的素质。在新媒体与全球化的传播形势下,社会舆论场面临着话语转型、众声喧嚣、去中心和多元化的局面,特别需要能够回应大众关切、凝练社会共识的理性的“主流声音”。因此,高水平的评论员成为稀缺资源。该培养什么样的评论人才,如何培养出理想的评论人才,已经成为教育界的时代课题。

华中科技大学有重视新闻评论人才培养的传统。20世纪80年代,学校创办了新闻学专业,大力培养新闻评论人才。20世纪90年代,学校组建了新闻评论团,开始了以评论社团为载体、通过特色文化活动方式培育评论人才之路。随着规模和影响不断扩大,2001 年新闻评论团更名为评论学社。“2·19”讲话后,校领导高度重视,与新闻与信息传播学院师生座谈,鼓励大家坚定政治信仰,坚持正确的舆论导向。

二、探索出“四个一”的评论人才培养模式

经过深入实践与思考,学社找到了理想的评论人才成长之路,形成了一套培养模式。

(一)围绕一个中心:中国特色社会主义评论人才的培养

评论学社以培养中国特色社会主义评论人才为中心,引导学生树立坚定的政治信念和自觉的文化信仰,坚守中国立场并展开国际视野,训练学生掌握新媒体技术,具备良好的业务操作能力,能够制作出具有公信力和影响力的新闻评论作品,正确引导社会舆论,且能有效地在国际社会传播好“中国声音”。

(二)训练一项技能:新闻评论的专业化制作能力

评论学社结合新时代学生的实际情况,引导学生继承传统文化的精华,掌握当代社会的话语表达方式,启发学生勤于思考、善于识判、敢于发声。积极培养学生对于评论的写作兴趣,带领学生在实际生活中发现问题,从传统评论教育的“要我写”转变为“我要写”,自觉而努力地制作出能够吸引人、打动人的魅力作品,从而成长为具有社会责任感的、能够正确引领舆论风向和时代潮流的、专业的评论员。

(三)秉持一种理念:社会主义核心价值观

新闻评论的核心是价值判断。因此,评论学社把会员的价值观教育放在首要位置。通过丰富的社团文化活动,对学生进行马克思主义新闻观、近现代史和国情教育,与思想政治理论课形成呼应,让学生对于社会主义核心价值观形成价值认同,并熔铸于心,使学生具备正确的政治立场和价值观念,在具体评论工作中坚守中国立场和社会主义的政治方向。

(四)实行一套方法:理论学习、业务实践与文化熏陶有机结合

课堂化的新闻评论专业教育多是让学生“坐在象牙塔里看社会”。评论学社突破了这种新闻评论人才培养模式,以社团活动为载体,通过文化熏陶和技能训

练,将理论学习和实践活动结合一起,更有效地培养评论人才。评论学社通过社团活动,形成一定的文化氛围,并与业界合作,为学生搭建了理论学习与业务实践兼容的、宽广而多样的学习与历练平台。同时,利用假期组织学生开展专业实践与社会调查,深入接触实际,从中发现问题,并在社团活动中交流感受,交换意见,制作出有含金量和影响力的评论作品。

三、形成了良好的社团运作机制

华中科技大学评论学社根据自身发展的需要,结合多年来积淀的评论教育经验,积极推进与业界的合作,搭建开放的教育平台,开展形式多样的社团活动,形成良好的社团运作机制。

(一)完善学社制度,造就良好的运作机制

评论学社建立"评级"与"帮带"等制度。设置了五个专业水平等级:入门、流畅、成熟、专业、大笔,以此评定学社会员业务水准。同时,要求会员中水平高一级的帮带水平低一级的,结对开展活动。这样,会员队伍在结构上就有了业务水平的纵深搭配,稳定发展,持续不断,保证新进的评论爱好者能够快速入门和进步。学社又制定了"优秀评论员"的评选、奖励等制度,激励学生进一步提升评论写作水平,增强作品的社会影响力。

(二)开展系列活动,落实文化育人的构想

每周开一次"时事评论会"。学社会员自己组织兴趣小组,就当下社会生活中的新闻事件或现象展开讨论,分析问题,交流意见,提炼观点,制作出评论作品,修改后刊发于媒体。不同兴趣小组定期评比成果。这样,激发了学社会员的热情,锻炼了他们写作新闻评论的能力。自活动开展以来,每学年,评论学社会员在校内外媒体发表作品上千篇,产生了良好的社会影响。

两周做一期"评论茶座"。每期都会邀请媒体评论员或评论编辑来主持,茶座是轻松而自由的。主持人会提出一些议题,与会会员也会提出自己的评论选题。大家分析讨论,分别说出自己观点和理据。主持人现场点评,指导大家当场写作并向媒体投稿。在职业评论员的直接指导下写作新闻评论,切实提高了学社会员们写作新闻评论的水平。比如,《长江日报》评论部主任刘洪波主持的关于如何实施爱的教育讨论的评论茶座,学社会员们学会了针对性地表达见解,大家的观点

刊发在2004年12月30日的长江日报上。荆楚网评论中心主任陈莉霖主持的评论茶座，学生写出了13篇作品，多数刊发于媒体，如《强制乞讨折射不劳而获心理》刊发在2015年5月27日荆楚网。

每学期举办若干场“评论讲座”。评论讲座邀请学界或业界的评论专家来校，讲解他们写作评论的经验和对评论问题的思考，分析评论研究的前沿动态，或讨论外国的新闻评论等。讲座开办以来，国内学界和业界知名的评论专家，有40多位先后来校，共举办70多场讲座。如中国人民大学涂光晋教授讲座“中国新闻评论的历史演变”，香港凤凰卫视高级评论员何亮亮讲座“电视评论的实质与形态”，《光明日报》前评论部主任包霄霖讲座“报刊评论写作例说”，《湖北日报》高级编辑刘章西讲座“时评写作如何增强实用性”，《光明日报》评论部副主任董郁玉讲座“美国报纸评论的特点与写作方法”，《湖北日报》评论员李思辉讲座“评论员的个性与情怀”，等等。讲座让学社会员面对面分享了评论家们的写作经验，丰富了关于新闻评论的理论知识，开阔了眼界，为大家深入研究新闻评论、提高评论写作水平提供了经验、思路与方法。

（三）拓展媒体资源，搭建会员作品的展示平台

学社自己创办了以评论为主的报纸《热言》和微信公号“华中大评论学社”，还与国内其他媒体合作，开辟专版或专栏，刊发学社会员们的评论作品。比如，2004年11月16日，《武汉晚报》专版刊发会员作品；2006年4月26日，《杂文报》专刊发会员的作品；2006年6月29日，《中国青年报》专刊发会员的作品。校报几乎每学期都会为评论学社会员作品出专刊。学校新闻网时评专栏更是成为了评论学社会员们发表作品的园地。近年来，随着互联网媒体的发展，评论学社积极拓展网络平台，与红网、荆楚网等媒体建立深度合作关系。这些媒体为会员们提供了历练与展示的平台，切实提高了大家制作评论作品的积极性。

四、取得了评论教育的丰硕成果

（一）形成了独特的校园评论文化

评论学社通过持续不断的系列活动，造就了校园评论文化的独特风景：有会、有教、有学、有导、有练、有媒体，热烈而又和谐有序。独特的评论文化氛围能很好地引导广大师生关心时事，关心公共事业，独立思考，善于表达，形成自觉担当的

良好风气。对评论有兴趣的师生加入到评论学社,更多有影响力的“华中大声音”涌现出来,扩大了学校的影响力,形成了独特的校园评论文化。2015 年,学校新闻学院贾宸琰和张松超获得我国唯一的新闻教育类奖项——范敬宜新闻教育奖的“新闻学子奖”。在近年举办的大学生评论大赛中,学校评论学社团队的学生连续获奖,两次夺魁。张松超在红网主办的首届大学生“评论之星”大赛中获得冠军;王颜玉在荆楚网主办的第三届大学生评论大赛中获得冠军,杨映瑜获得优秀奖。评论学社优秀的学生会员是学校的名片,也是我国新闻评论界的新生力量。

（二）培养了大量的优秀评论人才

经过十多年的努力,华中科技大学评论学社培养出了几十位优秀的专业评论人才,他们活跃在国内外知名媒体,瞭望于社会生活的风口浪尖,发现问题,正确判断,及时发声,引导社会舆论,成为现今评论界的中坚力量。比如,中国青年报评论部的成员,几乎都来自于华中科技大学。其编委、社评部主任曹林,思想深刻,观点独到,评论作品曾获得中国新闻奖,已经跻身国内最有影响力的评论家。中央电视台《新闻会客厅》谈话节目编辑马璐璐,思考缜密,话语亲切,很受好评。新华社经济参考报华东新闻中心主任吴勇、人民日报社国际金融报总编助理许凯、中国青年报评论部主笔张彦武、南方日报评论部副主任周虎城、河南日报评论部主笔薛世军、湖北日报评论部主笔肖擎、深圳特区报理论评论部主笔邓辉林、深圳晚报评论部副主任张强、襄阳日报社长陈栋,等等,均以评论作品享誉国内。许多人都获得了中国新闻奖,佘宗明还获得光明网“十佳评论员”。

（三）促进了评论专业的建设与发展

华中科技大学评论学社积极开展评论业务批评,推动理论创新。评论学社团队承担并完成了多项国家、教育部、湖北省的科研课题,发表了近百篇关于新闻评论的学术论文,出版了系列专著,获得了多项省级教学成果奖。在评论专业教育方面,评论学社的教研团队开办了全国首个新闻评论专业方向班,制定了专门的培养方案,建设了《新闻评论思维与方法》《中外新闻评论比较》《社会认识与发现专题》《新闻评论名家名作评析》《艺术评论》《经济评论》《法制评论》等一系列有特色的评论专业课程。同时,联合业界举办了六期新闻评论高层论坛,开展中美评论的比较研究、写作方法批评、新媒体语境下新闻评论的变化等课题的研究,打造了国内新闻评论研究与专业教育的高地。

14 红色团体薪火相传 培育有坚定信仰的社会主义接班人

——中山大学连续24年开办“学生马克思主义理论研修班”

巩固马克思主义的指导地位，加强和改进高校思想政治工作，事关办什么样的大学、怎样办大学的根本问题，事关党对高校的领导，事关中国特色社会主义后继有人，是一项重大的政治任务和战略工程。中山大学学生马克思主义理论研修班（下简称“马研班”）创办于1993年，是以学习、研讨、宣传马克思主义和当代中国马克思主义理论成果为内容、以践行社会主义核心价值观为己任的学生理论骨干团体。成立24年以来，马研班通过开展自主学习、名师授课、时政研讨、调查研究、理论宣讲、志愿服务等多种形式的活动，培养了1300多名具有较高政治觉悟、理论水平和实践能力的领袖型学生骨干。其中，许多早期学员已成长为国家建设发展的中坚力量。马研班不断丰富研修内容、拓展实践路径、创新培养模式，探索形成在第二课堂培养大学生马克思主义者的育人机制，曾获评广东高校校园文化建设优秀成果特等奖。2016年5月，中共中央政治局常委、中央书记处书记刘云山同志到校视察了马研班活动开展情况，与马研班全体学生座谈并发表讲话，对中山大学坚持24年开办马研班给予充分肯定和积极鼓励。

一、研习经典、理论为先，构建课程体系

发挥高校思想政治教育学科优势，组建导师团队。马研班每年聘请马克思主义哲学相关专业的知名教授担任授课教师，为学生讲授马克思主义原理和方法，并进行经典著作导读。聘请具有政治学、哲学、社会学、历史学、新闻学、文学等不同学科背景的青年教师和德高望重的离退休老干部担任导师，以历史视野和多学科维度，引导学生进一步研究当代中国马克思主义理论成果，坚定中国特色社会

主义道路自信、理论自信、制度自信、文化自信，树立中国特色社会主义共同理想。二十多年来，马研班已开设各类课程讲座、“薪火论坛”300 余场，注重讲解马列经典理论，突出当前政治理论和国内外时事热点分析，强调立场观点和方式方法的运用，深受学生欢迎。

经过多年探索，马研班以“必读书单”为基础建设教材体系。包括《共产党宣言》《资本论》《德意志意识形态》《社会主义从空想到科学的发展》《毛泽东选集》《湖南农民运动考察报告》《邓小平文选》《邓小平南巡讲话》《马克思传》《马克思为什么是对的》《习近平谈治国理政》等，内容涵盖马克思主义基本原理、中国特色社会主义理论体系、党中央治国理政新理念新思想新战略等。由导师导读和学生自主学习相结合，培养学生养成阅读经典、学习理论知识的习惯。同时，组织开展“读经典，写书评”的读书活动，每位学员选择一本必读书目谈读书心得，展开讨论并形成读书报告。组织开展“时事沙龙”，就大学生与国情、社会主义的生命力、校园党建、学生思想理论教育和价值引领、学生诚信等问题展开讨论，思想在讨论中碰撞出火花，进一步扩大校园影响。

二、知行合一、学以致用，强化实践育人

马研班注重理论学习与调查研究的有机结合，帮扶社区建设，践行家国情怀。组织学员深入社区、中小学校和经济欠发达农村等地，围绕社会热点难点问题开展调研活动并形成报告，汇编成班刊《攀登》。目前，共有千余名学员通过学习和实践，完成了《从邓小平社会主义本质看我国当前的社会公平问题》《马克思主义发展观在中国的新发展》等近千余篇结业论文，形成了《广东高校学生组织民主建设情况调研报告》《大学生网络行为与高校思想政治教育调查分析》《大学生学习马克思主义理论的热情度》等 200 余份社会实践报告，主动为校园建设、社区发展、祖国建设建言献策。

在活动中引导学员宣讲当代中国马克思主义理论成果，弘扬中华优秀传统文化和革命文化、社会主义先进文化。组织学员深入到黄埔军校旧址、黄花岗公园、农民运动讲习所、国家海洋局南海分局海监支队等各类经济建设和精神文明建设成果显著的地方和爱国主义教育基地参观学习，赴井冈山、延安、湖南等红色基地进行学习考察，形象生动地对学员进行理想信念教育。2013 年起，马研班学生利

用假期开展“走村进户宣讲社会主义核心价值观”活动,并在返校后组织班会开展经验分享。

马研班倡导社会实践与志愿服务相结合,培养学生社会责任意识。例如,2005 年开展“立志、修身、博学、爱国”系列活动、学生党员先进性系列活动,2007 年举办“十七大知识竞赛”,2008 年和 2010 年举行“马研文化节”,多次组织学员赴台湾、粤西、粤北等地开展暑期支教和“三下乡”活动,每年与校内港澳台学生共同参加社会实践调研活动。此外,马研班学生积极推行校园公益,在学生宿舍区建立“党员示范岗”,每周定期为同学排忧解难;成立了“大学生党员文明示范义务服务队”,定期在珠海校区组织义务服务。

三、以点带面,全面辐射,创新培养模式

马研班每年招收一期,从各个院系的党员、入党积极分子和优秀团干部中选拔。马研班注重内部组织建设,制定了《中山大学学生马克思主义理论研修班章程》,以制度和机制建设推动马研班的发展。每期成立班级委员会,组织开展丰富多彩的班级活动,加强班级凝聚力。

同时,马研班注重组织模式创新,积极开展对外宣传和交流。为贯彻落实全国高校思想政治工作会议精神,学校印发了《中山大学学生马克思主义自主学习行动计划》,以马研班为示范,带动其他同学共同研习和讨论马列经典,积极推动马克思主义自主学习从“少数骨干”向广大学生的“最大多数”辐射拓展,从集中性教育向经常性教育延伸覆盖。马研班的优秀学员多次举办和参与各类交流研讨会,如参加《习近平谈治国理政》外文版图书捐赠仪式、粤港澳青年论坛、高校党史教育与大学生成才专题研讨会、纪念五三一运动座谈会、“大功三连”先进事迹报告会、全国高校学生马克思主义理论学习夏令营等,吸纳新的思想和理论,展示我校育人的成果。充分利用“两微一端”等新媒体平台,以学生喜闻乐见的形式加强宣传教育,组建微信群开展微讨论,便利两校区四校园的学员进行交流讨论;结合重要时间节点推送学习动态,如打造微信表情包,通过《520 特辑 | 马研学子表白行动》《马研学子学习习总书记在省部级领导干部专题研讨班的重要讲话》等文章推送为喜迎十九大的胜利召开做好宣传动员。

24 年以来,马研班在传承中创新,在探索中发展。学员队伍不断发展壮大,自身建设不断完善成熟,研修内容不断丰富,影响范围不断扩大。马研班成为培育“又红又专、德才兼备、全面发展”的中国特色社会主义合格建设者和可靠接班人的摇篮。诚如马研班学员所言:“加入马研班,视野得以开阔,心灵得以净化,思想得以升华”;“博大精深的理论充实了我们的心灵,深邃透彻的见解启迪了我们的思维,在马研班学习的日子里,多少良师益友陪伴着我们去思考、去探索,去实践;这份宝贵的经历将会成为我一生的财富,不断地促使我去攀登人生中的座座高峰!”马研班成为以点带面思想政治工作辐射网络的阵地。实现“两个一百年”奋斗目标、实现中华民族伟大复兴的中国梦,是当代青年的历史使命,也是当代青年大学生所应努力和追求的方向。马研班学生来自各院系,他们因志同道合走到一起来,形成了一股强大的向心力和凝聚力,对各院系的其他同学起到了应有的带动作用,使得学习马克思主义的氛围日益浓厚。马研班学生以自身的力量服务于同学,参与学校管理,架设学生和学校的一条信息桥梁,在维护学校稳定、构建和谐校园中发挥着重要的作用。马研班成为思想政治工作和学生党建的红色宣传基地。马研班 24 年精心构筑的学习模式和宣传平台,对内是学员们进行理论耕耘的园地,对外是展现自身形象和扩大对外宣传的阵地。在巩固个人学习成果的同时,以理想信念教育为核心,以社会主义核心价值观为引领,在促使青年学生形成正确的世界观、人生观、价值观,牢固树立政治意识、大局意识、核心意识、看齐意识,促进我校校园党建活动的活跃与思想道德教育工作等方面起到了积极的作用。

创设多元载体　丰润人文滋养

校园文化载体是学校在长期的办学过程中,由全体师生共同创造的文化内容的承载体。随着时代的变迁,高校校园文化不断创设多元的载体形式,填充新的内容并以新的形式呈现出来,以适应高校师生的心理需求,为高校师生所喜闻乐见,从而展示和发挥出其强大的育人功能。各高校通过物质文化载体、制度文化载体和精神文化载体,三种形式相互影响、互相作用,共同丰润学生的人文素养,展现新时期大学生的精神风貌。

北京邮电大学通过夕阳再晨公益团队,以"让夕阳焕发青春"为初衷,以老年人自身的参与感为第一宗旨,利用"互联网 + 公益创业"思维,采取"社工 + 义工"的模式,走进社区,团队学生用足够的耐心和爱心,让老人享受科技带来的便捷,体验网络沟通带来的温暖。用五年的时间,让科技走近老人,让老人融入社会,散发出"桑榆虽晚霞满天"的活力,发挥青年学生的号召和作用,实现两代人的互动,培养学生感恩社会、回报社会的社会责任感,树立了校园文化良好的公益品牌。

重庆大学以前锋网络文化工作室为载体,充分发挥教育部首批大学生网络文化工作室的示范引领作用,初步探索了可复制可推广的四个"1 + N"工作模式运营经验。工作室坚定不移持弘扬社会主义核心价值观,积极向学生传播网络正能量。学校一是始终坚持主流价值引导和及时评论,找到了大学生自我思想引领工作的主动权和话语权的切合点。二是始终坚持创新发展,找到了营造学生喜爱的网络思政教育环境的基本规律。三是始终坚持以文化人,找到了校园网络文化建设的生命力。四是始终坚持网上网下一体化工作格局,找到了高校网络文化建设内涵式发展的新动力。

黑龙江职业学院创新文化育人载体,将学生活动纳入课程体系并实行学分制管理，按照教学规律组织开展学生素质养成教育。学校通过构建以“四季”、“四节”为主体框架的非正式课程体系和体现学校育人特色的“四特色”正式课程体系，精细实施活动课程，保证有计划、有组织、有保障地开展课程，对学生活动进行课程化建设，使第二课堂与第一课堂有机联系在一起，文化活动针对性增强，学生素质明显提升。学生文明礼貌礼仪、传统文化、身心健康等综合素质大大提高，是对文化育人新载体的有益探索。

重庆师范大学积极构建大学生思想政治教育“五维同育”模式，厚植于近 20 年实践探索与经验总结，现已形成了以党员承诺、典型示范、青马引领、朋辈互喻、实践育人为载体的校园文化建设成果。学校从宏观、中观、微观的立体视角，聚焦立德树人抓好“制度设计”、着力领雁示范抓好“教育引领”、实施深耕精培抓好“梯队培育”等，体现了传承性、系统性、整体性、实效性的显著特点。“五维同育”的思想政治面向学生实际情况、注重价值引领、创新工作载体、突出实践特色，育人成效明显。

南开大学继承发扬南开文化中的体育基因，切实将体育作为培养“公能”人才的重要载体和有力支撑，全面提升学生体质健康水平，努力促进学生德智体美全面发展。南开大学着力使体育成为全体师生的自觉行动，把启迪和发展学生参与体育运动的自觉性和主动性、养成热爱体育锻炼的爱好与习惯作为出发点，将学生的身体素质和思想素质、心理素质、文化素质融为一体，推动体育在培育社会主义核心价值观、磨练学生意志品质、激发潜能、锻炼团队精神等方面积极能量的有效释放，倡导和树立“终身体育”的思想，深化体育教学改革，大力发展群众性体育活动，形成具有南开“公能”特色的全员、全过程、全方位体育育人工作新局面。

首都师范大学首立足教师教育特色，弘扬“为学为师、求实求新”的校训精神，将支教育人作为实践育人的重要载体，深入挖掘支教育人功能，精心打造支教育人品牌，构建了全方位、立体化、多维度的支教育人体系。学校三十年如一日的支教之路，首都师范大学的师生走遍了祖国 20 余个省市，累计服务学生 4 万余名。支教成就了师生们最美的人生经历，谱就了首都师大源远流长的支教育人文化，更彰显了大学的社会责任担当，育人成效显著。

福建医科大学在借力微信新平台，拓展服务学生新途径，引领校园网络文化正能量上做了有益尝试，取得了良好效果。官方微信公众平台创新性设置以“微信报”“雷锋岗 OL”“微生活”“妙趣盒”“福医 V 社区”“微电台”的功能模块，开发了“空教室”“成绩”“课表”“图书”等近 10 项便民查询新功能。学校通过构建起团组织与广大青年学生之间扁平化、快捷化、精准化的互动平台，拓宽了校园文化传播的渠道，有效地发挥了服务育人功能，增强了团组织对青年学生的吸引力、凝聚力和影响力。

百色学院充分利用和挖掘红色文化资源，通过学校顶层设计推进红微课堂，发动校内各部门及二级学院、全体师生共同参与，以红微课程教学为主渠道，陶冶情感，传承革命情怀；拓展红微实践课堂，提升能力增长才干；抓科研促教学，红色精神与时俱进，培育以“红色”为底色、符合时代要求、特色鲜明的大学精神，培养具有老区大学红色特质的德智体美全面发展的高素质应用型人才。经过多年的建设，红微课堂成为传承弘扬红色精神的平台，强化了师生爱国爱党情怀，学生“三爱”品质逐步形成，“红色”特质人才培养效果显著；红微课堂得到好评，成果获奖并得到推广，对传承弘扬红色精神、实现全员育人做了有益的探索。

15 青年助老伴夕阳 文化育人谱新篇

——北京邮电大学科技文化特色育人助人研究与实践

北京邮电大学始终从人才培养的战略高度，深入贯彻落实中央16号文件及全国高校思想政治工作会议精神，努力推动志愿服务工作成为大学生思想政治教育工作和创新育人的重要载体和平台，打造具有北邮特色的校园文化。

“奉献、友爱、互助、进步”的志愿服务精神中，奉献是核心，北京邮电大学建校以来一直将“崇尚奉献、追求卓越”作为北邮精神，从校级层面教育和引导学生积极参与志愿服务活动。校团委秉承这一精神，按照“爱心永驻校园，真情奉献社会”的工作思路，加强志愿服务工作体系建设，校级层面成立北邮真情志愿者联合会，统筹全校志愿服务工作的开展。纵向延伸19个二级团委的志愿者协会，横向覆盖“夕阳再晨”“老少联”等多个跨院系公益志愿服务团队，形成纵横交错的志愿服务网络。同时依托学校信息科技特色，不断拓展志愿服务渠道和平台，开展涉及信息化普及、科技助老等志愿服务特色品牌项目。

我校“夕阳再晨”志愿服务团队，以科技助老为特色，以“让夕阳焕发青春”为初衷，以老年人自身的参与感为第一宗旨，自2011年以来发挥我校信息科技特色，用信息科技改变老年人生活，利用“互联网+公益创业”思维，采取“社工+义工”的模式，走进社区，用足够的耐心和爱心，通过个性化的教学，教授老人数码相机拍照、ATM机取款、网上预约挂号、微信等课程，让老人享受科技带来的便捷，体验网络沟通带来的温暖。

北京邮电大学“夕阳再晨”公益团队首先通过组织老年人学习简单的网络交流工具，使得老年人能更方便地与亲人朋友交流；然后以网络为平台，组织各种活动，把一家三代的小家庭变成主要由老年人和青少年组成的大家庭，加强几代人的沟通互动;老年人是社会进步的最佳见证者,通过组织老少两代人互动,既可增强青少年对社会的感情,也能增强老年人的社会参与感,释放他们的创造力和活力。

普及科技提升生活质量。“夕阳再晨”团队常年走入社区,采用集中授课,个性化教学,帮助老年人使用电脑、MP3 等电子产品,提升老年人融入科技社会的自信心。普及 QQ 视频、微信等沟通工具,拓宽交流渠道,摆脱空巢老人的孤独落寞感。

文艺娱乐丰富老年生活。“夕阳再晨”团队集体为老年人庆祝生日、举办金婚联谊会、母亲节折花,书法绘画比赛等文艺活动,提供交流平台,丰富老人生活,并让老人的特长得以施展。

老少互助彰显人生价值。为青年一代分享社会经验,传授人生阅历及处事哲学;倡导老年人帮助年轻人设计居家养老产品,创意协作,互助友爱,共享人生价值。

青年体验创造美好未来。针对青年人设计富有创意的老人生活体验坊,通过小组讨论、闪聚、户外拓展等方式,在加强志愿者联系的基础上,组织志愿者参与设计,并自行设计讨论议题,研究老年人生活与心理,自己父母的生活改变,父母生活中的需求,以及父母对儿女的期望等等,从这些方面训练志愿者对老年人生活的认知,进一步让青年人在体验中感受到老人的心理和需求。

五年来,“夕阳再晨”已每周坚持开展活动,直接服务万余名社区老年人,间接受益人数 80 余万,在北京、上海、江苏、河南、广州、陕西等地的 15 个城市开展志愿服务。在北京,36 所 211 大学分别成立“夕阳再晨”志愿服务队,每周在 19 个街道 50 个社区开展科技助老志愿服务活动,实现了北京城六区的全覆盖。

然而创立之初,张佳鑫和“夕阳再晨”团队却一起卖过雪糕、明信片、芦荟胶、派发过洗发水,和团队一起联系社区、通过义卖和与企业合作等多种方式以保证了项目的持续性。“一对一、一帮一”,个性化的教学,足够的耐心和爱心,让社区的老人们都将“夕阳再晨”的志愿者们视如己出,将他与他们团队当作可以信赖和托付的亲人。“夕阳再晨”项目不仅为老人量身制作了 20 余讲的课堂讲义,还制作了系列教学书籍和教学光盘,配以 flash 教学动画;并义务承接“教育部银龄发展工程”项目,组织 30 余次活动直接服务教育部老干部 380 人次、工信部老干部

100余人次，优异的服务质量得到教育部、工信部离退休干部局高度评价。“夕阳再晨”作为唯一的高校公益项目赴北京、南京等地参展老龄产业博览会，并得到北京市政府购买服务，夕阳再晨“蓟门新语”社区服务站荣获北京市首批学雷锋示范服务站金奖，发起人张佳鑫荣获首都五星级志愿者称号。

“夕阳再晨”从我校一个大学生志愿服务项目，发展注册成为北京市夕阳再晨社会工作服务中心，用五年的时间，搭建起覆盖16个城市25万老人的公益服务平台，40余支“科技助老”专业志愿服务团队，带动北京、上海、河南、广州等地50余所5000余名高校志愿者帮助老年人快速融入信息化社会。足够的耐心和爱心，让社区的老人们都将“夕阳再晨”的志愿者们视如己出，将他与他们团队当作可以信赖和托付的亲人。

如今，“夕阳再晨”成立了北京市夕阳再晨科技助老志愿服务总队，作为北京市第一个专业化的科技助老志愿服务力量，北京市夕阳再晨科技助老志愿服务总队依托云技术打造的“科技助老公益云”概念：

一、“精准多元的云服务”

利用“社工+义工”的模式，通过科技大讲堂和一对一教学相结合的方式，在社区教授老年人学习电脑、智能手机等电子科技产品的基本使用，拓宽交流渠道，给老人及其子女、朋友搭建方便沟通的信息科技桥梁，摆脱空巢老人的孤独落寞感，并通过结合高校的专业特色开展小而精的特色志愿服务活动，丰富了志愿服务的形式，也在志愿服务的过程当中实现老少互助的目的。

二、“合理高效的云孵化”

“夕阳再晨”在志愿者招募、讲师培训、课程体系设置、外联沟通等工作环节形成了成熟的运作机制，在专业志愿服务领域加速成长。

三、“科技助老的云联动”

“夕阳再晨”联动了政府、社区、高校等多方资源，在政府指导下，了解老年人需求及社区相关需求；与高校服务队洽谈，签订战略合作协议；与社区和街道建立志愿服务基地，并培育社区自身的社会组织，让已经学会基本电脑知识的老年人成立夕阳再晨银发服务队继续发挥他们的光和热。

四、“资源整合的云聚集”

“夕阳再晨”在政府和企业的支持下，专家导师致力指引下，广大媒体的宣传报道下，聚集已有的资源，成为了一个有自我造血功能的社会组织。

同时也积极参与对外交流和合作活动，“夕阳再晨”创始人张佳鑫积极参与北京榜样平凡中的力量宣讲、北京市志愿服务联合会百名宣讲嘉宾的宣讲。并且与北京市慈善义工协会合作，共同组织大型活动；同时也积极与其他组织机构合作，拓宽“夕阳再晨”服务范围。同时“夕阳再晨”与工信部等国家机关部委开展合作，将“夕阳再晨”的服务带到国家部委的离退休干部当中去，利用专业化的科技助老体系服务离退休干部，并将社会组织自我造血的模式复制推广。

此外，“夕阳再晨”还为社区老年人搭建邻里守望和隔代教育的平台。“夕阳再晨”每到一个社区，都会为社区老人建立微信群和 QQ 群，为他们搭建一个线上交流的平台；引导老年人根据兴趣、特长等建立不同的兴趣小组和服务队，让老年人能够互帮互助，参与到社区治理中来，实现“老有所为”的目标。

“夕阳再晨”用“互联网 + 公益创业”的模式，通过科技手段解决居家养老“最后一公里问题”，得到了社会的广泛认可。项目荣获第二届中国青年志愿服务项目大赛金奖、GSVC 全球社会企业创业大赛“最具社会影响力奖”、团中央“圆梦中国”最佳项目管理奖、北京市最美慈善义工团体一等奖、KAB“青年恒好”大学生公益创业方案“十佳公益项目”，希望工程激励行动“激励成果奖”、“营销先锋奖”，得到新闻联播、人民日报、光明日报、经济日报、中央电视台新闻频道、旅游卫视等多家媒体万余次报道。在公益领域树立良好的公益品牌，成为互联网 + 智慧养老的实践先锋。

鞠一捧夕阳，让科技走近老人，让老人融入社会，散发出“桑榆虽晚霞满天”的活力。走过的五年，“夕阳再晨”留下浓墨重彩，未来的岁月里，“夕阳再晨”将留下更多精彩与辉煌。青年人正在成为改变社会的种子，正如“夕阳再晨”的口号：“让我们一起努力，让夕阳再晨”！夕阳再晨，灼灼其华，青年公益，不负韶华。“夕阳再晨”将携手更多的人，奔跑在为老人服务的跑道上。

经过多年的探索与实践，北京邮电大学始终秉承“崇尚奉献，追求卓越”的北邮精神，依托《大学生志愿服务》学分化管理，实现对大学生志愿服务长效机制建设的探索，未来，将继续巩固与完善，力争形成科学、规范且富有特色的工作体系，实现显著育人成效。

16 传播青春正能量 唱响网上主旋律

——重庆大学前锋网络文化工作室推进大学生自我思想引领的探索与实践

2015年1月，重庆大学前锋网络文化工作室（以下简称前锋工作室）在扎实的工作基础上，被教育部命名为首批“教育部大学生网络文化工作室”（教思政司函〔2015〕5号）。2015年12月工作室通过教育部第三方组织的评估，获得教育部思政司经费支持2万元。

2015年11月，参加首届网络文明进校园活动，时任教育部党组副书记、副部长杜玉波仔细聆听工作介绍并为工作室建设成果点赞。中央网信办领导高度认可团队的工作，多次全文转发学生评论文章。

2016年1月被评为重庆大学网络实践优秀项目，并给予专项经费支持。工作室连续应邀参加在北京大学举行的新媒体交流活动，在团中央团委书记培训班作主题发言。工作室积极参与重庆大学易班建设，创作大量文化作品，被评为第四届上海大学生（国际）微电影节优秀组织奖，学生参加青年导演特训营获最佳作品奖（最高奖）和优秀作品奖。工作室运营的“重大青年”微信被团中央评选为全国百强，前锋工作室还获评“重庆大学青年五四奖章”、重庆大学“唐立新十佳优秀学生社团”称号，中国教育报、华龙网等多家媒体先后报道工作室工作情况。

一、以社会主义核心价值观坚定工作室建设方向

重庆大学前锋网络文化工作室在学校党委宣传部的指导下，由重庆大学团委负责组织学生团队运营，充分发挥青年学生的工作热情和创作能力，以丰富多彩正能量的生产和传播为主要工作内容。工作室牢记习近平总书记提出的“开展网

络斗争、加强网络管理、弘扬网上主旋律,共青团义不容辞”的使命,把在青年学生中弘扬社会主义核心价值观落小落细落实。正如在4月19日召开的网络安全和信息化工作会议上,习近平总书记指出,我们要本着对社会负责、对人民负责的态度,依法加强网络空间治理,加强网络内容建设,做强网上正面宣传,培育积极健康向善的网络文化,用社会主义核心价值观和人类优秀文明成果滋养人心、滋养社会,做到正能量充沛、主旋律高昂,为广大网民特别是青少年营造一个风清气正的网络空间。前锋工作室始终坚持以社会主义核心价值观作为工作的总方向和工作的总内容,同时也是对全体成员的总要求。

前锋工作室建设的总体思路是:以“教育部大学生网络文化工作室”项目平台建设为契机,狠抓队伍培养,强化内容建设和阵地建设,建立“项目支撑、硬件支撑、师资支撑、学习支撑”的四维活力运转机制,调动和激发学生参与网络文化建设的积极性主动性,探索创新高校学生参与校园网络文化建设的新模式新机制。以唱响网上主旋律,积极传播正能量为工作重点,注重网络文化传播规律和青年人网络行为的规律,将社会主义核心价值观融入到丰富多彩的文化活动和网络文化作品中,不断增强吸引力和凝聚力,把巩固和扩大党执政的青年群众基础作为政治责任,把围绕中心、服务大局作为工作主线。以服务青年学生为切入点,转化话语体系,强化网上参与和互动,强化网言网语的呈现,注重网络文化作品创作紧贴热点和亲近青年大学生,以水滴石穿和润物细无声的工作作风为营造清朗网络空间贡献力量,引领广大青年大学生努力成为理性爱国的中国好网民。

前锋工作室通过努力建设,依托社会公共资源和自我创新,形成了以微信微博运营和视频、动漫动画、广播等多种文化产品创作为主,具有研究能力的综合型学生组织。

二、探索创新大学生网络文化工作室建设的四个“1+N”工作模式

前锋工作室充分发挥教育部首批大学生网络文化工作室的示范引领作用,初步探索了可复制可推广的运营经验。

(一)建立了工作力量的1+N工作模式

前锋工作室由校团委宣传部组织优秀的学生团干作为核心运营力量,保证了工作室的政治性、先进性、群众性。同时,前锋工作室还依托学院的专业优势和社

团的活力，拓展N个工作副中心和N个文化作品创作基地，形成充满活力的生态系统。

（二）建立了传播渠道的1+N工作模式

前锋工作室遵循教育部开展大学生网络文化工作室选培计划的目的，积极发挥学生无限的创作能力，发挥共青团团组织紧贴更多青年学生的优势，发挥各种团学组织能够广泛聚集联络青年学生的优势，不但使得前锋工作室的工作力量源源不断，更依托学生组织和覆盖全体学生的网上团支部、各类学生工作群建立了广泛的传播渠道，使得坚守国家主流声音的前锋网络文化作品和宣传图文能够迅速在学生中传播扩散。

（三）建立了师资力量的1+N工作模式

前锋工作室由团委老师负责日常管理指导，同时拓展了党委宣传部等党政干部、辅导员、专业教师以及又红又专的校外文艺界人士担任前锋工作室兼职指导老师和辅导力量。学校党委宣传部副部长凌晓明长期指导学生开展网络评论工作，学校艺术学院的程云连老师亲自参与《山上山》《重庆为你等候》等文艺作品的策划制作，电影学院播音系主任马欣亲自指导《夜读》栏目并推荐央视主持人参与节目制作，优秀毕业生刘欢担任《前锋》栏目制片人打造优秀的访谈类节目。校内外优秀教师资源的参与指导，确保了工作室网络作品的丰富、优秀和影响力。

三、立足“四个坚持”唱响青年网上的前锋精神

1987年前，重庆大学的先贤们提出了“复兴民族兮，誓作前锋”的宣言，今天的重大学生，以“前锋”为名，继续在网络空间弘扬前锋精神。以全年无休的实际行动，坚守传播网上正能量，坚守服务国家意志、传递主流声音的网络主阵地建设初衷，服务学校立德树人的根本任务，立足大学生实际需求，紧跟互联网技术发展趋势，强化服务功能，实现了大学生在互联网时代的自我成长和自我教育，不断增强广大学生的理论自信、道路自信、制度自信和文化自信。经过几年建设，已经形成良好的网络育人格局。

（一）始终坚持主流价值引导和及时评论

前锋网络文化工作室始终坚持主流价值引导和及时评论，找到了大学生自我思想引领工作的主动权和话语权的切合点。习近平总书记强调，网络已是意识形态斗争的主战场。现在，网络是一个巨大的舆论场，各种声音鱼龙混杂、真假难辨，正面声音出不来，负面的东西就会大行其道。做工作不仅要看到有形的对象，而且要看到无形的对象；开展网络斗争、加强网络管理、弘扬网上主旋律，共青团义不容辞。为了积极有效传播正面的声音，前锋工作室遴选成立了 20 多人的学生核心评论员队伍，并及时关注网络的舆情动态，开展舆情研判。先后针对时事热点和重大事件，及时撰写 100 多篇网络评论文章，及时在网上发出青年人的最强音，得到学生和家长等网友、中央网信办领导的多次点赞。如 3 月 5 日，撰写评论《坚定地扛起新时代学雷锋的大旗》，倡议广大青年在新时期勇于做雷锋精神的继承人。4 月 19 日，习近平总书记在北京主持召开网络安全和信息化工作座谈会后，组织的评论文章《一个大一学生眼里的网信事业》被网信办的今日头条号转发，表达大一学生对国家网信事业的深刻认识和关注支持。7 月初，菲律宾单方面挑起南海岛屿非法仲裁后，前锋工作室组织了系列评论文章表达了青年人的抗议和如何理性爱国，并联系中央电视台主持人毛毛虫制作了有关夜读文章，倡导把爱国的热情转化为爱国的行动。针对美国大选期间的各类“劲爆”新闻，前锋工作室组织了理想的评论文章，帮助青年学生认清西方民主的本质，深化中国特色社会主义的自信。

（二）始终坚持创新发展

前锋网络文化工作室始终坚持创新发展，找到了营造学生喜爱的网络思政教育环境的基本规律。前锋工作室坚持从学生中来到学生中去的发展思路，紧贴学生需求，坚持创新发展，将思想教育融入其中，举办丰富多彩的活动，形成了“每月都有有奖活动、每周都有话题互动”，问策问需于学生的兴趣为出发点，解决了普通思政类网络教育平台缺乏新颖性和吸引力的问题，赢得了学生的关注。如利用中秋节、母亲节等节庆日开展讲述和家人的感人故事送礼物的活动，将感恩教育融入网络互动游戏中，一大批学生自述的好故事在网上传播，感动网友。如国庆节“我和国旗合张影”活动，引发广大同学纷纷参与，发出了青年人最靠谱的爱国宣言。

（三）始终坚持以文化人

前锋网络文化工作室始终坚持以文化人，找到了校园网络文化建设的生命力。前锋工作室认真落实习近平总书记在文艺工作座谈会上的重要讲话精神，坚持以文化人。以社会主义核心价值观为引领、以中国精神为灵魂、以中国梦为时代主题、以中华优秀传统文化为根脉,担负历史使命,发挥青年大学生的文艺创作能力,培育有筋骨、有道德、有温度的文艺作品。如打造了工作室卡通形象人物——锋哥,在学生中成功塑造了一个积极健康向上的爱国青年形象,并以锋哥为元素创作了故事、动漫、表情包、明信片等实物,让锋哥在学生中鲜活起来。如创作了青春励志演说节目《青春演说家》,讲述青春奋斗故事,组织专业团队,拍摄制作青春演说节目视频在网络传播,真人、真事和有魅力的演说,引发学生关注。举办"校园好歌曲"原创音乐创作大赛,并在网上展播,产生了一批优秀的校园歌曲,深受好评。

(四)始终坚持网上网下一体化工作格局

前锋网络文化工作室始终坚持网上网下一体化工作格局,找到了网络文化建设内涵式发展的新动力。网络空间不是独立现实生活的存在,而是现实生活的反映。网络文化建设不能脱离现实生活,而应该是取材于现实生活并紧密联系现实生活。网络文化建设要取得良好的效果,关键是要有生命力和影响力的作品。前锋工作室坚持网上网下一体化工作格局,双向互动,实现了网络文化建设提升质量内涵式发展。如今年是红军长征胜利 80 周年,这个暑假,前锋工作室的 10 多名师生分别前往贵州遵义、江西瑞金、陕西吴起镇开展重走长征路活动。同学们在活动中寻访长征旧址、参观长征纪念馆、收集长征故事,重温长征精神。在重走长征路活动中,学生深受教育和感染,回校后,他们创作了一组手绘明信片。整套明信片以长征为主题,将"重大青年"的锋哥形象融入到了长征"爬雪山,过草地"等场景中,每张都配有毛主席诗词中的经典选句,让我们仿佛置身于那个年代,重温了那段峥嵘岁月。

17　学生活动课程化　养成教育教学化

——黑龙江职业学院以课程为载体创新开展文化育人

2014年，黑龙江职业学院开始进行“成果导向+行动学习”教育教学改革，围绕学生六项核心能力培养规格（协作力、学习力、责任力、执行力、专业力和发展力，以下简称“六力”），开展技能人才培养模式、方法，以及课程建设等一系列变革。其中，创新文化育人载体，将学生活动纳入课程体系并实行学分制管理，按照教学规律组织开展学生素质养成教育，是课程改革的标志性成果之一。

一、建构活动课程体系

坚持以学生为中心、以能力为本位、以素质为基础的原则，对学生活动进行梳理整合、归纳分类，构建了以“四季”“四节”为主体框架的非正式课程体系；将体现学校育人特色的学生活动纳入“四特色”课程，形成正式课程体系。

（一）非正式课程：“四季”、“四节”

按照成果导向课程开发步骤，坚持聚焦强化、多数参与、多元选择基本原则，进行学生活动课程化建设。将学生处组织开展的学生教育活动、校团委组织开展的校园文化活动进行分类整理，形成以“四季”“四节”为主体框架的非正式课程体系。“四季”由学生处统筹，包括精彩入学季、精彩学习季、精彩实习季、精彩敬业季的系列课程；“四节”由校团委统筹，包括文体艺术节、社团文化节、爱心感恩节、创新创业节的系列课程。通过实施这些课程，改变只在大一、大二学生中开展素质养成教育活动的状况，而是一直延伸到大三学生的顶岗实习阶段，实现素质教育贯穿全学程。

（二）正式课程："四特色"

按照成果导向教育理念，将体现学校育人特色的学生活动开发为"四特色"课程，每门课程设置 2 学分。"四特色"，即《特色早军操》《特色晚自习》《素质行动与养成》《国情与社会调研》四门课程，按正式课程进行管理、考核。其中，《特色早军操》《特色晚自习》课程，开展国学教育、通识技能教育、专题教育等素质教育活动，锻炼学生身心素质，锤炼学生敬业精神；《素质行动与养成》课程，以学校党委书记赵继会提出的"素质行动 20 件事和素质养成 8 个坚持"为核心内容，以《学生素质养成手册》为主要载体，新生入学时由辅导员集中组织学生逐项进行培养和训练。《国情与社会调研》课程，由思想政治教研部组织实施，与思想政治教育正式课程一并开展，实现思想政治教育与素质教育活动的有机融合。

二、精细实施活动课程

目前，《特色早军操》《特色晚自习》《素质行动与养成》三门通识特色课程，由学生处组织在 2015 级部分专业中试点实施，在 2016 级学生中全面实施；"精彩入学季"中《开学典礼》《文明礼貌礼仪实践》《校规校纪知识竞赛》三门课程，由学生处组织在 2016 级学生中全面实施；"文体艺术节""爱心感恩节"中《"三走"全民健身》《大专辩论赛》《成年礼》三门课程，由校团委组织在 2016 级学生中全面实施；其他课程计划在 2016 级学生中逐步实施。课程实施有计划、有组织、有保障，完全按照教学规律进行。

（一）课程大纲明确规范

紧紧围绕学校"六力"人才培养规格，编制非正式课程的课程大纲和活动单元设计，从学生需要出发反向设计活动课程目标，每条目标作为评价点精确到可以量化评价。每个单元严格对应课程大纲能力指标，按照活动前、活动中和活动后三个单元进行设计，明确每个单元的组织单位、责任人、场地、时间，明确学生在每个单元需要完成的活动内容。

（二）实施过程精细有序

学生活动的每个步骤和环节严格按照单元设计执行，时间精细到分，地点精细到教室，组织人精细到教师。以"12·9"大合唱课程为例，活动第一单元为每班开展"12·9"运动学习的主题班会，通过班级训练，二级学院选拔组建合唱队，由二级学院、辅导员、班干部负责；第二单元为“12·9”大合唱比赛，由校团委负责；第三单元为向团旗宣誓，由各班级组织。活动单元之间紧凑连贯，活动实施计划周详，秩序井然。

（三）活动评价客观灵活

根据正式课程评价方式和素质教育活动特点，按照成功是成功之母原则，采取达成性评价，达到低标即为合格，中标为良好，高标为优秀，优秀比例在70%左右。建立了学生自评、教学助理（学生干部）辅评、辅导员主评的三级评价体系；建立了二级学院初审、学工部（团委）复审、课程委员会终审的三级审核体系，确保学生活动课程评价的客观性。将授课教师评价纳入辅导员考核和二级学院目标管理考核，课程管理委员会按照课程安排表，定期组织课程质量检查，开展学生满意度调研，不定期组织课程研讨，确保课程质量稳步提高。

三、文化育人效果显著

对学生活动进行课程化建设，在业内没有范例借鉴，是对文化育人新载体的有益探索。将学生活动纳入课程管理，一方面实现学生活动的规范化和标准化，另一方面，实现素质养成教育的可量化和操行化，为行之有效开展校园文化活动提供了技术支持和制度保障，使文化育人效果明显提升。

（一）文化活动指向性增强，两个课堂互相补益

活动课程与课堂教学课程一样，聚焦学校“六力”人才培养规格，直接指向学生能力提升，育人靶向更加精准，育人功能得到有效发挥，形成高职素质教育特色。实施活动课程，不但使活动内容更加具体、可操作，而且使第二课堂与第一课堂有机联系在一起，并对课堂教学在素质养成教育方面所不及之处给予有益补充和支撑。通过两轮科学检视、分析，学校对原有近90项学生活动进行调整，增加12项、整合30余项，形成“四季”“四节”“四特色”文化育人活动品牌。

（二）文化活动计划性增强，参与热情大幅提高

2016年，学校统筹安排，统一部署，全面实施非正式课程“精彩入学季”“文体艺术节”“社团文化节”“爱心感恩节”。各二级学院安排活动时间、地点、内容，学生处统筹调配、形成课程计划表，并向学生和辅导员公布。辅导员严格按照课程计划表组织开展活动，由于时间安排合理，地点调配有序，辅导员工作有抓手，学

生参与活动热情明显提高。2016 年,学生活动正式课程选课率较 2015 年提高了 12.36%,非正式课程选课率提高了近 10.51%。2016 级学生中,有 2800 余人报名参加学生社团,占学生总数的 63%,较 2015 级提高近 20%。

(三)文化活动针对性增强,学生素质明显提升

活动课程紧紧围绕素质养成教育,按照大一素质年、大二专业年、大三实习就业年思路进行设计,“四季”侧重素质养成教育,“四节”侧重素质养成活动,“四特色”侧重固化教育成果。现在,学校学生文明礼貌礼仪、传统文化知识、遵规守纪意识、才艺素养、身心健康等综合素质大大提高,家国情怀、集体主义、团队精神、吃苦耐劳、勤学钻研等优秀品质逐渐养成。2016 年,全校学生综合素质测评平均成绩为 80.13 分,同比 2015 年提高了 5.39 分。

学校成果导向教育教学改革,包括学生活动课程化,取得阶段性成果。黑龙江职业学院用 6 个月时间完成成果导向教育教学改革所涉及的理念更新、课程重构、人才培养目标确定等事情。2016 年 3 月,《成果导向高职课程开发》《成果导向高职课程实施》《成果导向高职课程开发案例集》三本专著已经出版,填补了国内空白,文化育人载体由探索上升为理论,百色学院坚信学生活动课程建设将进一步推动文化育人取得更大成效。

18　大学生思想政治教育“五维同育”模式的构建与实践成果总结

——重庆师范大学

高等学校提高人才培养质量，坚持立德树人根本任务是关键。习近平总书记强调，高校思想政治工作关系高校培养什么样的人、如何培养人以及为谁培养人这个根本问题，要坚持把立德树人作为中心环节，把思想政治工作贯穿教育教学全过程，实现全员全过程全方位育人。重庆师范大学历经近20年的深耕精培，构建了“大学生思想政治教育‘五维同育’模式”，并经过3年实践验证，取得了显著育人成效。

一、成果背景

新形势下，我国从人力资源大国向人才强国迈进过程中对卓越人才的渴求比以往更加强烈，尤其需要培养为人民服务、为中国共产党治国理政服务、为巩固发展中国特色社会主义制度服务、为改革开放和现代化建设服务的高素质人才，亦对加强和改进大学生思想政治教育提出了更高要求。通观高校思想政治教育教学现状不难发现，显著存在着理想信念教育效果不佳、向上向善的价值引领乏力、党员意识比较弱化、实践育人合力不强、学生能动作用不显等问题，难以适应青年大学生的个性需求，难以回应党和国家对人才培养的新期待，进而影响高等教育人才培养质量。

我们紧紧围绕“提升大学生思想政治教育质量”这条主线，理清思路、创新方法、完善机制、夯实基础，认真总结多年开展大学生思想政治教育的实践经验，契合新形势下大学生思想政治教育的结合性、渗透性、养成性特点，开展了“大学生思想政治教育‘五维同育’模式”的构建与实践。主要经历了三个时期：

（一）构建期（1997～2011）

开展以党员承诺“七个一”工程、“榜样的力量”选树、“五自”教育、青年马克思主义者培养工程、社会实践等为载体的大学生思想政治教育“五维同育”创新实践。

（二）优化期（2012～2013）

学校实施内涵发展提档升级战略，把学生成长发展作为内涵建设的五大核心指标之一，将大学生思想政治教育提升至全新高度。以此为契机，我们系统总结业已形成的大学生思想政治教育的系列好经验、好方法和好效果，制定本科生成长发展提档升级实施方案，经过统整、优化，进一步完善“大学生思想政治教育‘五维同育’模式”。

（二）实践期（2014～2016）

厚植于学校内涵发展提档升级大背景，“大学生思想政治教育‘五维同育’模式”正式运用于实践，在全校17个学院全体学生中推广应用，由此生成的丰硕成果得到上级领导和主管部门的充分肯定、主流媒体宣传推广、业界同行高度认可，为加强和改进大学生思想政治教育提供了可资借鉴的范例。

二、成果核心

（一）坚持问题导向，着力对标对点设计五大思想政治教育教学模块

该模式涵盖“青马引领，典型示范，党员承诺，实践求真，朋辈互喻”五大思想政治教育教学模块。“青马引领”模块着力以青年马克思主义者培养工程引领大学生坚定理想信念；“典型示范”模块着力选树身边的“明星”示范带动大学生向上向善；“党员承诺”模块着力推动学生党员争做先锋模范；“实践求真”模块着力创新实践教育教学机制帮助大学生实现知行合一；“朋辈互喻”模块着力激发学生群体间的正向浸润功能，滋养大学生互助成长。

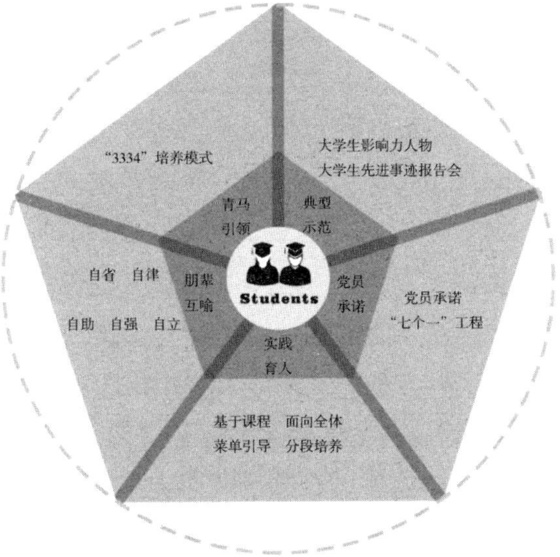

图 1:大学生思想政治教育"五维同育"模型

五大教育教学模块分别应对理想信念教育、价值观教育、党员教育、实践教育、学生自我教育等大学生思想政治教育领域中的薄弱环节、碎片现象、难点问题,逐一明确教育目标、措施方法,分步骤有侧重地破解。

(二)坚持机制创新,着力增强五大思想政治教育教学模块的聚合力

1. 拥有科学的思想政治教育顶层设计。学校党委成立大学生思想政治教育工作领导小组,由党委书记任组长,学工部、组织部、宣传部、研究生工作部、党政办、教务处、人事处、保卫处、校团委为领导小组办公室成员单位。学校确立人才培养的中心地位,把大学生成长发展纳入学校内涵发展提档升级战略,把大学生思想政治教育纳入人才培养体系,把大学生思想政治教育写入学校"十一五""十二五"规划,在"十三五"规划体系中单列党建与思想政治工作子规划,突出强调思想政治教育在人才培养中的灵魂作用。

2. 拥有健全的思想政治教育运行机制。建立了以"两主体两主导三联动"为内涵的思想政治教育运行方式,即大学生思想政治教育的组织实施以学生、学院为主体,以教师、部门为主导,师生联动、部门联动、校院联动。明确了"两围绕两提升"的思想政治教育工作路径,即围绕人才培养质量,着力提升学生综合素质;

围绕学生成长发展，着力提升学校教育管理服务水平。思想政治教育运行机制由单向向协同转变，形成了全员全过程全方位育人新格局。

3. 拥有完善的思想政治教育评价体系。设计了“规范化、制度化、标准化、科学化”为要素的“四化一体”思想政治教育考核体系，年初下达目标任务、年中进行督导推进、年末实施专项考核，并把思想政治教育考核结果纳入学校职能部门和各学院年度目标绩效评价，优化了大学生思想政治教育的激励评价机制。

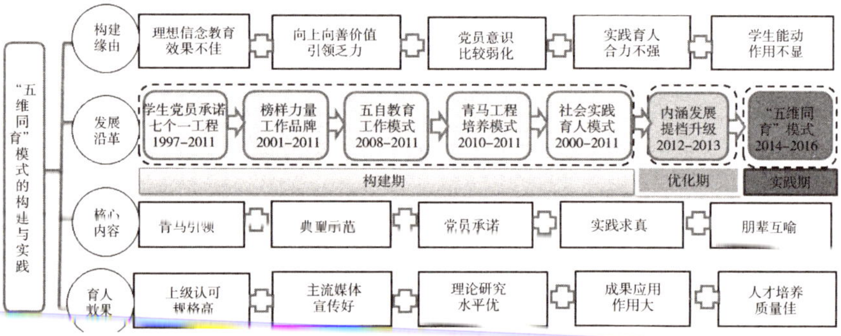

图 2：大学生思想政治教育“五维同育”方法路径图

（三）坚持生本取向，着力增强思想政治教育的育人实效

该模式起步于学生自发的“学生党员宿舍挂牌”行动，校党委因势利导推动大学生思想政治教育的创新实践，具有鲜明的生本特征。在构建与实践该模式过程中，始终坚持以学生为本，以唤醒学生的主体意识为先导，以发展学生的主体能力为重点，以激发学生的主体参与为保障，充分调动学生的能动作用。不仅注重从学生青年马克思主义者、学生党员和优秀学生群体中去挖掘身边的典型人物、鲜活事例教育学生，也启迪学生在朋辈之间相互滋养、教育，更是通过搭建学校与党政机关、企业工厂及社会组织等合作育人平台，让学生在广泛参与多样的思想政治教育教学活动中升华思想境界、增强情境体验、达成知行统一。

三、成果创新

“大学生思想政治教育‘五维同育’模式”的构建与实践，在大学生思想政治教育领域主要实现了以下三个方面的创新：

（一）实现了思想政治教育资源的有机整合，三全育人格局愈加彰显

1. 实现了教育教学部门的有机统合。通过实施本科生成长发展计划，由分管学生工作的校领导牵头，有机整合教务处、学生工作部（学生处）、招生就业处和团委等单位的思想政治教育职能，分工协作，形成了稳定的思想政治教育工作格局。

2. 实现了思想政治教育内容的有机统合。从大学生思想政治教育规划的设计、制度的拟定、模块的实施到评价考核奖励，有机整合各教育环节和教育内容，克服了以往思想政治教育教学活动的碎片化、娱乐化、单一性、阶段性弊端，促成大学生思想政治教育协同共育。

（二）实现同频共振，功能彰显。即实现了思想政治教育主渠道与主阵地的同频共振，思政课程与课程思政的育人功能愈加彰显。

强化显性思政、细化隐性思政，深入发掘各类课程的育人资源。思想政治理论课实践教学环节与日常思想政治教育课外主阵地各教育板块之间良性互动，从思想政治理论课实践环节留出学分，用于考量学生参与社会实践活动的效果，推进日常思想政治教育模块的课程化、学分化，学生参与五个大类的思想政治教育模块的情况纳入素质考核。支持思想政治理论课专任教师承担青年马克思主义者培养工程大学生骨干培养班的教学工作，担任研习导师。实施职能部门政工干部联系学生班集体制度，设立二级单位“学生三助岗位”等。彰显思政课程与课程思政的育人功能。

（三）无缝对接，实效彰显。即实现了思想政治教育多种形式与大学生个性需求的无缝对接，思想政治教育的吸引力和实效性愈加彰显。

各教育模块遵循学生身心发展的一般规律，紧密结合 90 后大学生的认知特点，创新教育模式，丰富教育形式。开设《大学生领导力教育与开发》《心理健康团队辅导》等课程，开展互动式、案例式、讨论式教育教学，采用无领导小组面试等考核方式；开展“青马工程”教师骨干班与学生骨干班“一对一”帮扶学习；运用新媒体技术开展学习训练营，学生在网上提前抢票点单占座。注意从学生群体中挖掘教育教学资源，让学生在环境趋同、年龄相近、真实自然的教育情境中，潜移默化得到启迪、收获教益、实现发展。

四、成果推广应用

本成果以重庆师范大学为实践场域,面向全体学生开展了一系列成果转化和推广应用工作,解决了大学生思想政治教育教学过程中存在的突出问题,提升了大学生思想政治教育质量,培养了学生的创新精神和实践能力,促进了学生德智体美全面发展。

(一)上级领导和主管部门充分肯定。

中央政治局委员刘延东视察我校亲切勉励青马骨干坚定理想信念(2010. 4. 8),国务委员杨洁篪亲切接见我校优秀学生代表(2015. 8. 7),市委常委、宣传部长燕平批示肯定我校大学生党员教育工作(2016. 7. 13),时任教育部思政司司长冯刚充分肯定我校立德树人成效(2015. 12. 10)。

受到中共中央组织部、中共中央宣传部、教育部、共青团中央、中共重庆市委宣传部、中共重庆市委教育工委等上级主管部门的充分肯定,被评为“全国创先争优先进基层党组织”“重庆市先进基层党组织”,12 次获得全国社会实践活动先进单位,建成“青年马克思主义者培养工程”全国研究培训基地、“重庆市高校党建研究咨政中心”,思想政治教育工作者入选教育部“思想政治教育中青年杰出人才支持计划”、获评“全国高校辅导员年度人物”。

“大学生自我教育‘3352’模式的构建与实践”获重庆市第三届高等教育教学成果二等奖,“深入实施‘青马工程’着力打造校园红色文化”“重庆师范大学构建大学生思想政治教育‘五维同育’模式创新与实践”成果荣获全国高校校园文化建设优秀成果一等奖。

(二)主流媒体宣传推广有力

《光明日报》(2012. 1. 14)刊文介绍我校开展社会实践的典型经验,人民网(2002. 7. 2)、《中国青年报》(2003. 11. 30)专题报道我校学生党员承诺制,《教育部工作简报》(2016. 6. 15)和“教育部高校辅导员在线”(2016. 6. 17,2016. 8. 4)专文推广我校大学生思想政治工作队伍建设经验,《重庆日报》(2016. 7. 20)专题宣传我校大学生思想政治教育特色。

（三）业界同行高度认可

在教育部“深入学习实践科学发展观”会议上作为全国唯一地方高校专题发言（2009.9），承办全国高校师生思想政治教育状况滚动调查会并作交流发言（2015.12），参加“东南十一省（市）宣传、学工协作会议”并作主旨发言（2016.12）。接受武汉大学等16所高校来校考察学习、10余名全国兄弟高校同仁来校挂职锻炼，受邀赴山东大学等17所高校进行经验介绍。成果被全国大学生思想政治教育发展研究中心、中共重庆市委教育工委宣教处采纳推介。

（四）理论研究量多质高

注重对大学生思想政治教育教学的理论研究，主持（研）教育部等省部级科研项目12项；在《光明日报（理论·实践）》和《思想理论教育导刊》等重要期刊发表相关论文20余篇；出版专著2部；论文获省部级奖项4项。

（五）学生成长发展向好

实现教育主体全参与、教育活动全覆盖、教育成效全受益，人才培养质量显著提高。学生理想信念更加坚定，“青马工程”中、高级班报名人数近3年翻两番；向上向善价值彰显，涌现一大批各类先进典型，近3年3035名学生获省部级及以上奖励，丁奕然荣获第十届“中国大学生年度人物（20强）”，郑成露荣获2013年“中国大学生自强之星”称号；党员意识得到强化，学生党员的身份认同、组织观念和模范作用体现明显，李露成为重庆市第四次党代会唯一学生代表；学生内生动力更加显现，优良学风提振明显，考研升学深造率实现翻倍，毕业生就业率达98%，在全国性竞赛中斩获全国一、二等奖50余项。

综而述之，该成果在构建与实践过程中，认真做好成果的方案设计、论证、研究和实践的各项工作，深刻把握成果的形式、内容、创新、应用、评价和特色的主要内涵和指标要求，有效破解了大学生思想政治教育教学过程中存在的主要问题，成果具有鲜明的实践性、创新性、应用性，具有较高的辐射推广价值。

19 赓续公能体育魂，搭建体德双载体

——南开大学体育文化育人成果汇报

2017年8月27日，第十三届全国运动会在天津隆重开幕，习近平总书记在津会见全国体育先进单位和先进个人代表时指出，“加快建设体育强国，就要把握体育强国梦与中国梦息息相关的定位，把体育事业融入实现‘两个一百年’奋斗目标大格局中去谋划”，“体育代表着青春、健康、活力，关乎人民幸福，关乎民族未来”。[①] 重视体育是百年南开的办学传统和育人特色，在全运会开幕式上，10余次提到南开和张伯苓老校长的体育理念。在创办南开学校之初，张伯苓老校长就明确提出：教育一事，尤要在造成完全人格，德、智、体三育并进而不偏废。作为近代中国体育事业的先驱者和奠基人之一，其“强国必先强种，强种必先强身”的教育理念对当今仍有着重要的启示意义。

南开大学从培养社会主义合格建设者和可靠接班人出发，继承发扬南开传统文化中的体育基因，以“强身健体、励志促学、全面发展”为目标，全面推进大学体育的改革，全面提升学生体质健康水平，通过体育引导学生从中体验拼搏竞争、循规守则、耐受输赢的体育文化精神，将学生的身体素质和思想素质、心理素质、文化素质融为一体，推动体育在强心强脑、磨练意志、激发潜能、熏陶人格的积极作用，切实将体育作为培养“公能”人才的重要载体，努力促进学生德智体美全面发展，形成具有南开“公能”特色的全员、全过程、全方位体育育人工作新局面。

---

① 新华社．2017.08.27. http://politics.people.com.cn/n1/2017/0827/c1024-29497081.html

一、扎实"下盘"根基,增强体育育人自觉

拳论说"稳固下盘内气充实"。太极拳不论是进攻,还是防守,都不能离开下盘坚固的作用。对体育育人这项工作来说,"下盘"就是明确指导思想、完善管理体制和运行机制,使体育成为全体南开人的自觉行动。新时期,南开大学在发扬优良传统的基础上,清醒地认识到实施体育是落实"立德树人"的责任,用加强和改进体育的行动展现南开体育育人的光荣传统和在新时代将体育作为培养"公能"人才的重要载体的高度自觉。

党的十八大以来,学校专门召开体育工作会议和一系列研讨体育工作的专题会议,明确把体育作为南开"公能"素质教育中德智体美四育融合的关键一环,作为培养"公能"人才的重要载体,提出打好体育改革的"组合拳",让体育成为全体南开人的自觉行动。在全校范围开展体育工作调研,集思广益制定了《关于进一步加强和改进体育工作的意见》,建立健全学校层面的领导机制、学院层面的责任落实机制、教师和学生的参与机制以及队伍、经费、设备等保障机制,尤其提出把体育工作履职情况纳入学院领导班子及整体工作考核中。2016 年底,又出台了《关于进一步促进学生体质健康的规定》,大力支持学生自主、多样、持续地参与到体育锻炼中。比如,建立学生体质健康状况跟踪指导和监测评价制度,为学生开具《南开大学体质测试成绩单》,记录各学年度体质测试成绩,并载入档案;把学生的体育能力、体质健康状况和日常活动中的体育道德修养纳入"公能素质"综合评价体系,规定本科生各类奖学金、个人荣誉称号的申请,须以上一学年体质测试成绩达到合格及以上为必要条件等。

在今年的毕业典礼上,学校为 4 年里始终坚持体育锻炼、毕业学年度体质测试成绩达到"及格"标准的同学颁发了由校长签发的、与毕业证书、学位证书同等重要的《体质健康证书》。证书在注明学生毕业年度各项体质测试成绩,以及相应的国家标准的同时,还印有"强其骨、坚其志、风其神"九字箴言。今年共有 1206 名毕业生首批获颁《南开大学体质健康证书》,其中 57 人还因体质测试成绩达到良好以上而荣膺"体魄强健毕业生"称号。这是我国高校中首次向毕业生颁发体质健康证书,是一个导向鲜明的举措。在毕业典礼上颁发体育证书和称号,充满了沉甸甸的仪式感和荣誉感,吸引了广大在校生的高度关注,学生自主参与体育

运动的积极性更高了，从而达到养成良好锻炼习惯，不断提升身体素质的目的，进而实现学校体育的最终目标。

调整充实学校体育工作领导机构，把体育工作委员会主任调整为校长龚克兼任，完善校院体育经费拨付渠道，明确各相关职能部门在体育工作中的责任，把体育工作纳入学院整体工作评价体系中，完善学院层面的责任落实机制。在举办全校秋季运动会的基础上，每年由各学院举办春季运动会，由相关部门牵头举办留学生、毕业生、研究生等各类运动会；通过学生会、研究生会、学生体育协会组织开展师生共同参加的各项体育赛事，营造全校上下协同共进、人人体育的良好氛围。

二、铸炼“脊背”核心，贯通课内外体育育人模式

打好太极拳需要“中正安舒，即身体保持不偏不倚”，对于体育工作就是保持“教”与“学”相辅相长，“课内”与“课外”相辅相成，使学生从中充分体验体育精神。南开大学在《素质教育实施纲要（2011～2015）》中提出“建立‘课内外一体化’的体育教学模式，探索学生全过程全方位的锻炼制度”，充分调动“教”和“学”两方面的积极性，建立“以学为主，教学相辅”的课内外衔接的模式，把启迪和发展学生体育锻炼的自觉性和主动性、培养学生体育锻炼的爱好与习惯作为出发点和落脚点，倡导和树立“终身体育”的思想。

（一）深化体育教学改革，使体育教学在传授运动技能，提高身体素质的同时，着重引导学生树立积极健康向上的精神状态

近年来，为进一步落实南开“公能”素质教育，推进“课内外一体化”“三自主”的体育教学模式改革，使每一个学生在校期间能够掌握两项及两项以上体育技能，学校紧紧围绕学生的体育兴趣点，打破传统的必修课程教学模式，设立了体育课程组，开设初级班、高级班专项课程，重新规划考核方式，实施多维度综合考核，课堂出勤、专项技术测试、身体素质测试、课外体育锻炼情况、理论考试等成为体育课成绩评定的主要内容。

学校注重提高现有体育课程的教学质量，把促进学生健康贯穿于教学全过程；陆续增设更多深受学生喜爱的新兴运动项目或实用运动的选修课。规范体育课程教学，确立“讲一练二考三”的教学模式：“讲一”即课堂讲授要体现知识和情感的有机结合；“练二”体现在时间、空间的拓展，师生多空间（课上和网上）积极

互动、课上教学和课外活动结合(课内外一体化)、多部门(体育部、团委、学工部、专业学院)联动组织的各类课余体育活动和竞赛,促进学生身体素质、运动机能、团队意识、合作意识的全面提升;"考三"考核学生技术运用、比赛意识、合作能力等综合能力。此外,编写了包括南开体育传统和思想、体育文化、锻炼方法和运动保健等内容的《体育课程人文素质教材》,使学生在增强"两能"(体能、技能)之外,感受体育承载团队合作、拼搏竞争等精神和文化内涵。同时,体育教师主动参与到学校的教育教学改革中,共有 11 个教学改革项目得到学校立项支持。

(二)完善运动指导,建设一批课内外结合、师生同力协作的体育辅导站

根据学生的兴趣爱好和运动需求,以体育教师和学生体育社团联合建立体育项目的课外运动辅导站。教师在体育课上大力培养学生体育骨干和积极分子,在业余时间针对更多的学生群体进行运动技能辅导,做到课上有教学、课下有辅导的课内外一体化体育教学模式。目前,大部分体育教师担任 21 个学生体育社团的指导教师任务,指导学生社团开展日常训练、组织开展如选项班排球联赛、跆拳道比赛等活动。学生体育社团充分体现主体意识,自觉发挥社团优势,与体育教学形成互融互补,满足广大同学在日常对于运动技能学习的需求。目前共设立了啦啦操、体育舞蹈、跆拳道等课外辅导站 23 个,仅 2016 年上半年就指导师生 3 万余人次。

(三)推动校院体育赛事,强化团队合作意识和规则意识

近年来,随着师生参与体育运动的热情不断高涨,校院两级的体育赛事不断增多。一方面,学校积极组织并鼓励学生社团开展群众性的团体活动,精心设计校运动会的集体项目,让学生在参与中体会团结合作的重要性,努力增强学生的集体荣誉感;另一方面,进一步充实各项赛事的仲裁委员会并吸纳更多的学生参加,比赛前明确规则,严格资格审查,要求诚信参赛,对在比赛中出现的各种纠纷和问题不回避,及时评判。正是在处理问题中让学生理解了规则意识和公平公正的真正内涵。

三、圆活"臂膀"招式,搭建学生体质与品格发展的有效载体

大学体育工作的核心,在于用灵活多变的活动"招式"提升学生的身体素质,激发学生开展体育锻炼的内在驱动力。因此,学校紧密结合青年学生成长需求,

将体育育人工作的重心和重点放在群众性体育活动的开展，倡导“人人体育”，以学生在运动中展现出来的团结、拼搏、乐活的体育精神为主线，促进四育融合，引导学生在参与体育的过程中修养健全人格。

（一）以学生身心发展需求为主题，以学生喜闻乐见的形式增强体育活动的吸引力，开发承载育人功能的体育文化产品

积极开展契合群众性体育活动主题的一系列活动。不同群体范围的各类校院两级运动会、十六项校级体育赛事，已经成为南开全体学生耐受输赢、检验诚信、体验团队感受荣誉的青春竞技场；“铁肺在哪里”、“寻找南开力王”、“荧光夜跑”等将南开园变成活力四射的运动场。突破传统的体育活动，一是做好视觉设计，让活动宣传“看得见”。学生自主设计群众性体育活动的整套专属 VI，从平面宣传到拍摄制作体育活动宣传片，使校园满是体育运动的身影，塑造良好环境。二是做好触觉设计，让体育信息“摸得着”。微博、微信等校园网络平台，让学生时时处于新鲜的体育信息中，感受运动的魅力，让体育触手可及。三是做好听觉设计，让主题音乐“听得爽”。群众性体育活动主题歌《You Gotta Go With Me》、“活力 ING”等歌声传遍校园，共同构成了运动之声无处不在的听觉盛宴。通过精心设计，使体育运动及其衍生的体育文化产品紧密结合青年学生成长需求，以学生在运动中展现出来的团结、拼搏、乐活的体育精神为主线，引导学生在体育中修养健全人格，促进德智体美四育融合并举。

（二）以班级、社团、课题组为单位构建多元主体，引导支持学生自主开展体育活动，将体育精神转化为教学科研的精神动力

一是坚持立足社团。在校园里活跃的各个体育社团集体推出了体育兴趣辅导站，与体育专业教师一道每周定时定点开展相应的体育指导活动。21 个体育社团纳新现场共发放包含体育运动倡议书及全年体育活动安排的专题宣传页 8000 余份，并传授体育运动的入门知识和技巧，受到了广大师生的热烈欢迎。二是坚持立足班级。通过举办班级内部的男女宿舍联谊活动，并组成不同联谊宿舍之间的运动兴趣小组，形成联谊宿舍之间互相叫早、结伴运动的良好风气。不仅如此，学校为部分宿舍楼配备小型健身器材，将体育活动群体细化至以宿舍为单位，从点到面，形成人人要锻炼，以锻炼为荣的风气。三是坚持立足课题组或实验室，以元素所何良年教授团队为典型代表，由课题组、实验室等师生“科研团队”结合学

科和科研特点，开展羽毛球、乒乓球、篮球、跳绳等时间灵活、形式多样的文化体育运动，通过师生共同参与的形式，既丰富科研生活，提高身体素质，也活跃思维头脑，融洽师生关系，促进了实验室氛围的建设和科研成果的提升。

（三）以"四项举措"为依托保障群众性体育活动，拓宽体育文化覆盖面，丰富育人载体，提升育人成效

一是打造群众性体育活动的经费保障体系。划拨全校性的群众性体育活动专项经费，每年资助社团、班级、宿舍开展专项活动约 280 余项，建立体育课外辅导站 23 个。各学院每年均单独划拨体育工作经费，用于组织开展学院的师生体育活动。二是加大群众性体育活动的评优树典的力度。群众性体育活动中涌现出一批校园体育文化建设的佼佼者，激扬排球俱乐部等学生体育社团多次获得"全国大学生百炼之星社团标兵""天津市优秀学生社团标兵"称号。通过"微采访"立体展示典型，让"参与体育，人人锻炼"的精神蔚然成风。三是建立群众性体育活动的动态测评机制。通过每年的学生体质测试，对在校期间的体质变化情况进行记录，建立学生个人体质档案，使学生能够动态了解自身身体状况；定期进行群体性体育活动效果调研，学生对于校园体育文化氛围的认同和评价逐年提升。四是打造群众性体育活动的硬件设置保障。实行开放式管理，邀请学生参与到运动场馆管理中来。针对反映较多的体育场馆设施收费标准较高的问题，学生会进行了充分的调研，形成了内容详实的报告。学校对此高度重视，在多方调研和论证后校内体育场馆对师生实施降价或免费使用的政策，并增加或翻新运动场地和设施，室外灯光运动场的开放时间延长至每天 23 点等。这些不仅解决了群众性运动的场地问题，而且使学生在这一过程中丰富了行使民主权利的体验，实现了自我教育、自我管理、自我服务的探索。

南开大学全员、全过程、全方位的体育育人"太极拳"，浸透了南开"允公允能"的精神因子，赋予了校园文化以更广泛的内容，发挥着潜移默化的体育育人功能，不仅促进了学生的身心健康，也进一步在实践中提升了规则意识、合作精神、抗压能力等基本素质，很多体育运动出色的学生也在学习科研和社会工作中名列翘楚，体现了体育育人的本质。未来，南开大学将认真贯彻落实全国高校思想政治工作会议精神和习近平总书记对发展体育事业的重要指示，拟进一步加强制度保障，施行并不断完善"体质健康证书"等制度，以制度保障提升体育育人成果。

20 立足教师教育特色 创新支教育人体系

——首都师范大学探索支教育人体系新载体

首都师范大学立足教师教育特色，弘扬"为学为师、求实求新"的校训精神，将支教育人作为实践育人的重要载体，深入挖掘支教育人功能，精心打造支教育人品牌，通过近三十年如一日的支教实践，构建了全方位、立体化、多维度的支教育人体系，育人成效显著。

一、全方位搭建育人载体，深化支教育人内涵

学校将支教工作作为实践育人重要载体的同时，积极拓展支教工作的内涵，以支教为基点，搭建了更广阔的实践育人平台。

一是驻点接力支教成就学校教育战略合作。支教是大学生锻炼实践能力和提升社会责任感的重要实践形式，"短暂支教""形式支教""盲目支教"带来的问题不容忽视。源自家国情怀的传承和责任担当的使命，则让支教有了更多生根发芽开花结果的力量。在 2008 年汶川地震后，我校音乐心理治疗团队第一时间赶赴现场开展支教工作，不同于震后其他团队的陆续撤离，这支特殊的支教团队近十年来一直坚守在北川中学，并建成了我校音乐教育改革与实践基地，在此实施的改革实践荣获了北京市优秀教学成果一等奖。在京津冀协同发展的国家战略格局下，我校师生对河北省阜平县、平山县的支教工作更促成了学校与两县的教育战略合作。

二是一站式社区服务搭建区校合作平台。学校发挥区位优势，依托大学生党支部联合体与周边的八里庄、甘家口两个街道建立共建合作关系，超过 2000 余名学生，先后帮助社区建立了 8 所社区学校和 24 个心理健康接待室，开展了 8000 余小时的专题教学。由于持续推进效果明显,学校与海淀区政府已签订全面战略合作协议,实践育人工作实现跨越式发展。

三是校内朋辈指导助推大学生成长互助计划。我校师生心系边疆少数民族教育发展,学前教育学院支教团队是全国第一个深入青海农牧地区开展幼儿师资培训的团队,为青海省培训了4000余名幼儿教师;当新疆少数民族未就业大学生来到学校后,大学生们更有了近距离支持边疆教育的机会,他们以朋辈指导项目为依托,开展了“1+1互助成长计划”,与新疆学员一一对接,开发出计算机、音乐、美术、汉语言等13门有针对性的课程,开展一对一考前辅导,他们的教学实践工作获得新疆学员普遍认可。中央领导同志多次就我校用心用情做好新疆少数民族学生培养工作进行批示。

二、立体化打造支教工程,实现支教精准服务

首都师范大学深度融合人才培养与社会服务两大功能,有效结合师范特色优势、人才培养目标与支教对象的实际需求,以精准服务、注重实效为原则,着眼于提升人才培养质量、培育优良的师德师风和高度的社会责任感,着眼于服务国家和首都基础教育发展,实施多方共赢战略,打造了立体化的支教育人系统工程。

一是着眼于推进区域教育均衡发展,积极引导大学生围绕“同在蓝天下、携手共成长”发展理念,开展薄弱校帮扶工作。围绕基础课程开展常态化教学的同时,针对校务管理不规范、学生心理发展重视不够的问题,吸收教育、管理和心理学相关专业学生加入支教队伍,增设了校务管理、心理辅导等支教模块,既衔接了学生的理论知识,促进知行合一,又精准服务薄弱校需求。从2007年至今,团队先后前往京郊20余所薄弱校进行支教,300余个班级的2万余名学生从中受益。

二是积极响应国家加强艺术教育的号召,在推进大学生艺术素养提升的同时,依托艺术实践类公益项目服务社会。我校依托“余香行动”,组织管乐团成员开展对河北省马兰村的艺术支教工作,丰富山区孩子们的童年艺术生活,点亮他们心中的梦想;学前教育学院开展了自闭症儿童康复帮扶特色支教活动,将支教活动与医学治疗结合,创设出游戏化的艺术课程,利用独特的形式对自闭症患儿进行有效的干预;音乐学院支教团走进十里河星河双语打工子弟学校,让舞蹈零

基础的孩子们最终捧起了CCTV“舞蹈世界”五彩缤纷夏令营栏目的一等奖，支教团的同学们被誉为“天使一样的老师”。

三是坚持扶贫先扶智，发挥学校教育优势，积极为教育资源薄弱地区提供教育决策服务。“真学习真实践”研究生暑期社会实践工程10年间奔赴了20余个省市，完成了四川灾区教育重建、一线教育教学、新农村教育信息化建设等30个项目，形成特色调研报告150余篇，得到社会广泛好评。同时，研究生将社会调研转化为学术成果，有效提升了研究能力和问题解决能力。

三、多维度完善保障体系，建立支教长效机制

我校近三十年的支教育人工程，之所以能够持之以恒，历久弥新，源于师生的共同坚守与奉献，更植根于学校长效机制建设与不断完善的组织保障体系。

是统筹协调，三级联动。我校明确了学校、院系、师生三级支教育人主体责任，层层推动落实，保障了支教育人实践既有顶层设计又能落地生根。学校党委统一领导，制定支教育人实践主题及总体方案；学院层面，细化特色支教育人方案，并对不同学生群体予以分类指导；师生层面，以党支部、团支部、班集体、社团、宿舍、实验室、个人等多元主体形式开展实践，最大程度地激发和调动了师生的主体地位和作用。近年来，从党支部、班集体和社团中涌现了一批批我校乃至社会上知名的支教品牌，包括20年坚持自发自主自费进行支教的晨曦社、从英文系拓展到全校的盲校支教团等。

二是项目推动，协同育人。学校依托课题立项对实践活动进行项目化管理，每年开展立项申请、中期检查和结题总结，不断加强对实践活动的指导、管理和监督，每年投入100万元用于大学生社会实践工作，为支教活动开展提供了充足的经费保障，有效推动了支教工作的规划化建设；同时，学校建立了实践育人的大工作格局，学工部门与教务部门、马克思主义学院协同配合，依托第一课堂开展对学生的教育教学训练和调研指导，并在实践活动中吸收专业教师和思政课教师队伍进行指导，极大地提升了支教的质量，形成了我校全员参与支教育人工作的良好氛围。

三是加强宣传，示范引领。学校、学院定期举办支教项目总结交流会、事迹报告会、优秀志愿者表彰会，通过专题刊物《青春无悔，放牧草原》《首师青年》《曦望》以及校报、网站、微信等媒体全面宣传支教典型人物和先进事迹，营造了良好的支教服务氛围。

四、聚焦学生成长成才，支教育人成效显著

从1988年我校支教队开启部三喜烈士子女支教之旅，到晨曦社、"同在蓝天下"支教团和"真学习真实践"研究生支教工程等，在近30年的支教育人之路上，首都师范大学的师生走遍了祖国20余个省市，累计服务学生4万余名。支教，就是要把优质教育送到最需要的地方去，就是要把温暖带给那些最需要关爱的人。支教师生们用爱心、智慧与行动成就了最美的人生经历，谱就了首都师大源远流长的支教育人文化，更彰显了大学的社会责任担当。

在首都师大的师德文化中，不仅有自称"教书匠"、最想被唤为"老师"、几十年坚守三尺讲台的我国著名学者、书法家、教育家欧阳中石先生；也有主动放弃条件优越地区，深入内蒙、云南、新疆等贫困地区，"用一年不长的时间，做一件终身难忘的事"的研究生支教团；还有在冬天窗户没有玻璃、只能睡在乒乓球台、课桌或地上的、陪伴留守儿童的晨曦社社员们。传承是最崇高的致敬，"支教"已经成为首师校园文化不可割舍的重要组成部分，支教人是师生心目中最美的人。

在育人育己的支教人生引航之旅中，大学生对教师职业和教育事业的执著热爱进一步升华，伴随而生的是做"四有好老师"的强烈价值认同感与时代责任感，这深刻影响了大学生的职业选择和人生规划。近三年来，学校毕业生中选择教师职业的超过4200人，其中选择服务边远地区和基层一线的同学占全体毕业生的30%。已经毕业的研究生支教团团员，有一半选择了教师职业，一些同学更是放弃高薪职业，无怨无悔地选择到基层中小学做一名普通人民教师，他们的事迹感染和激励着校园里的每一个人。

我校支教实践育人工作也得到了社会的高度认可，活动多次获得各类奖励并被一线媒体报道。其中，"同在蓝天下"党员支教工程获得了北京市优秀基层党建工作创新二等奖、首都高校"身边雷锋——最美北京人"等多项荣誉；光明日报等媒体对我校"真学习真实践"研究生暑期社会实践工程进行过320余次的报道；晨曦研究生支教团荣获团中央、光明日报共同评选的"2015镜头中的最美支教团"荣誉称号。2009年，习近平总书记到我校调研指导工作时，充分肯定了我校教师

教育和为首都基础教育服务所做出的重要贡献,并对同学们“真学、真信、真实践”、坚持理论与实践相结合给予高度评价,师生备受鼓舞,这也激励着首都师大人传承“为学为师、求实求新”的校训精神,为首都和国家教育改革发展做出新的更大的奉献。

21　借力微信服务新平台，打造指尖育人新文化

——福建医科大学创新校园文化载体初探

近年来，微信已成为广大青年沟通、交流、联络和聚集的新方式，这为高校服务广大青年学生、促进校园文化传播提供了新的途径。习近平总书记在全国高校思想政治工作会议上强调，高校要更加注重以文化人以文育人，要运用新媒体新技术使工作活起来，推动思想政治工作传统优势同信息技术高度融合。福建医科大学团委在借力微信新平台，拓展服务学生新途径上做了有益尝试，取得了很好效果。官方微信公众平台正式运营2年多以来，用户量已达到2.3万人，占在校生总数85%以上，构建起团组织与广大青年学生之间扁平化、快捷化、精准化的互动平台，拓宽了校园文化传播的渠道，有效地发挥了服务育人功能，增强了团组织对青年学生的吸引力、凝聚力和影响力，构建起指尖上的校园文化。中国青年报以“福建医大：应用微信全方位服务学生”为题进行了报道，校团委负责同志应团中央机关党委之邀，就我校利用微信平台开展网络文化育人工作的体会在团中央机关年轻干部交流会上作工作交流。

一、创新理念抓定位，形成微信服务育人的新格局

一是以市场化思维做微信服务平台的建设思路。围绕愉悦的操作体验（路径）、阅读体验（内容）、观感体验（界面）等三个方面提出打造用户立体化愉悦体验的产品质量标准。

二是以“服务、凝聚、引领”作为微信服务平台的价值定位。微信服务平台的内容甄选必须体现“服务需求，凝聚人心，引领成长”的价值定位。

三是以“吸收与引领并举，在服务中吸引、在吸收中引领”的微信服务平台建

设推进策略。即前期的重点方向用在打造微信服务平台的吸引力上，在形成用户依赖和粘性中，实现微信服务平台的引领功能。

二、具体做法

（一）优化内容抓服务，推进微信文化育人的新水平

精心设置“微首页”和栏目。及时听取学生群体意见，以最优用户体验为目标，经过反复修改完善，形成具有自定义菜单、功能强大的订阅号主页面，形成独立的“轻型 APP”。同时，选用专业的第三方微信管理工具“微小信”，设计具有独特校园特色、简洁大方、青春时尚的“微首页”。微首页设置了六大功能模块：“微信报”“雷锋岗 OL”“微生活”“妙趣盒”“福医 V 社区”及“就业微讯”。其中“微观福医”微信报满足用户对校园资讯的内容需求，“就业微讯”，权威发布经官方审核的招聘信息，第一时间更新，满足高年级学生的就业需求；“雷锋岗 OL”和“福医 V 社区”满足用户发声反馈的互动需求；“微生活”和“妙趣盒”聚集各类学习、生活、娱乐的功能性神器，满足用户的便民服务需求。

认真规划出品高质量的《微观福医》时尚微信报。在栏目设置上兼具“权威性、引领性、娱乐性、互动性、前瞻性”，通过“第医视线”“先睹为快”“全城扫描”等栏目展现校园新鲜事，社会新焦点，医学新进展；通过“乐享生活”“青年加油”“伊言 in 语”等栏目寓教于“微”，熏陶正确的价值取向，引导文明的行为规范，培养科学的生活方式；通过“为你悦读微电台”“微娱乐”“神推荐”“小编说”等栏目满足青年学生的娱乐心理，打造更佳用户粘性。“以微视距观微校园、以微方式感微生活、以微动态传微能量”，期望每期微信报都能给每个观众“私人定制”般的“微体验”。

创造性开发集服务性、实用性、便民性的新“神器”。平台开发了“空教室查询”“个人课表查询”“图书信息查询”“图书一键续借”“等级考试查询”“一键获取成绩单”“失物招领”等近 10 项新功能，广受学生好评。其中“空教室查询”使用突破 40000 人次，“一键获取成绩单”功能使用突破 30000 人次，有效便捷地满足了学生对教务信息、图书借阅、生活查询的各类需求，提高了用户粘性。

微信语言风格突出青春元素。在微信报编制上采用青年易于接受、活泼、亲近的语言风格。选取青年关注关心的内容，使青年学生认同和接受微信公众平台

推送的校园资讯。同时,结合各大时点事件,以“小伊发布”为专题,制作了“红动福医——十八届三中全会解读”“小伊话党史”“母亲节之我让母爱上头条”“核心价值观——一站到底微信竞赛”等专题,推出“校徽带你游医大”“校园女生以柔软身姿劈腿展现对母校的热爱”“玩转医大学院朋友圈”“老师神助攻,期末不蓝瘦”等作品,将红色元素融入时尚的微信报上,起到了较好的引领作用。

(二)健全组织抓队伍,完善微信文化育人的组织体系

加强精干队伍建设。学校微信服务平台运营由团委青年宣传中心新媒体部负责,根据平台运营和发展的实际需要,设置了微报编辑组,负责微信报等文字编辑工作;创意美工组,负责图片处理,界面设计,插画绘制;项目研发组,负责新功能、项目研发,活动规划;综合运营组,负责内容发布,后台管理,数据监督,意见反馈,对外合作,财务管理,V-LIFE 俱乐部各类线上线下活动。

强化专业技能培训。作为医学专业院校,网络技术实力是微信团队的短板,学校邀请外校的网络技术达人、微信运营专家为微信团队做有关 Dreamweaver、Flash 等软件的专题培训讲座,以提高团队软实力。

(三)创新载体抓文化,构建线上线下互通的联系模式

一是成立“V-LIFE 俱乐部”,“两线”贯通。V-LIFE 即微生活,它是贯通微信线上与线下的桥梁。学校从青年学生的实际需要出发,陆续举办了多期丰富多彩的线上线下活动,如四六级/公务员/考研讲座、《医大讲坛》学术访谈、节日创意派对、微祝福征集等,通过线上发布信息,通过线下吸引更多关注。此外,学校还与大学城地区数十家商户签约,为持有学校微信服务平台 V-LIFE 电子会员卡的同学提供超值优惠,切实为同学们的需求服务。线上线下联动并进,激发同学的参与热情,提高微信的影响力。

二是打造富有亲和力的平台动漫形象“代言人”。以医学院校常见的小白鼠为动漫原型,取“医”字的谐音“伊”字,设计了“福小伊”拟人化动漫形象,并绘制一系列符合当下青年人审美观的造型,从“外包装”上打动青年学生。同时,注重提高这一品牌形象的“出镜率”,探索设计制作“福小伊”聊天表情、输入法皮肤、书签贺卡等周边产品,逐步形成新媒体产品的文化产业链,创造独特的微信文化。

三、工作成效和经验特色

我校微信平台自开通以来，把握青年学生多样化的网络需求，针对他们最关心、最迫切的现实需求，创新服务形式，积极为青年的生活、学习、成长提供多种形式的服务，把教育引导和便民服务结合起来，受到同学们的热烈欢迎。平台目前累计用户达2.3万多人，日均便民查询功能使用量达500余次，推送《微信报》200余期。平台这一贴近青年的便民服务新做法受到中国青年报、福建日报、东南快报、福建教育电视台、中青在线、东南网等多家主流媒体的深度报道。

拓展了微时代高校思想政治教育工作新阵地。微信作为新兴媒体，已发展成为青年学生获取信息、沟通、聚集的重要方式，面对“无人不微信”的现实，传统的思想教育方式和平台已经不再适应时代的发展，微信成为了解青年学生思想的重要窗口。通过微信公众平台，加强内容建设，讲究传播艺术，推动思想政治工作同信息技术高度融合，提供丰富、有趣、时尚的资讯内容、以活泼的创新形式，将社会主义核心价值观的培育融入青年学生喜闻乐见的微信活动和功能当中，化被动接受为主动关注，对大学生微信用户产生潜移默化地正面引导，有效地增强了校园文化的吸引力、感染力，提高了文化育人的有效性，不断增强了思想政治工作的活力和实效。

提升了微时代服务青年学生成长成才的新水平。微信平台以师生在校园生活中教务、生活、娱乐的需求为出发点，探索服务学生的新路径，开发各类查询功能神器，极大提高了校园服务的有效性。以点对点形式定向推送，信息发布更有针对性、更精准有效，通过针对特定群体定向提供服务信息、回复咨询等，进一步提升了服务水平。

构建了微时代积极向上的校园文化新形态。微信多元化的应用方式被思维活跃、乐于表现、视野广阔的新时期大学生所接受。我校微信平台积极创新服务方式，充分挖掘传播校园优秀文化，积极提升校园官方微信的品牌效应，提高校园官方微信的影响力，通过微信承载宣传校园品牌文化活动，积极引导校园文化舆论。逐步形成以服务型官方微信为依托的校园文化新形态，积极引导青年学生形成健康的人生观、正确的价值观和积极的生活观。

22　依托红微课堂，让红色精神永放光芒

——百色学院红微课堂建设的做法和经验①

百色学院围绕立德树人目标体系，在学校办学定位中，突出“以百色精神办学育人”，将“百色起义精神”为主要内容的红色文化融入人才全过程，依托红色经典微型课堂，培育以“红色”为底色、符合时代要求、特色鲜明的大学精神，培养具有老区大学红色特质的德智体美全面发展的高素质应用型人才。

一、目标和思路——激活红色基因，培养具有百色精神特质的人才

百色学院充分利用和挖掘红色文化资源，以红微课堂为依托，以课程教学为主渠道，创新红微实践课堂路径，把课堂教学与红色资源的挖掘利用结合起来，以共产主义理想信念教育为核心，以革命传统教育为主要内容，以“红色”主题教育活动为抓手，开展“红色”校园文化建设，激活红色基因，传承百色革命精神。工作思路如下：

第一，开设系列“红色经典微型选修课”；

第二，创新系列主题红微实践课堂；

第三，开展红色研究，阐释红色文化内涵。

二、做法与过程——以红微课堂为抓手，创新教学与实践路径，促进革命精神内化于心，外化于行

(一)以红微课程教学为主渠道，陶冶情感传承革命情怀

学校充分挖掘和利用得天独厚的红色文化资源，从2012年秋季开始，以百色

① 2016年广西大学生思想政治教育推进工程高校校园文化建设示范项目成果。

市及其周边红色文化资源为主要开发内容，面向全校学生开设了“百色起义精神与红色文化传承”为主题的特色校本课程——系列“红色经典微型选修课”。

学校对学生选修“红微课”作了明确具体的规定：将“红微课”列为学生的选修课，每个学期开设 15 ~20 门，每门课程 0. 5 个学分，10 个学时，每位学生必须选修完成 1 个学分(2 门课)方可毕业。截至 2016 年秋季，红微课程已经达 63 门，选修课程的学生已达 28327 人。通过课堂教学，师生感悟百色起义革命精神内涵，传承革命先烈坚定理想信念和爱国爱党情怀。

(二)拓展红微实践课堂，提升能力增长才干

为了发挥红微课堂在传承百色起义精神中的作用，百色学院立足百色红色文化资源，开展以“传承、激活”为主旨的红微实践课堂。

1. 参观考察，穿越时空，体验革命先烈的爱国爱党情怀。以“重走红军路”为主题，组织师生参观百色起义纪念馆、红七军兵工厂旧址、走小平道等，以强烈的时空感受，激发师生爱国爱党情感。

2. “红色五个一”主题活动，褒扬革命先烈，传承爱国爱党情怀。为了营造红色革命精神教育氛围，传承爱国爱党情怀，百色学院在开设一系列红微课程的基础上，每年开展“唱一首红歌、讲一个红故事、舞一个红舞蹈、走一段红军路、演一个红色小品”的红色经典文化艺术节活动。通过舞台艺术效果，展示革命先烈的英雄主义情怀，传承革命精神。

3. 自觉服务社会，弘扬为国为民情怀。2013 年以来，学院每年都组织师生开展“弘扬百色精神，传承红色基因”为主题的理论宣讲、法律服务、扶贫服务等社会实践活动，弘扬为国为民情怀，增强师生的责任和担当意识。

(三)抓科研促教学，红色精神与时俱进

1. 依托广西马克思主义理论研究和建设工程百色学院研究基地、老区精神和老少边地区发展研究中心，开展百色起义与邓小平理论研究。2007 年以来，研究人员主持红色文化研究的项目有 45 项，其中，国家社科基金项目 5 项、省部级项目 6 项、厅级项目 14 项。出版了《百色起义与邓小平理论研究丛书》(13 本)《百色起义光照千秋》等一批红色文化研究书籍，并将研究成果转化为红微课程资源。

2. 依托全国红色经典艺术教育示范基地，挖掘红色文化元素，创作以百色起义为主题的组歌——《百色起义组歌》，在校内外举办“讲百色故事·唱红军经

典”音乐会，以艺术形式，阐释、传播红色精神内涵。

3. 依托“红城大讲台”、“红城学术沙龙”等平台，开展红色文化传承与弘扬的研究成果宣讲。

三、收获和成效——红微课堂成为传承弘扬红色精神的平台，强化了师生爱国爱党情怀

（一）学生“三爱”品质逐步形成，“红色”特质人才培养效果显著

1. 学生的理想信念和爱国爱党情感得到强化。近三年，在校学生中有近50%的学生参加业余党校学习，近30%的学生向党组织递交入党申请书。

2. 学生责任和担当意识增强，积极参与扶贫工作。每年学生踊跃参加暑期“三下乡”社会实践活动，开展科技、支教等服务活动。2016年，共有近200名学生报名参加扶贫工作调研志愿者，到德保县各乡镇开展扶贫验收调研工作。

3. 学生专业思想牢固，综合素质明显提高。2010年至2016共有300多名学生被区内外高校录取为硕士研究生，其中60多人被“985工程”或“211工程”高校录取。近二年，学生中共有2323人次学生获得2059个国家级和省部级学科竞赛奖项，其中，参加全国大学生数学建模大赛获省级以上奖励102人次，参加全国大学生电子设计大赛获省级以上奖励111人次，参加全国大学生广告艺术大赛获省级以上奖励132人次。

4. 毕业生就业率和就业质量明显提高。近3年来，我校毕业生一次就业率在90%以上，在区内同类高校中名列前茅，因此连续四年获得自治区高校就业工作先进单位。同时，学生就业岗位和专业对口率逐年增加，就业质量明显提高。

近几年来，百色学院培养的学生以其特有的“艰苦奋斗、求真务实、吃苦耐劳、业务精良”的特质，受到用人单位的肯定，成长为百色市内外党政部门、教育部门、企业单位等部门、行业的领导和骨干。

（二）红微课堂得到好评，成果获奖并得到推广

1. 红微课堂系列实践活动得到上级部门肯定。“弘扬百色精神，传承红色基因”体验宣讲团队被评为2016年全国大中专学生志愿暑期文化科技卫生“三下乡”社会实践活动全国性理论普及宣讲团重点团队；“访红军村，传红军精神”团队被评为自治区级理论普及宣讲团。

2. 红微课堂教学成果获奖和推广。以“红微课堂”主题活动为主要内容的教育创新实践案例——“实施‘六个一工程’,培育‘三得’应用型人才”获“第三届全国教育改革创新优秀奖”(2013 年);“高校思想政治理论课基于问题导向的微教学模式研究”入选 2014 年广西高校思想政治理论课教学方法改革项目“择优推广计划”和“2015 年广西高校基层思想政治工作优秀案例”。

(三)红微课堂成为全区开展红色文化教育和传承的平台

近两年来,百色学院连续承办由广西区团委主办的广西优秀青年学生主实践教育活动,开展“传承革命精神”专题教育活动,红微课堂成为广西高校大学生进行革命传统教育的平台。2016 年,先后承担了广西司法行政戒毒系统培训班、全区民营医疗机构党务工作者示范培训班、百色市地税系统干部等教育培训工作,选取了部分红微课进行专题的课堂和实践教学。

(四)初步构建了加强和改进思想政治教育的创新体系

1. 红微课堂进一步拓展了思想政治理论课教学内容,为学生开发和提供了自主选择的“红微课程”,进一步完善了思想政治理论课课程体系。

2. 以红色文化研究促进思想政治教育学科建设,形成以马克思主义理论学科为引领、相关学科为补充的思想政治理论课支撑体系。

3. 进一步创新红微课堂教学方式、方法和模式。红微课堂采取了理论讲授、故事说课、情景模拟、主题活动、专题讲座(报告)、现场教学、社会实践等多种教学方法和模式,培育更富实效的思想政治教育课堂教学体系。

4. 依托红微课堂,动员了党办、校办、党委宣传部、教务处、马克思主义学院、学工部(处)、团委及各二级学院参与其中,在全校形成了大学生思想政治教育工作合力,实现全员育人的目标。

四、经验和体会——顶层设计,协同联动,全员育人

(一)顶层设计是红微课堂得以推进的关键

红微课堂的实施是红色文化校园的内容要求,百色学院从学校层面制定了相关政策,推动红微课程的建设。以思想政治教育工作问题为导向,制定了一系列的红微课堂实施方案,提供了相应的物质保障。近年来,学校的红色校园文化建设上的专项预算资金近 100 万元,用于红微课程建设近 20 万元,用于红色文化研

究的科研经费(含配套)100 多万元。可以说,没有一系列的顶层设计及学校层面的推进,红微课堂是无法实施的。

(二)协同联动是红微课堂得以实施的基础

红微课堂是在学校党委行政的领导下,由党办、校办、宣传部、教务处、学工部(处)、团委、马克思主义学院等部门主导,各二级学院共同实施的全校性工作,形成了多部门协同参与、联动推进的格局。

(三)全员育人是红微课堂取得实效的路径选择

立德树人是高校的根本任务,需要学校各单位及其教职工围绕这一根本任务,实行全面动员,教书育人。动员全校教职工开展红色系列主题教育活动、传承弘扬红色精神,是红微课堂实效性实现的路径选择。

总之,百色学院围绕立德树人的根本任务,以红微课堂为平台,开展红微课程教学,拓展实践课堂,以科研促教学,激活红色基因,做了有益的探索,摸索出新经验,对今后学校的红色文化传承与弘扬、培育又红又专的人才具有重要意义。

弘扬传统文化　绽放华夏意蕴

中华优秀传统文化是中华民族最深沉的精神追求、最根本的精神基因、最深厚的文化软实力，是我们在世界文化激荡中站稳脚跟的根基。高校作为传承、传播传统文化的重要场所，承载着为党和国家培养优秀人才的重要使命。高校校园文化建设必须重视中华优秀传统文化的育人价值，用优秀的传统文化教育学生，着力培养学生树立仁爱共济、立己达人的社会责任感，深化学生正心笃志、崇德弘毅的人格修养，促进大学生坚定中国特色社会主义道路自信、理论自信、制度自信、文化自信。

湖南第一师范学院为了提高师范生的培养质量，学校历时十年打造"红色高地"，开展校园文化建设。一方面，保护和挖掘以"伟人精神"为代表的红色文化资源，营造浓厚且具有学校特色的校园文化氛围，提高学校红色文化的影响力。另一方面，发挥红色文化的育人作用，培育师范生"热爱教师职业，坚守教育事业"的核心价值观，培养"下得去、留得住、干得好"的优秀农村小学教师。学校的"红色高地"分为"红色文化研究、红色文化活动、红色文化宣传、红色文化教育"四大片区，形成"高起点、重内涵、全参与、显成效"的建设格局。

北京语言大学结合校情，学校确定了大学生社会主义核心价值观教育基本思路就是中华优秀传统文化的涵养和国际传播，具体就是以"弘扬君子文化"为主题，把"培养文化自信"作为校园文化建设的核心内容，构建"君子文化"的培育和国际传播四大方阵教育平台，即中华优秀传统文化的习得、体验和践行和国际传播方阵，中华优秀传统美德的四风培育方阵（校风、学风、班风、舍风）、中华传统文化的课程建设方阵和中国传统文化的学术研究方阵，积极推进社会主义核心价值观的践行，培养更多具有"现代君子风范"的国际化复合型人才。

福建师范大学立足专业特色，发挥专业优势，认真汲取中华优秀传统文化的思想精华和道德精髓,深入挖掘和阐发中华优秀传统文化内涵,以立德树人为根本,以弘扬爱国主义精神为核心,以家国情怀教育、社会关爱教育和人格修养教育为重点。学校奏响了中华传统优秀文化教育的三部曲“感悟·表达·践行”,同时开展优秀传统文化的三项“辐射”行动:文化立项走出校园、文化传播走向两岸和文化宣传走上网络,进一步强化了青年大学生的道德品质培育、理想人格和政治素养的提升,增进了学生的文化自信,引领学生做中华文化的笃信者、传承者、躬行者。

南京农业大学18年来,依托学校国家大学生文化素质教育基地和中华农业文明研究院开展诗书画文化育人探索与实践,将“知农、爱农、学农、兴农”主题融入全校师生研习和推广诗书画艺术过程中。学校先后出版《咏农诗词三百首》《一勺吟》《单人耘诗书画集》和《中国历代咏农诗选》,建成单人耘诗书画展览室。广大师生员工可以近距离欣赏、学习、传承中国艺术,感受传统文化魅力,激励师生自觉甘当学农兴农先锋,为校园文化建设增添了新活力,成效显著,取得广泛社会影响。

武汉理工大学自2006年开始,连续十一年举办“楚风鸣兮”端午诗赛,鼓励广大师生和校友广泛参与,提高学生对中华优秀传统文化的自主学习和探究能力,培养学生的文化创新意识,将弘扬传统文化与培育践行社会主义核心价值观紧密结合。诗赛累计参与人数超过10万人次,征集稿件4358篇,评选出优秀作品271篇,已出版《“楚风鸣兮”端午诗赛优秀作品汇编》。同时,学校还举办的诵读经典晚会,“以诗会友”,传承和弘扬中华优秀传统文化,为学生搭建了文化交流思想碰撞平台,促进了社会主义核心价值观入脑、入心、入魂。

云南师范大学以鲲鹏历史话剧社为平台,依托我校历史学专业的独特优势,自编、自导、自演历史话剧。话剧社成立13年来,先后公演了《荆轲刺秦》《追梦联大》《未央歌》《辛亥中华魂》等19部大型历史话剧。学校在2015年根据鹿桥先生同名小说作品《未央歌》改编成为话剧,讲述了西南联大学生勇赴国难、不惧牺牲、投笔从戎的故事,让同学们以更生动、直观的形式感受历史的沉淀,弘扬爱国主义精神,传承优秀的时代精神,用鲜活的形式培养当代大学生对社会主义核心价值观的认同。展演深受学生们的喜爱,获得巨大成功。

10年来,南京晓庄学院师生接力弘扬雨花英烈革命精神,开展了常态化、长效性的红色文化志愿服务,形成了政府支持、学校组织、专家指导、大学生参与为主体、无限受益面的“红色讲解—志愿寻访—文化传承”的实践育人模式。

23 伟人精神铸品牌，红色文化助梦想

——湖南第一师范学院打造“红色高地”培育师范生核心价值观

“国家之盛衰视人才，人才之消长视教育，教育之良窳视师范。师范者，教育之教育，固陶铸国民之模范，造就青年中国之渊泉也。”我校作为享有“千年学府，百年师范”美誉的师范院校，矢志不渝地坚持“培养小学教师，培训小学教师，研究小学教育”，师范生已占在校生总数的77.9%，成为湖南培养优秀小学教师的主要高校。

2006年，湖南在全国率先恢复免费师范教育，我校担负起为农村小学免费定向培养优秀教师的历史重任。2010年，湖南为促进城乡义务教育均衡发展和教育公平，创新农村小学教师培养补充机制，启动了“初中起点六年制本科层次农村小学教师定向培养计划”，该计划被列为国家教育体制改革试点项目，一师成为这一重大创举的唯一承担单位。

如今，“95后”学生已成为师范生的主要群体，他们的思想更加开放、价值观更加多元、扎根农村教育事业的信念亟待培育和加强。为了提高师范生的培养质量，提升教师职业认同感，增强教师职业情意，学校自觉传承和大力弘扬一师特有的伟大革命传统和优良教育传统，积极营造红色校园文化，构筑校园“红色高地”，以红色文化滋养师范生的社会主义核心价值观，助推师范生成长成才，追寻教育梦想。通过把社会主义核心价值观融入学校思想政治工作全过程和教育教学活动各环节，引导广大学生树立正确的世界观、人生观、价值观，取得显著成效。师范生“热爱教师职业，坚守教育事业”的核心价值观得到有效培育，为培养“下得去、留得住、干得好”的优秀农村小学教师奠定了思想基础。2015年，《百年师范 崇德育人——湖南第一师范学院践行社会主义核心价值观实录》由中国文史出版

社出版并被教育部收入《高校德育成果文库》;学校"打造'红色高地'培育师范生核心价值观的实践"获评全国第九届高校校园文化建设优秀成果特等奖。2017年,中央媒体采访团集中来校采访公费师范生培养成效,人民日报、光明日报、人民网等多家媒体进行了专题报道。

一、理念思路

培育和践行社会主义核心价值观必须坚持理论联系实际,摒弃空洞的说教,增强教育过程的亲和力,融入学生的学习、生活和职业发展,才能确保实效性。"红色高地"既是文化高地、思想高地,更是育人高地。为了落实党的十八届六中全会、全国高校思想政治工作会议精神,扎实、有效推进高校思想政治工作,学校党委紧扣师范生特点,强化顶层设计,统筹各方力量打造"红色高地",充分挖掘和利用一师独特的红色文化资源,将社会主义核心价值观培育融入红色文化研究、红色文化活动、红色文化宣传、红色文化教育四大版块。全校各部门和单位根据自身职能职责,贯彻落实学校部署,形成"高起点、重内涵、全参与、显成效"的全员育人格局。在保护和传承以"伟人精神"为代表的红色文化的同时,充分发挥红色文化的育人功能,培育师范生"热爱教师职业,坚守教育事业"的核心价值观,实现了社会主义核心价值观教育"入脑、入心、见行、见效"。

二、具体做法

(一)深入挖掘,筑牢红色"补给线",实现教育"入脑"

我校是毛泽东等众多老一辈无产阶级革命家的母校,红色文化资源丰富,红色历史传统厚重。学校积极开展红色文化和革命文化研究,大量研究成果为培育和践行社会主义核心价值观提供了精神补给,众多富有亲和力的学生社团以正能量推进了社会主义核心价值观教育"入脑"。学校为毛泽东思想研究、大学生思想道德素质提升工程实施设立了专项基金,建成了湖南省青年毛泽东研究基地、湖南省中国特色社会主义理论体系研究中心湖南第一师范基地、湖南省毛泽东诗词外译研究基地等研究机构,深入挖掘"伟人精神"蕴含的丰富育人基因,大力弘扬"要做人民的先生,先做人民的学生"的校训和"实事求是,不自以为是"的校风,出版了《毛泽东教育研究丛书》《毛泽东尊师风范》《青年毛泽东价值观研究》等一批富有育人功效的研究成果,为学校开展社会主义核心价值观教育提供了丰富的资源支撑。同时,学校组织成立了众多学生社团,调动了学生自学自育、互教互育、共同成长的积极性、主动性。“学习毛泽东协会”自2010年创立以来,开展了“毛泽东读书生活漫谈”等各类学术活动百余场,编写《子任》等学会研究成果数十本,使学习和传承毛泽东思想在校园中长盛不衰,先后被评为湖南省高校最受欢迎“十佳”学生社团、全国百佳大学生理论学习社团。“红色学坛”被评为全国十佳大学生社团,“国学会”被评为湖南省优秀大学生社团,“守望支教社”被评为湖南省高校最受欢迎“十佳”社团。

(二)构筑阵地,抢占红色“制高点”,促进教育“入心”

学校积极构筑红色文化阵地,通过创作文艺作品、创建网络阵地、浓郁文化氛围等方式开展红色文化宣传,促进了社会主义核心价值观教育“入心”。

创作红色文艺作品。学校创作了大量红色文艺作品,其中,生动反映“伟人精神”薪火相传的舞蹈《八班教室》获中国舞蹈“荷花奖”金奖,歌颂师范生坚守农村教育的音乐剧《守望》获全国第四届大学生艺术展演二等奖,再现革命先烈杨开慧事迹的音诗画作品《忠魂舞》获中共湖南省委宣传部、湖南省文化厅颁发的金奖和省总工会颁发的一等奖并参加2016年“欢乐潇湘”庆祝新中国成立67周年全省群众文艺汇演优秀节目展演。

创建红色网络阵地。学校创新宣传方式,相继开辟了纪念毛泽东诞辰专题网站、思想政治教育专题网站、“中国梦”主题教育活动专栏;充分利用QQ群、微博、微信等新媒体传播手段开展思想政治教育;在校园广场树立了大型彩色高清LED显示屏,每天定时播放中央台的新闻联播;“一师青年”网络新媒体关注人数逐年上升,影响力不断扩大,成为师范生接受社会主义核心价值观教育的新平台。

浓郁红色文化氛围。学校经常举办“湖湘大学堂·名家讲坛”“湖湘大学堂主题讲座”“校友先进事迹报告会”“优秀毕业生经验分享会”等宣讲活动,邀请名师名家、杰出校友宣讲红色文化。“毛泽东与第一师范纪念馆”学生志愿讲解队数十年坚持开展志愿讲解服务,每年接待游客1000余批、累计75万人次,受到社会各界好评。

(三)丰富活动,拓展红色“大舞台”,推动教育“见行”

学校成立了校园文化建设领导小组,先后制定了校园文化建设“十二五”“十三五”规划，围绕培育和践行社会主义核心价值观，大力推进校园文化建设，广泛组织发动学生开展丰富多彩、健康向上的红色文化活动，推动社会主义价值观教育“见行”，形成了一批校园经典红色品牌：坚持每年举行纪念毛泽东诞辰仪式，弘扬“伟人精神”；连续举办了六届“中华经典诵读大赛”，“国学会”荣获第五届全国中华文化经典诵读活动“先进集体”称号；坚持开展“学雷锋志愿服务活动”，“伟人人格魅力在高校志愿服务实践中的传承与运用——以毛泽东母校学雷锋活动为例”被确定为湖南省高校大学生思想政治教育特色建设项目并以优秀等级通过验收；坚持每年举办的“理想·信念”班级合唱朗诵大赛成为展现六年制公费师范生精神风貌和综合素养的闪亮品牌。学校还在“红军长征胜利80周年”“中国人民抗日战争胜利70周年”“中国共产党成立95周年”“九一八事变”等重要纪念日举行红色主题活动，充分发挥其育人功效。“红色经典视野下的校园文化活动——湖南第一师范学院红色文化建设”被确定为全省高校校园文化建设示范项目。

（四）以生为本，创立红色“大课堂”，确保教育“见效”

学校紧扣师范生特点，从红色文化中凝练出“青春、诚信、担当、友爱、尊师、重教”等主题，广泛开展由学生主导的主题月活动。充分发挥学校旧址作为“全国爱国主义教育示范基地”“全国红色旅游经典景区”的特殊优势，组织全体新生参观毛泽东与第一师范纪念馆，把观看《恰同学少年》列入新生入学教育必修课程，聘请校史研究专家讲课，以革命先烈和杰出校友的光辉事迹教育引导学生，接受我校光荣革命传统和优良教育传统的洗礼。“思想道德修养与法律基础”课程将社会主义价值观教育融入课堂，以曲艺式教学寓教于乐，以文艺演出的形式进行教学成果展示，有效地激发了学生学习的主动性和积极性。中央电视台、中国教育报、湖南日报、湖南卫视等多家媒体对我校开展的革命传统教育进行了大量报道，在社会上产生了良好反响。

三、经验亮点

学校针对师范生职业特点，紧扣师范生培养目标，将价值观教育与职业观引导紧密结合，通过挖掘学校文化资源，开展校园文化建设，将文化资源转化为价值观教育的生动教材，从而充分发挥校园文化的育人功效。通过校园文化建设，学生思想政治素质不断提升、责任意识不断增强、职业信念更加坚定、学校办学影响不断扩大。这不仅对全国178所师范院校开展思想政治教育,培养具有社会主义核心价值观的优秀教师具有广泛推广价值,而且对改进高校思想政治教育具有明显的参考借鉴价值。

重视顶层设计。校园文化建设是一项系统工程,必须注重顶层设计,挖掘各种资源,协同各方力量,落地落实落细。

丰富教育资源。要充分挖掘学校传统文化资源,将其融入社会主义核心价值观教育实践,形成浓郁的校园文化育人环境,在润物无声中使社会主义核心价值观入脑入心。

创新工作方式。要使红色文化入脑入心,工作方式必须与时俱进,营造良好的全方位育人氛围。特别是要主动占领网络阵地,清朗网络空间,通过新媒体拉近与学生的距离,使教育过程真正做到"接地气"。

服务学生成长。要将校园文化建设与学生综合素养、学习生活、职业规划、身心健康成长相结合,激发学生的主动性和积极性,增强学生的参与感和获得感,使学生在教育过程中成长成才。

24 君子文化的培育和国际传播

——北京语言大学弘扬传统文化新探索

习近平总书记在党的十八届四中全会召开前，主持文艺工作座谈会上发表重要讲话中指出：“中华优秀传统文化是中华民族的精神命脉，是涵养社会主义核心价值观的重要源泉，也是我们在世界文化激荡中站稳脚跟的坚实根基。”因此认真汲取中华民族优秀传统文化的思想精华和道德精髓，深入挖掘和阐发中华民族优秀传统文化讲仁爱、重民本、守诚信、崇正义、尚和合、求大同的时代价值，使中华民族优秀传统文化成为涵养社会主义核心价值观的重要源泉具有重要意义。

北京语言大学是一所以对来华留学生进行汉语和中华文化教育为主要任务的国际型大学，170 多个国家和地区的留学生在这里与中国学生共同学习。因此，北京语言大学结合校情确定了大学生社会主义核心价值观教育基本思路就是中华优秀传统文化的涵养和国际传播，具体就是以“弘扬君子文化”为主题，把“培养文化自信”作为校园文化建设的核心内容。

一、主要经验和做法

以“君子文化”的培育和国际传播四大方阵为平台，即中华优秀传统文化的习得、体验和践行和国际传播方阵，中华优秀传统美德的四风培育方阵（校风、学风、班风、舍风）、中华传统文化的课程建设方阵和中国传统文化的学术研究方阵，积极推进社会主义核心价值观的践行，学校不断深化和拓展君子文化国际传播的内容和形式，利用互联网搭建丰富、便捷的君子文化濡染习得和国际传播平台，培养更多具有“现代君子风范”的国际化复合型人才。

（一）中华优秀传统文化的习得、体验和践行和国际传播方阵

中华优秀传统文化知识的习得和体验活动。学习为加深学生对社会主义核心价值观内容的学习，我校特意将社会主义核心价值观24个字印制在文化衫上，通过海报贴在电梯间等醒目的位置，让学生加深对24字的认知和理解；学工部会定期举办国学知行“君子雅茗”系列活动，以国学茶座的形式让学生聆听和体验国学的博大精深；我校人文社会科学学院每年都会举办汉字风采大赛，感受“文以载道”的中国字的魅力；信息科学学院每年都承办以“中国人眼中的世界，外国人眼中的中国”为主题的微电影大赛，主题也是以中国传统文化为主题，宣传中国的文化遗产和传统艺术等；艺术学院举办的“墨韵丹青”——中外学生艺术体验沙龙，该项活动围绕中国传统书画，和中外学生一起体验中国书画带来的乐趣，每月开展一期沙龙，以及“博艺雅集”系类活动，以中国民族音乐和讲座的形式开展；还有“中外学生传统文化沙龙”、茶艺社、汉服社、诗社、国学社、古琴社等学生社团的系列展演活动等，这些活动以我校多元文化和传统文化交融的文化环境为平台，积极引导学生关注传统中华文化，通过文化的渗透和教育，引导新生增强民族文化自信自觉、传承中华优秀传统文化，深化学生的家国情怀。

中华优秀传统文化的践行和国际传播活动。中外学生暑期社会实践专项工作。“士不可以不弘毅，任重而道远”，君子之道，历来讲求知行合一、躬行垂范、经世致用。正是这样，才有了孔子推行礼乐教化，“知其不可而为之”；王阳明龙场悟道，提“格物穷理”“致良知”。因此，对于当代大学生，求知固然重要，更要“践行”，要勇于实践，敢于到现实生活中去发现问题、解决问题。2016年暑假，我校400余名中外学生奔赴30多个地区开展暑期社会实践。他们或走入田间地头，向农民了解税费改革情况；或走访偏远山村，陪伴留守儿童读书嬉戏；或拿起相机，记录不为人知的传统工艺；或奋笔疾书，调研城市发展过程中的得失。

中外学生积极开展服务社会、服务他人的公益活动。北京语言大学一直以来高度重视通过志愿服务活动对学生进行引导，树立责任意识、培养担当观念。目前我校有注册志愿者近3000人，其中留学生志愿者300余人，比如，开展雷锋志愿服务活动，中外学生支教活动，端午节慰问我校退休老干部，定期清扫校园内垃圾，组织爱心捐衣活动等，引导学生党员自觉做到爱国、敬业、诚信、友善，尊重他人，尊重社会，自觉践行社会主义核心价值观。特别值得一提的是，学工部团委发

起的“后勤子女帮扶项目”已成功入围第三届中国青年志愿服务项目大赛决赛，让更多的人关注到了大学后勤员工子女这一特殊群体。艺术学院组织学生走进中小学，开展“红色1+1”与北京语言大学幼儿园共建活动，让幼儿园的小朋友们体验中国书画，体验中国传统文化。

中外学生中华传统艺术的展演和传播。北京语言大学中外学生艺术团作为全国高校中首个中外学生艺术团体，多年来坚持中国学生和留学生“同排练、同表演、同交流”的优良传统，将艺术团真正建设成为一个文化传播、思想交流的平台，而不仅仅是一个演出团体；邀请戴玉强、龚琳娜等名家为同学们带来高雅的艺术体验、进行艺术互动；中秋诗词吟诵会、中外书法爱好者笔会、书画频道走进语言大学等活动也精彩纷呈，在陶冶全校师生艺术情操的同时，“润物无声”地传播着中国传统文化的审美情趣。

中国家庭深度体验活动。组织国际学生走进普通的中国家庭，感受中国传统的饮食文化和传统艺术，体验真实的中国生活，得到了中外学生的一致好评。

（二）中华优秀传统美德的四风培育方阵

四风培育方面，学校狠抓校风、学风、班风、舍风建设，形成了良好的校园氛围。

校风：学校以“德行言语，敦睦天下”的校训为出发点和着力点，培养具有“国际视野、家国情怀、君子之风”的“现代君子”，形成了良好的校园风气。学校提出的“既深谙中华传统文化，又具有在不同文化间穿行的能力”，成为了深受中外学生认可、并自发努力追求的目标。

学风：每年考试季，学校都会发布诚信考试号召，用“人无信不立”、“人而无信，不知其可也”等传统文化精神去引导同学，形成良好的考风、学风。学校高度重视开展“读经典”系列活动，邀请学校领导、知名教授一起为同学开书单，再通过读书社等学生社团，开展同学们喜爱的各类活动。

班风：班风是班级精神的集中体现，也是学校育人的重要组成环境。2016年，北京语言大学举办主题班团活动4次，对全校130多个班集体实现了全覆盖。学校倡导“旗帜鲜明、独具特色”的班团活动理念，支持留学生参与其中，各班级围绕自己的专业特色，开展丰富多彩的活动。中外学生在班团活动的过程中加深了友谊，增进了交流。

舍风:宿舍是大学生活的重要场所,宿舍氛围直接决定同学们的精神状态、生活质量。学校以"雅、尚、睦"为主题,以中华优秀传统文化为思想内核,连续三年举办宿舍文化节,取得良好效果。宿舍文化节中设置"我最喜爱的楼爸楼妈"评选活动,极大地增进了学生与宿舍管理员之间的理解与和睦。"传统运动会"选取同学们儿时的游戏项目,在活动之中增进舍友间的感情。学校每年都投入经费,对在宿舍文化节中获奖的宿舍进行住宿费减免,极大地促进了同学们参与活动的热情,从而将"雅、尚、睦"传播到每一间宿舍、每一名同学,培养舍友间的团结友爱精神和凝聚力。

(三)中国传统文化的课程方阵

北京语言大学目前面向全体中外学生开设传统文化相关课程50余门。其中有"中国思想的源与流""中国历史"等必修课,也有"中国书法""诗词鉴赏"等专业选修课,还有"中国茶道""二胡演奏"等纯兴趣类选修课。这些课程从不同角度、不同层面,满足了中外学生的个性化需求。

(四)中国传统文化的学术研究方阵

学术研究方面,围绕"君子文化的培育和国际传播"这一主题,学校近年来共申请立项国家级项目3项,省部级项目23项。为这一工作的开展提供了有力的理论支撑和智力保障。

项目名称	项目级别	项目分类
当代北京佛教文化传播与社会服务功能研究	省部级	北京市共建项目
科研项目-首都语言类院校国际学生对中华文化价值观念的认同度调查	省部级	北京市共建项目
曹雪芹与北京	省部级	北京市哲学社会科学规划研究基地项目
《左传》与春秋时期士人伦理研究	省部级	北京市哲学社会科学规划研究基地项目
社会主义核心价值观的中国传统文化基础研究	省部级	北京市哲学社会科学规划研究基地项目

续表

项目名称	项目级别	项目分类
国际化背景下首都文化贸易竞争力提升研究	省部级	北京市哲学社会科学规划研究基地项目
中外汉学家翻译家人才数据库暨中外文学互译平台——中国文化译研网	省部级	文化部办公厅
首都高校文化安全现状调查	省部级	北京市共建项目
日本学人所撰“中国文学史”研究(1882—2002)	国家级	国家社会科学基金项目
近代外国人与北京文化	省部级	北京市共建项目
传统道德的践行与北京精神的弘扬	省部级	北京市规划办
黄庭坚的佛禅思想与诗学实践	国家级	国家社会科学基金项目
高校校园文化的新生态研究	省部级	教育部项目
北京地名的文化语言学研究	省部级	北京市规划办
对外交往中大学生国民素养培养体系研究	司局级	北京市教工委项目
传统女德教育与当代女大学生素质教育——以首都高校为考察中心	省部级	北京市规划办
宋代诗学精神的理学文化观照研究	国家级	国家社会科学基金项目
国家化环境中高校研究生政治敏感度调查研究	司局级	北京市教工委项目
北京语言文化的世界传播研究	省部级	北京市共建项目
国际文化语境下京味文化的创新研究	省部级	北京市共建项目
当代神学的人类学视角及基督宗教多元主义研究	国家级	国家社会科学基金项目
吴语地区传统吟诵数据库	省部级	教育部项目
中国审美文化焦点问题研究	省部级	北京市规划办
宗教对大学生影响问题	省部级	教育部项目
当代宗教与政治生态环境关系研究	省部级	北京市共建项目

续表

项目名称	项目级别	项目分类
近代以来日本的中国戏曲小说研究	国家级	国家社会科学基金项目
中国道德文化的传统理念与现代践行研究	省部级	北京市共建项目
老舍与京味文学	省部级	北京市规划办
汉语基督教为“GOD”命名的跨文本阅读和诠释	省部级	教育部项目
前后七子文学思想研究		
“清”美文化传统与中国文学理论体系	省部级	教育部项目
先秦秦汉文学与政治关系的演变		
“问题意识”中国思想文化史论		

二、工作成效

1. 通过“君子多闻”为主题的中国传统文化的习得及其国际传播和传统文化社团体验活动,涵养着中外学生的中国传统文化底蕴。子曰,“益者三友,友直,友谅,友多闻。”与君子为友,必然在学识、见闻上有所增益。社团活动以兴趣为基础,是中外学生交朋友、增友谊的平台。同时,我们也倡导社团活动有内涵、长见识,营造健康向上的社团氛围。值得一提的是,北京语言大学国学社、汉服社、茶艺社中也有为数不少的留学生,他们因为兴趣参与社团活动,又在活动中结识朋友、增长见识。兴趣是最好的老师,社团活动真正成为了弘扬传统文化的有效载体。

2. 通过“君子践行”的社会实践活动,培养了中国学生的家国情怀和外国学生更加热爱中国及其文化。当代大学生,求知固然重要,更要“践行”。“脚下沾满多少泥土,心中就沉淀多少真情”。马达加斯加留学生余赛亚动情地说,“参加社会实践活动让我更加深入地了解中国,也让我更热爱中国。”

3. 通过“君子之和”为主题的四风教育活动和中外学生交流活动,中外学生更加和谐相处。《论语》中说“君子和而不同”,“和”不是单一,而是多元并存,“和”不排斥“不同”,反而包容“不同”。我校中外学生交流活动倡导“兼容并包”

的理念,以君子气度海纳百川。2016 年我校共举办中外学生文化交流活动百余场,覆盖中外学生 2 万余人次。让中外学生共同成为中国梦的亲历者,而不是旁观者。

4. 通过“君子审美”为主题的中外学生中华传统艺术的展演体验活动,培养了中外学生审美的中国格调。君子审美,格调高雅,看重艺术活动丰富的文化内涵,更注重通过艺术传播中华优秀传统文化。

5. 通过“君子之德”为主题的中外学生志愿服务活动,培养了中外学生的社会担当。“敢于担当”是伟大民族精神的重要内容,从张载的“为天地立心,为生民立命,为往圣继绝学,为万世开太平”,到范仲淹“先天下之忧而忧,后天下之乐而乐”,古人先贤的嘉言懿行,都生动诠释了中华民族敢于担当的内在禀赋,也证明了中华民族始终将“敢于担当”作为君子美德之一。志愿服务精神本质上是一种对国家、对社会、对他人的担当精神,“君子之德”为志愿服务理念做出了深深植根于中华传统文化的阐释与注解。

25 培育审美心灵 增强文化自信

——福建师范大学传统文化教育的“三部曲”:感悟·表达·践行

文化自信,是习近平总书记提出的时代命题。他说:“中国传统文化博大精深,学习和掌握其中的各种思想精华,对树立正确的世界观、人生观、价值观很有益处。”①习近平总书记在全国高校思想政治工作会议上进一步提出“做好高校思想政治工作,要因事而化、因时而进、因势而新”②“要更加注重以文化人以文育人,广泛开展文明校园创建,开展形式多样、健康向上、格调高雅的校园文化活动,广泛开展各类社会实践”③,这一指向丰富了文化教育的内涵,为高校思想育人、文化育人提供了重要的遵循。福建师范大学文学院立足专业特色,发挥专业优势,认真汲取中华优秀传统文化的思想精华和道德精髓,深入挖掘和阐发中华优秀传统文化内涵,以立德树人为根本,以弘扬爱国主义精神为核心,以家国情怀教育、社会关爱教育和人格修养教育为重点,奏响“感悟·表达·践行”三部曲,培育青年师生的道德品质、理想人格和政治素养,增强师生文化自信,引领师生做中华文化的笃信者、传承者、躬行者。

---

① 人民网 - 理论频道 . 2017. 02. 13. http://cpc. people. com. cn/xuexi/n1/2017/0213/c385476 - 29075643. html(在中央党校建校 80 周年庆祝大会暨 2013 年春季学期开学典礼上的讲话(2013 年 3 月 1 日)

② 明网 - 理论频道 . 2017. 02. 17. http://theory. gmw. cn/2017 - 02/17/content_23753571. htm

③ 新华网 - 习近平:把思想政治工作贯穿教育教学全过程 . 2016 年 12 月 08 日 . http://news. xinhuanet. com/politics/2016 - 12/08/c_1120082577. htm

一、具体做法

（一）感悟：优秀传统文化的三种“阅读”方式

学院以“三个结合”为突破口，构建中华传统优秀文化继承与发展的思想高地，促进师生思维方式、价值取向、审美情趣的提升。

纪念“我们的节日”。学院以中国传统节假日为契机，加强对传统节日内涵的教育。以培育和践行社会主义核心价值观为根本，以中华民族传统节日为载体，突出活动的思想性、群众性、文化性，倡导文明、健康、和谐的节日理念，培育特色鲜明、气氛浓郁的节日文化，引导青年师生自觉传承中华优秀文化和传统美德，活动主题鲜明、内容丰富、形式多样。元旦开展灯谜竞猜等游园活动，让师生感受传统佳节的节日气息；重阳节开展青年师生与离退休教工联谊活动，秉承尊老敬老传统；清明节举行缅怀先烈、悼念先贤活动，深化师生慎终追远的民族情感。

诵读经典文化。学院大力开展“经典诵读”活动，将传统文化独特的传承与表达形式在熟读、吟诵中渗入人心。领悟经典诗文精髓，塑造民族文化认同感。一是以课堂为支撑，特别是“两古”课程，在专业老师的引导下，让经典文化的诠释更为立体，更有力量；二是举办草地读书会，以学术的角度挖掘中华传统优秀文化的内涵；三是将每年的5月份定为“道德经典诵读月”，学院通过举办经典诵读系列活动，夯实师生的文化基础。

感受道德力量。学院将传播中华传统优秀文化与“道德讲堂”活动相结合，在仓山校区率先开展以“与你同行　大爱无疆”为主题的“道德讲堂”活动。同时将团员教育与道德讲堂相结合，组织专项团日活动和主题社会实践活动。自2013年至今，学院共开展15场形式多样、丰富多彩的道德教育活动，邀请了应向阳、方冬梅、潘悦婷、钟德清、叶倩倩等优秀学生典型现身说法，以讲身边故事、行爱心善举、倡文明行为导向，以宣扬助人为乐、见义勇为、敬业奉献、孝老爱亲、感恩常在为主要内容，以榜样力量育人，营造了浓厚的道德文化氛围，做到了人人都参与，人人受教育。在广大师生的共同努力下，学院道德建设成效显著，荣获学校“道德讲堂”建设特别奖；辜也平老师于2014年获得“全国模范教师”荣誉称号，陈钟英老师获得福建师大首届道德模范荣誉称号，钟德清、柳佳获得校“自强之星”荣誉称号。

（二）表达：优秀传统文化的三个“创作”载体

“感悟”是手段，“表达”是目标。为让师生有更多优秀传统文化的“表达”空间，学院创新写作、表演、书写三个“创作”载体，提高了师生的表达能力，培养师生的文学情趣。

文学创作，妙笔生花。学院立足专业特色，发挥专业优势，鼓励师生进行文学创作。一是学院学生文学刊物《闽江》。创办于 1958 年的《闽江》，目前是学校创刊时间最久的学生刊物，这是一本学院学生自发创办的文学刊物，集文学性、思想性、深刻性、独创性于一身，学生在此刊物上发表了大量古诗词的文学作品。二是年度文学创作大奖赛。学院连续 6 年举办文学创作大奖赛，囊括了戏剧、诗歌创作，还收入了对古代文学、文化的研究和评论，目前已出版了《沉默的歌唱》《时间的剪刀》《云起在他乡》《青春的纪程》《逐梦的流觞》和《震颤的琴弦》六部文集。三是福建师范大学文学院文学创作丛书——《闽水泱泱》。该丛书计划出版 50 本，其中《美国家书》是对传统书信文化的传承，《槐庭吟稿初编》是对古典文学中的诗、词、序赋的礼敬，《耕云读雪》是对赋的传承，《标点人生》《阅读生命》《闽东纪事》等书是对中华优秀传统文化“修身齐家治国平天下”内涵的呼唤。四是在人民出版社出版以书代刊《圆桌》《细读》，一年各两卷。学院依托福建省社会科学研究基地中华文学传承发展研究中心，引导师生从问题出发，深入文化、文本，在“圆桌”上“细细品读”，探寻艺术文化的奥秘，读出精致和精彩。

古风演绎，博采众长。学院一是将每年举办的纪念入学两周年暨迎新晚会作为传承弘扬中华传统文化的大舞台，师生有意识地将中华优秀传统文化与现代歌舞相结合，每年的主题都从传统文化中汲取，如“风雅颂华年”“牧野归荑”等；曲目都会从古代的舞蹈、诗歌中进行化用创作，例如古典舞《相和歌》，吸收了中国传统戏曲的造手水袖和古老民间打击乐器的元素，不仅向全校展现了文学院的百年文化底蕴和博采众长、欣欣向荣的生机活力，也充分展示了流光溢彩的中华古典文化。二是依托左岸戏剧坊，对中国古代戏剧进行革新演绎，师生自编自排自演，同时走向社会、走进中学进行公演，为中学生展现传统文化的生命力。左岸还代表学校参加首届海峡两岸大学生戏剧节，获得了组织奖、剧目奖、导演奖、表演奖、编剧奖和舞美奖等众多奖项。

挥毫书写，墨韵书香。一是打造“文化长廊”。学院着力打造富有“国子监”

特色文化的迎新点，在学生宿舍楼、办公楼等文明窗口中展出中华传统优秀文化宣传，在各楼道显眼处张挂箴言名句师生书法作品，一步一登台，一梯一境界，让新生入学之时便受到了传统文化的熏陶和感染。二是举办“楹联大赛”。在每年元旦来临之际，学院大力举办楹联比赛，每位同学挥毫泼墨，或励志，或抒怀，每间宿舍的对联传统与时代相兼容，节日气氛甚是浓烈，意义非凡。在此基础上打造的宿舍文化品牌富有传统文化的特色，学生也能在日常中深受中华优秀传统文化的洗涤。三是开展“三笔大赛”。习近平总书记说：“古诗文经典已融入中华民族的血脉，成了我们的基因。”学院在强化学生的三笔练习时，多以古诗词为对象，让学生进行书写临摹，不仅提升了书法素养，还促进了中华优秀传统文化的传播。

（三）践行：优秀传统文化的三项“辐射”行动

学院牢记大学文化传承创新和社会服务职能，在引领师生学习和继承中华优秀传统文化的同时，将中国的优秀传统文化向学校和社会双重辐射，使富有深厚底蕴的优秀传统文化在广大群众中生根发芽、开花结果。

文化立项走出校园。学院正视优秀传统文化的价值，在党团支部立项活动开展过程中紧紧围绕中华传统优秀文化而展开。特别是近五年来，立项项目将中国的传统文化与党的十八大精神、社会主义核心价值观、福建精神、中国梦和纪念长征胜利 80 周年等主题相结合，从中发掘它们蕴涵的现代性力量，从而提升立项的文化品质。例如 2014 级汉本第一团支部以“朱子智慧承千载，薪火相传文翩翩”为主题，与福建省海峡民间艺术馆、福建省文学艺术界联合会合办朱熹文化展，开展了琵琶弹奏、歌唱传统民谣、茶艺表演、朱子家训书法展示、朱子课堂授课、朱子文化有奖竞答、朱子文学小游戏、与市民共同品尝朱子孝母饼等一系列活动，不仅让团员们和广大市民对朱子文化有了更深层次的了解，也使得博大精深的中华传统文化不断弘扬传承。有的立项还教授市民们制作香囊、纸鸢、唱闽剧，走进小学普及年画，身着汉服蹁跹起舞，学习福建非物质文化遗产榕城花灯的工艺等。此外学院专门成立了“向道国学社”，引领市民学习传统文化；组建志愿者团队，带着传统文化知识走进校园、走进社区、走进千家万户。教师们走进福建农林大学、福建医科大学、省粮食局等厅单位，上门服务教授中华传统文化，提升干部职工人文素养；在《福建日报》等主流媒体刊登《家风建设是社会道德建设重要内容》《让古代经典成为民族文化的基因》等文章；承接省委宣传部的文化研究与文化规划项目，让传统文化进一步在百姓群众中传播与分享，掀起了研究、传播中华传统优秀文化的热潮。

文化传播走向两岸。习近平总书记指出，中华文化是海峡两岸同胞共同的精神财富，也是两岸同胞血脉相连的精神纽带。福建师范大学文学院作为福建文学研究、创作的东南重镇高校，在以文化为媒介的对台交流中先试先行。一是举办研修营活动。自2015年以来，文学院每年举办“两岸榕缘·文学行脚：海峡两岸大学生文学研修营”和“两岸榕缘·文创之旅：海峡两岸大学生文创研修营”，与台北市立大学、金门大学、辅仁大学、东华大学等大学师生200余名齐聚一堂，通过课堂、座谈会等形式共享文化交流盛宴，极大地推动了两岸文学、文化的交流与发展。二是推动文学学术、作品入台出版交流。学院2014年积极启动了“福建师范大学文学院学术精品入台出版工程”，在台湾出版《福建师范大学文学院百年学术论丛》，已出版两辑（20本）。福建师范大学副校长汪文顶教授说：“文学院学术精品入台出版工程，就是为了传承中华文化传统，增进两岸学术交流，推动两岸学术资源共享，共同提升中华文学研究水平，共同弘扬文学优秀传统。”学院还将优秀传统文化的文章推介给台湾读者，以《镜子的背面》在台湾结集出版。从2015年起，学院在台湾知名杂志《国文天地》刊发文学、书法等优秀作品，至今已连刊11期90余篇，受到了台湾文化界的高度重视。三是主办文化活动。今年，学院在平潭举办“共同家园杯·海峡两岸大学生演讲比赛”，吸引了7所高校的29名师生参加，为两岸文化交流搭建了沟通平台，促进了两岸青年交流合作。

文化宣传走上网络。学院除了充分利用已有的纸质宣传刊物《闽江》《中文联合报》等外，还开辟网络新阵地：一是运用微博开辟“猜古字，揣今义”话题，对古字的形、声、义进行分析，探溯文字蕴藏的深意。二是在学院的微信公众号开辟“名师集录”专栏，对我院名师名家的治学精神、人文品格和学术智慧进行推送，目前已举办6期；成立《二十四节气与中华传统节日文化探源》研究项目，从二十四节气的历史来源、神话传说、风俗活动、饮食习惯和文化意义进行推介。此外，学院还在网络上对中华传统文化活动的资讯进行及时报道。三是充分利用“易班”平台，在易班微社区开展“易”诵读活动，将中华优秀传统文化的传承与专业技能培训有机结合，促进同学们诵读技巧的增长，还促进了中华传统文化传承方式的多样化。

二、经验亮点

（一）发挥专业优势，奏响文化教育"主旋律"

在高校校园文化建设中"讲清楚"中华优秀传统文化的历史渊源、发展脉络、基本走向，讲清楚中华文化的独特创造、价值理念、鲜明特色，是增强文化自信和价值观自信的基础环节。福建师范大学文学院依托百年历史积淀和专业教师队伍，系统梳理传统文化资源，以喜闻乐见的活动让书写在古籍里的文字都活起来。并且结合时代特点，从学术角度解读中华文化，创新日常教学内容，将文化建设与课堂学习有机融合，让学生在轻松的氛围中深入了解中国的文化血脉，准确把握滋养中国人的文化土壤，感悟中华文化魅力。

（二）打造实践平台，吹响文化创作"集结号"

"纸上得来终觉浅，绝知此事要躬行。"福建师范大学文学院紧紧把握住习近平总书记关于文化建设的重要讲话精神，把功夫放在平时，建立了文学创作常态化机制，以学生自办刊物、文学创作大赛、道德讲堂、文化长廊、文艺晚会和戏曲话剧等活动为媒介，搭建风采展示舞台，让学生在日常的文化实践中表达对中华文化的理解，让优秀传统文化真正能入脑、入心。

（三）创新参与渠道，唱响文化交流"重头戏"

习近平总书记指出："落实共享发展是一门大学问，要做好从顶层设计到'最后一公里'落地的工作，在实践中不断取得新成效。"福建师范大学文学院在开展校园文化活动中始终贯穿着共享发展理念，线上线下共同发力，校内校外协同创新，着力解决文化共享"最后一公里"的问题。福建师范大学文学院立足学校，面向社会，将优秀传统文化带入公园、社区、机关单位，让更多的人共享优秀文化成果。特别是在对台交流方面，福建师范大学文学院充分发挥"五缘"优势，不断加强两岸民间文化交流，拓宽了文化建设的覆盖面，提升了文化建设的影响力。

中华优秀传统文化是大学文化高度和厚度的指向，福建师范大学文学院紧握传统文化的命脉，立德树人，教育引导师生坚持知行合一，坚持为人与为学的统一，实现理性与情感、智商与情商、知识与修养的均衡发展，让当代青年师生崇真向善的德心永在、优秀的精神基因永续。

26 涵泳水墨情怀 助力青年成才

——南京农业大学十九载诗书画文化育人探索与实践

中国的诗书画艺术是人类的瑰宝，不仅能陶冶一个人的情操，而且能优化一个民族的素质。南京农业大学自1998年起，依托学校国家大学生文化素质教育基地和中华农业文明研究院，充分利用校内外文化资源，将“知农、爱农、学农、兴农”主题融入全校师生研习和推广诗书画艺术过程中，让师生们全方位感受我国传统文化的魅力，激励师生自觉甘当学农兴农先锋。

一、理念思路

南京农业大学在诗书画文化育人探索与实践的过程中，认真贯彻落实习近平总书记关于继承发扬中华优秀传统文化系列重要讲话精神，按照教育部《完善中华优秀传统文化教育指导纲要》要求，将“知农、爱农、学农、兴农”主题融入全校师生研习和推广诗书画艺术过程中，让广大师生员工近距离欣赏、学习、传承中国艺术，感受传统文化魅力，为南京农业大学校园文化建设增添了新活力。

二、具体做法

（一）营造浓厚文化氛围，师生汇聚诗书画情怀

诗书画艺术走进课堂。1998年开始，我校就开设文化素质教育选读课程，规定每位本科生四年中必须选读6学分的文化素质选读课程方能毕业，自学为主，考试合格可以取得相应的学分。学校指定选读书目，编写教学大纲，并结合大纲以系列讲座等形式开展导读和助学活动。学校指定的选读书目有《唐宋词》等100余种，第一批供学生选读和考试的有20门课程。2002年，我校教师编撰出版

了《中国历代咏农诗词选》(中国农业出版社)并作为公选课教材,在学生中倡导“以农为本”“以诗育人”的人文精神。建成单人耘[①]

书画作品展览室。2012 年,学校开始筹建“单人耘诗书画展览室”,在两年多的规划设计与建设布展后顺利开展,供全校师生和来访者参观品读。单人耘诗书画展览室收藏并长期展出单人耘的涉农诗书画作品 62 幅,这些作品或写实或会意,或浓墨重彩或轻描淡写,均以爱国、爱民、爱农为情感基础,内容广泛、题材多样。自 2015 年 3 月顺利建成开展以来已接收近万人次观摩、研习。目前已成为学校新入职教师、学校新生入校教育的主要内容之一。

活跃的师生诗书画类协会。“南京农业大学大学生美术协会”成立于 2005 年 3 月,同年 5 月被批准加入中国书法家乐园高校联盟,协会汇集了西画、国画、书法、篆刻、漫画、设计、摄影为一体,以“培养美术兴趣爱好,提高审美水平,丰富校园文化生活”为宗旨,开展美术培训,开办艺术展、漫画节、摄影、写生、美术讲座等艺术创意活动。教职工成立了“教工书画社”“南农大红枫合唱团”“悬铃诗社”等社团,先后组织 30 余次教职工和师生书画展,其中南京农业大学师生金秋书画展成为常规性艺术活动。此外,还开展了诗歌朗诵、歌吟比赛、演讲征文比赛、书画摄影展等多种多样的活动,丰富了教师的文化生活,提高了文化素质教育。

大力推广楹联文化。楹联是最具中国语言特色的一种独有的文学体裁,楹联包含着厚重的传统文化精髓,艺术价值和实用价值并重,楹联文化是中国传统文化中的瑰宝。学校自 2015 年起,组织创作小巧精炼易于传诵的咏农诗词,并邀请知名校友书法大家撰写楹联,如桃李廊由单人耘研究员题写“酌古斟今参造化,耕烟犁雨播春风;旧学商量加邃密,新知培养转深沉”,报春亭由校友梁治国题写“飞扬四海凌云志,诚献珊瑚报瑞枝;尔曹俱是丹青手,我辈能无社稷心”。师生通过楹联蕴含的丰富哲理来启迪智慧,引人深思,使其在浓厚的传统文化氛围中受到

① 注:单人耘(1926 -),1951 年毕业于金陵大学农学院农业经济系,现为南京农业大学“国家大学生文化素质教育基地”兼职教授。单人耘 13 岁起师从书法大师林散之,著有《一勺吟》《单人耘诗书画集》等作品集,主编《中国历代咏农诗选》等,人谓是“能继承黄宾虹、林散之两贤达的德、诗、书、画‘四清’高人”。他的诗词书画作品被《中华书画家》刊登在“诗词欣赏”和“当代名家”栏目,中央电视台书画频道对他进行专访,摄制播出了题为《一勺蕴大千》的个人专题片。

感染、提升人文素质、培养高雅情趣。

（二）创建高端平台，引领诗画文化交流与发展

拓展诗书画文化交流与展示。2015 年 5 月 22 日，在第 13 届东亚农业史国际学术研讨会第一环节举行著名书画家单人耘研究员的《咏农诗词三百首》新书首发式。江苏省委组织部副部长胡金波，全国农业展览馆（中国农业博物馆）原党委书记王红谊，南京农业大学校长周光宏，中共北京市委副秘书长周立云，中华诗词学会常务理事陈廷佑，中央文史研究馆中华诗词研究院副院长蔡世平等领导、专家和学者出席了首发式。单先生在南京农业大学成长发展，对农业倾注了毕生的感情，一生辛勤耕耘，创作了大量咏农作品，是个人、学校乃至学术界的一笔宝贵财富。在个人耕耘的同时，也十分支持学校的学生活动，关注学生成长，重视人才培养。单先生的经历和成就给现代大学教育带来启示，引导人们思考如何将专业教育和素质教育合理结合，培养具有人文情怀的全面发展人才。

创新诗书画文化展示形式。利用地域优势和吴越文化等优势和南农大丰富师资资源，创办融知识性、趣味性和参与性于一体“紫砂艺坊”，通过将蕴含丰富哲理的诗词、书法融入紫砂陶瓷艺术中，增强了诗书画的传播与交流面。同时，宗良纲教授为全校本科生开设文化素质教育公共选修课《陶艺欣赏》，2015 年编写的课程配套教材《紫砂陶艺欣赏与创作》正式出版发行。

推动诗书画文化研究。南京农业大学中华农业文明研究院是国家级农业历史文化专门研究机构，建设有江苏省高校哲学社会科学重点研究基地“中国农业历史研究中心”和“江苏省非物质文化遗产研究基地”，学校依托中华农业文明研究院和国家大学生文化素质教育基地开展诗书画研究创作，定期将国内著名书画大师和艺术家“请进来”，开展兼具传统农业文化和现代意义的艺术创作；同时采用大师亲临指导和专家授课相结合的方式，先后邀请著名虎画家郑福生先生、紫砂名家尹祥明等著名书画家和大师来校授课，通过现场示范、答疑、辅导等多种教学方式，提升师生的专业素质与技能，进一步开阔艺术视野，培养高水平诗书画创作与研究人才。

（三）传承中华传统文化，师生成为传播使者

积极推动诗书画文化“走出去”。学校每年通过接待中国文化研修团、留学生接受诗书画文化学习培训、埃格顿大学孔子学院诗书画展、留学生“迎新春、写春

联”活动等形式,通过课程和活动让留学生感受中华传统文化的博大精深,让他们自觉成为中华传统文化的传播者和践行者。为在校留学生开设中国文化专题课程,其中包括书法、篆刻艺术等。

开展诗书画文化走进基层。自 2012 年起,学校每年组织诗书画文化中小学校园行,南京市浦口区诗书画展览并组织编印《单人耘诗词选读》(160 首)作为当地中小学学生诗教之用。2010 年 11 月,中央电视台书画频道摄制播出题为《一勺蕴大千》的个人专题片,报道我校单人耘研究员基层办诗书画展、资助出书弘扬中华诗书画艺术的事迹。国家 863 计划、中国数字图书馆示范工程“超星学者视频”先后两次来学校拍摄“知名学者学术短片”,并长期在网络传播。

耳濡目染,让诗书画文化在师生内心生根发芽。学校自 2009 年开始连续开展七届“咏农 · 读经典”校园阅读文化活动,营造了具有南农韵味的“知农 · 咏农 · 读经典”书香文化氛围,吸引了近 4.2 万人次的直接参与。2014 年起为学校的大学生创业项目发起专门为毕业生定制毕业礼物“紫砂印章”的活动。学校通过大量爱国、爱农的诗书画作品陶冶和感染一批批南农学子,优秀的传统文化在校园内得到传承和弘扬,并成为滋养南农师生的精神源泉,不断提升广大师生对社会主义核心价值观的文化自觉和精神共鸣。

三、经验亮点

重农爱农,涵泳水墨情怀以砺己;寓教于艺,弘扬民族文化以育人。19 年来,南京农业大学诗书画文化研究与传播取得了一系列丰硕成果,先后出版《咏农诗词三百首》《一勺吟》《单人耘 * 诗书画集》和《中国历代咏农诗选》;建成单人耘诗书画展览室,1 人被评为全国高校校园诗教活动先进工作者;2002 年学校被评为高校校园诗教活动先进单位(唯一高校),两次入选中国数字图书馆示范工程“知名学者学术短片”;《中华书画家》杂志“诗词欣赏”和“当代名家”栏目刊登学校教师诗词书画作品;中国教育电视台、中国青年报和中国教育报等多家媒体对学校诗书画文化育人工作进行专题报道。

27 承继传统文化 涵育核心价值

——武汉理工大学坚持打造"楚凤鸣兮"端午诗赛文化品牌

武汉理工大学以连续举办11届的"楚凤鸣兮"端午诗赛为平台，依托这一面向广大师生和校友广泛参与的诗歌盛会，积极提高学生对中华优秀传统文化的自主学习和探究能力，培养学生的爱国主义情怀和历史使命感，将校园文化建设与培育践行社会主义核心价值观紧密结合。

一、工作目标与思路

端午节在我国流传2000多年，是中国民间的四大传统节日之一。"楚凤鸣兮"端午诗赛是对战国时楚国伟大的爱国诗人屈原的缅怀，也是对传统节日的一种传承，更是对爱国主义的一种倡导，在它的引导下，同学们尽情地抒发自己对祖国的热爱、对美好人生的追求和对人生的思考。武汉理工大学举办"楚凤鸣兮"端午诗赛，旨在让大学生进一步了解中国传统文化，承继中华优秀文化传统，用传统文化无声地滋养陶冶学生情操，凝聚价值共识。将弘扬传统文化与培育践行社会主义核心价值观紧密结合，端午诗赛成为以社会主义核心价值观引领校园文化建设的一项活动品牌。该活动自2006年开始，已连续举办十一届。

二、实施方法与过程

学校注重传承中华优秀文化传统，抓住传统节日文化内涵，同时注重对端午诗赛的引领，将大学生从校园文学的小圈子带入爱国的大圈子，为他们的思想意识、价值观念、行为模式注入正能量，推动端午诗赛不断发展。

（一）抓住节点，大力弘扬传统文化

学校精心组织“楚凤鸣兮”端午诗赛，弘扬“古”之美韵，塑造“今”之风雅，打造一场场传统文化的视听盛宴。

抓节点。2006 年，端午民俗被国务院批准列入第一批国家级非物质文化遗产名录，以此为契机，理工学子自发组织“楚凤鸣兮”端午诗赛，在大学生思想范围内，以大学生喜闻乐见的校园诗赛形式，挖掘传统节日的丰富文化内涵，使之被认同并深深融入人们的日常生活和精神世界。

承传统。“楚凤鸣兮”端午诗赛通过传统服饰展示、优秀作品吟诵、传统文化知识问答、传统民乐表演、专家诗歌点评等活动积极引导当代大学生去了解、思考、传播、继承并弘扬传统文化，与传统文化面对面，感受传统文化的熏陶，在中华优秀传统文化的博大精深和无限魅力的浸润中延续民族文脉。

造氛围。凤是楚国的图腾，在楚人眼里，凤是至真至善至美的神鸟。在屈原眼里，凤被视为“灵鸟”“君子”。“楚凤鸣兮”意寓“雏凤和鸣，求其友声，文思唱酬，荆楚峥嵘”，希冀理工文脉沛然，人文气息更加浓厚。每年诗赛历时 2 至 4 个月，诗赛期间，学校通过发布征稿启事、悬挂横幅、张贴海报、散发传单、新闻报道等营造端午节日氛围，通过讲历史、发粽子、颂屈子等让理工学子感受端午民俗文化。

（二）强化引领，涵育践行核心价值

学校重视“楚凤鸣兮”端午诗赛对大学生的思想熏陶和文化教育功能，鼓励大学生关心国家命运，积极引导大学生践行社会主义核心价值观。

紧扣时代主题。武汉理工大学将诗赛主题与国家大事紧密结合，端午诗赛主题鲜明，历届主题如纪念改革开放三十周年（第三届）、庆祝建国六十周年（第四届）、庆祝建党九十周年（第六届）、共筑中国梦（第八届）、中国梦 · 古韵新风民族气度（第九届）、承荆楚文化 · 扬中国精神（第十一届）等，引导青年学生紧跟历史潮流，关心民族命运，把握时代脉搏，将自身命运与国家和民族的前途命运相连，自觉将个人梦融入中国梦。

引导青年向上。在诗赛主题的正确引领下，诗歌爱好者们创作出一系列有影响力的优秀作品。《老人——纪念中华人民共和国建国 60 周年》从一个老人生活的点滴见证国家的发展、繁荣富强；《青春情 · 中国梦》中青年怀揣青春梦想，怀揣中国梦，像一颗木棉树，坚定不移地努力着、生长着，在青春的年华，带着中国梦前行；《花开不败——愈磨砺愈光芒 纪念建党九十周年》抒发了这样的赞扬："九十年，成长了党的身躯、党的智慧、党的品格、党的修养，九十年，成熟的党给予了国人坚强的力量和坚定的信仰。"《拜谒先哲》作者穿越时光邂逅屈子，感受他的诗人气质和爱国情操；《收获季的感恩》满怀对老师的赞扬，对母校的感恩。青年学生或写景抒情、咏物言志，或即事感怀、怀古咏史，尽情思考人生，抒发情感，弘扬正能量，实现了社会主义核心价值观入脑、入心、入魂。

壮大主流文化。大学校园内，从来都不乏诗歌爱好者，诗歌在处于青年时代的大学生中有着广泛的群众基础。作为理工类院校，以诗赛的形式来引导并推动校园文学氛围的发展，繁荣校园文化进而传播传统文化不失为一种创意。"楚风鸣兮"端午诗赛活跃并繁荣着校园文学创作，推动着校园原创文学发展，给处于青年时代的大学生厚重的理性思考，给理工学子温和的人文熏陶。

三、工作成效

学校高度重视"楚风鸣兮"端午诗赛，从大学文化工程建设中拨出专项经费予以扶持，诗赛已成为校园内外诗歌爱好者和文学爱好者的传统赛事，涵育社会主义核心价值观的校园文化品牌。

一是影响大。"楚风鸣兮"诗赛自举办以来，超过 2000 名作者投稿，辐射人数超过 10 万，不仅成为原点、路过、一抹新曦、问渠等各文学社团学生的交流平台，更吸引校内外诗歌爱好者、离退休老同志、海内外校友和作家协会会员纷纷参与，形成浓郁的诗赛氛围，成为人人知晓、大家参与的诗歌盛会。海外校友李玉珠，远在加拿大纽芬兰纪念大学深造也不忘投稿，《写给时间的歌》获第十届端午诗赛三等奖。校外媒体新华网、荆楚网等对"楚风鸣兮"端午诗赛进行了专题报道。

二是成果显。端午诗赛鼓励创作，孕育出一批高质量的诗歌作品，迄今为止，征集校内外优秀稿件 4358 篇，评选获奖作品 271 篇。学校设置奖项，对优秀作品获得者予以奖励，将历届优秀作品在各类媒体刊登并收集、整理、编辑成册，提升"楚风鸣兮"端午诗赛校园品牌的文化育人功能和辐射效应，《"楚风鸣兮"端午诗赛优秀作品汇编》已于 2016 年 8 月正式出版，并向全校师生免费发放。

三是载体新。"楚风鸣兮"端午诗赛借力时代新媒体，提升文化影响力。通过微博、微信、校报、校园网、校广播台等宣传诗赛活动。通过新媒体平台，诗歌爱好者踊跃投稿。同学们随时随地为自己喜爱的诗歌作品点赞、投票、评选人气作品。

“楚风鸣兮”端午诗赛诵读经典晚会，“以诗会友”，搭建了文化交流思想碰撞平台，促进了社会主义核心价值观入脑、入心、入魂。诗赛影响大、成果显著、载体新颖，得到主流媒体多次报道，曾获得湖北省校园文化建设优秀成果一等奖，已成为以社会主义核心价值观引领校园文化建设的一项品牌活动。

端午诗赛的举行，有助于广大师生进一步了解传统文化，重新发现传统节日的丰富文化内涵，将传统文化融入师生的精神世界和日常生活，增强广大师生的文化自尊、自信、自觉，成为滋养社会主义核心价值观的重要源泉。

28 拓展多维素质 助力大学生成长

——云南师范大学2015年教育部辅导员“精品历史话剧”展演

“《未央歌》——2015年教育部辅导员精品历史话剧展演”是根据鹿桥先生小说《未央歌》改编的，讲述了西南联大学生勇赴国难，不惧牺牲，投笔从戎，成为“西南联大八百学子从军壮士”的故事。民国二十六年，日寇引燃的烽火遍及神州大地，北大、清华、南开三所名校南迁至昆明，合并为国立西南联合大学。天南海北的学子纷纷来到这里，来到这战火中的象牙塔，曾经书生意气的联大学子，在喊杀声中，投笔从戎，为国捐躯。

云南师范大学是西南联大在昆余脉，学校秉承西南联大办学理念，致力于区域性高水平大学的建设，打造了丰富多彩的校园文化精品，《未央歌》历史话剧展演是我校“教育部2015年高校辅导员精品项目《拓展多维素质 助力大学生成长》”子项目的优秀成果，成果的排演得到教育部项目支持经费20000元，加上云南师范大学拨款60000元打造，展演深受学生们的喜爱，获得巨大成功。2015年以来，话剧连续演出10场，并在校园网、云南网等网站上广为传播。

云南师范大学鲲鹏历史话剧社成立于2003年12月，依托我校历史学专业的独特优势，自编、自导、自演历史话剧。话剧社成立14年来，先后公演了《荆轲刺秦》《追梦联大》《未央歌》《辛亥中华魂》等21部大型历史话剧，曾获得教育部“高校精品项目”、省级“优秀剧目”、“话剧展演一等奖”、“优秀社团”等奖励及荣誉称号3项，校级“优秀社团”、“特殊贡献社团”、“十佳大学生社团”等奖励及荣誉称号5项。

一、理念思路

中共中央办公厅、国务院办公厅印发了《关于实施中华优秀传统文化传承发展工程的意见》，文件指出中华文化源远流长、灿烂辉煌。在5000多年文明发展中孕育的中华优秀传统文化，积淀着中华民族最深沉的精神追求，代表着中华民族独特的精神标识，是中华民族生生不息、发展壮大的丰厚滋养，是中国特色社会主义植根的文化沃土，是当代中国发展的突出优势，对延续和发展中华文明、促进人类文明进步，发挥着重要作用。

云南师范大学"《未央歌》——2015年教育部辅导员精品历史话剧展演"旨在弘扬中华优秀传统文化，落实全国高校思想政治工作会议精神，开展健康向上、格调高雅的校园文化活动，培养当代大学生成为中华优秀传统文化的忠实继承者、弘扬者和建设者。话剧展演的理念及思路：

弘扬主旋律，发挥优秀传统文化的育人功能。中华优秀传统文化源远流长、博大精深，有着深厚的文明根基，不竭的精神动力和强大的智力支撑。"《未央歌》——2015年教育部辅导员精品历史话剧展演"是从历史学专业角度出发，活化德育资源，以主题鲜明、形式新颖的历史剧展演活动弘扬中华优秀传统文化，探索出"专业学习与思想政治教育相契合"的文化育人新模式，将传统文化所蕴含的人生智慧和道德操守内化到高校思想政治教育中。"《未央歌》——2015年教育部辅导员精品历史话剧展演"旨在弘扬主旋律，传播正能量，不断增强大学生的文化自信和价值观自信，为实现中国梦焕发出源源不断的精神力量。"《未央歌》——2015年教育部辅导员精品历史话剧展演"始终坚持以"立德树人"为出发点，以培育和践行社会主义核心价值体系为目标，树立"弘扬传统文化，增强文化自信，激发学史、读史、用史热情"的宗旨，以中华优秀传统文化为养分，兼顾学识性、实践性、趣味性，强化工作思路，促进学生全方位发展。

利用舞台话剧剧本征集、编导和展演，拓展专业知识课堂的延伸功能。把德育从课内延伸到课外，把大学生综合素质的提高从第一课堂延伸到第二课堂。"鲲鹏历史话剧社大型历史话剧展演"自2003年创办以来，始终贯彻多种方式学习的理念。以历史学专业为依托，构建了"集（剧本征集）、编（自编、自导）、演（话剧展演）"的教学体系；以历史剧展演为契机，拓展了高校育人实践新途径。展演注重培养学生的学习能力和口头表达能力，展演外结合教学、科研、社会实践等方式，依托历史学专业将思想教育渗透到大学生的学习及课余生活中，丰富大学生精神内核，促进其思想道德素质的提高。

把专业知识及德育内容从书本延伸到生活，创新了教育方式方法，丰富了大学生课外文化生活，鲜活了高校立德树人根本任务的载体。“鲲鹏历史话剧社大型历史话剧展演”以生动活泼、具有现代气息的活动形式，引领大学生的精神生活，实现校园文化与云南文化的良性互动。

从思想延伸到行动，激发了传统德育资源，培育和践行社会主义核心价值观。“鲲鹏历史话剧社大型历史话剧展演”将社会主义核心价值观与中国优秀传统文化相融合，著名历史事件、优秀历史人物为大学生的思政教育提供了范本和案例，使得广大青年学生吸收学习以爱国主义为核心的民族精神和以改革创新为核心的时代精神，继承和弘扬革命传统文化。

充分调动“互联网+”资源平台，在“互联网+”思维下，加强优秀历史剧的宣传推广与社会服务。国家提出“互联网+”战略，我们尝试“互联网+精品历史剧”的创新模式，积极利用网络媒体来传递历史剧中的正能量。现在已将历届部分优秀历史剧目上传至优酷网、土豆网等视频网站，并有部分剧目在云南省门户网站、云南电视台中予以播出。剧中所弘扬的传统文化深入人心，剧中所批评的丑恶现象警醒了人们，以群众喜闻乐见的形式传递历史剧的主题思想和文化内涵。

二、具体做法

自2003年“鲲鹏历史话剧社大型历史话剧展演”活动创办以来，我们不断挖掘历史剧本的文化内涵，作为校园文化建设的载体，不仅“演”，更着眼于“化”。“鲲鹏历史话剧社大型历史话剧展演”从剧本创作到优秀剧目展演，历时长，学生的参与人数多，通过展演大赛的延伸，既强调课堂教学的主渠道作用，又注重学生的社会实践和课外科研。

一是剧本征集、演出与网络共享。2015年以来，云南师范大学把话剧演出融入校史校情文化建设，结合“教育部辅导员精品项目”深入宣传及打造“鲲鹏历史话剧社大型历史话剧展演”活动，《未央歌》展演引起极大关注，深受校内外广大师生的喜爱和支持。

2003－2016 年鲲鹏历史话剧社剧目演出表

序号	演出剧目	首演时间
1	《刺秦》	2004 年 4 月
2	《长恨歌》	
3	《孔雀东南飞》	2005 年 10 月
4	《黑暗中的忏悔》	
5	《乱弹三国》	
6	《梅殇》	2006 年 5 月
7	《古语拾遗》	
8	《霸王别姬》	2006 年 12 月
9	《智劝洪承畴》	2007 年 5 月
10	《咸亨酒店》	2008 年 12 月
11	《才子佳人大比拼》	2009 年 5 月
12	《追梦联大》	2010 年 6 月
13	《辛亥中华魂》	2011 年 5 月
14	《孔子》	2012 年 6 月
15	《恰同学少年》	2013 年 6 月
16	《四美图》	2013 年 12 月
17	《巾帼至尊》	2014 年 5 月
18	《未央歌》	2015 年 6 月
19	《破晓》	2015 年 11 月
20	《风云永乐》	2016 年 5 月
21	《汉武大帝》	2017 年 5 月

“鲲鹏历史话剧社大型历史话剧展演”活动，排演的每一部话剧都要演出 5～10 场，是云南师范大学课外素质训练项目的精品项目，每年由云南师范大学人文科学素质教育学校拨款 20000 元打造 1～2 部精品话剧进行展演。学校聘请戏剧表演专业指导老师、历史老师进行指导，学校主要党政领导都曾到场观看。活动

开展14年来，以喜闻乐见的“大型历史话剧”舞台表演形式，吸引了来自所有师大主体学院近30000名同学的参与，累计投入演出经费40余万元。云南师范大学学生工作部(处)和人文科学素质教育学院每年单独立项，开题和结题，传承中国传统文化，演绎经典历史事件。

同时，开展以讲述历史故事为主题的“《历史的天空》历史剧本故事征集大赛”，要求学生制作大数字视频参赛，这已经成为继历史剧展演之后的又一项特色品牌活动，并与历史剧展演相辅相成，互相促进。参赛选手从不同历史中自由选取课题，借助现代信息技术进行视频制作。“历史剧本征集大赛”的教学方式也得到了许多高校和中学老师的认可。相关视频也上传至网络，进行资源共享。

二是历史剧资源的挖掘整理。云南有着独特的民族及地域文化。社团注重研究云南地域文化的历史价值和开发现状，挖掘乡土文化资源、典型人物线索，对文化名人进行走访，让话剧反映昆明地域文化，弘扬云南地域文化，引发对云南经济建设的思考。学校依托鲲鹏历史话剧社建立了“新区读书会”，开展调查研究及社会实践活动，开展西南联大历史文化调查研究及“重走联大路”等社会实践活动，深入现场感受历史并寻找历史剧展演素材，通过实地走访，增强历史的现场感，使话剧中的历史人物和故事鲜活、生动起来。

三是进行学生科研项目的培育。结合社团开展的活动，以国创、省创、“挑战杯”等项目为依托，鼓励学生参加科技创新项目的申报，2015年以来，实现学生科研训练项目立项6项，学工基金项目立项5项，校级创新创业项目1项，教育部创新项目1项，有1项成为“挑战杯”的培育项目。

三、经验亮点

“宣”:活动推广宣传。“鲲鹏历史话剧社历史剧本征集暨优秀历史剧目展演”通过校园宣传、网络宣传、媒体报道三种方式加大宣传力度。征集剧本阶段通过张贴海报、派发传单、展示历史图集等形式进行校园内的宣传；演员招募阶段在学院网站、师大门户网站、新浪微博等进行网络宣传；排练演出阶段以云南师范大学广播站、《学生工作报》、《师大青年》等多媒体为纽带，对展演进行跟踪报道，加强展演影响力。

“讲”:剧本创作编纂。邀请云南省中国近代史研究会会长、云南省文物局专家组成员、昆明市政协文史委员会顾问吴宝璋先生为学生们讲述《享誉世界的西南联大》;邀请云南师范大学传媒学院教师,为社团社员及历史剧爱好者举办题为《历史剧剧本种类》《历史剧创作的剧本要素》和《历史剧人物的塑造》等知识讲座,详细讲解历史剧本创作的方法及注意事项,历史剧事件的剧情设计,历史剧本排演如何选角等知识。

"选":剧本收集整理。"鲲鹏历史话剧社大型历史话剧展演"活动自 2009 年正式纳入云南师范大学人文科学素质教育学校重点培育项目及校园文化建设品牌的整体规划后,为进一步推进中国优秀传统文化与高校思想政治教育工作的融合,展演围绕"联大情怀 · 地方传统文化"及鹿桥先生同名小说《未央歌》,以大学城驻地高校师生为主体,通过信函、媒体、网络向社会发出剧本撰写和展演大赛邀请,征集到来自昆明各地 10 余所高校的精品历史剧本 121 份。在"'鲲鹏历史话剧社大型历史话剧展演'历史剧剧本创作暨优秀历史剧目展演大赛"中评选出"优秀历史剧创作奖"15 项。

"做":剧本道具仿制。为确保符合史实的器具"搬到"展演舞台,避免"穿越剧"、"颠倒剧"的出现,话剧剧组工作人员要求各编导查阅史料,对所选精品剧目中可能出现的道具进行整理归类,制作道具图片汇总。随后,邀请云南师范大学历史学专业教师对学生绘制的道具图片进行审议,合格后由剧组成员合力进行道具制作,"《未央歌》——2015 年教育部辅导员精品历史话剧展演"历史剧手工道具制作大赛共提供了展演道具 216 件,树立了大学生读史、学史、用史的思维模式。

"演":剧本编排演绎。经过六个月的精心排演,"《未央歌》——2015 年教育部辅导员精品历史话剧展演"于 2015 年 6 月 11 日在云南师范大学音乐厅举行首演。校内外领导、老师及学生们观看了演出。话剧连续演出 10 场,取得成功,赢得观众的一致好评。

"拓":拓展学生素质。话剧展演打造了高校文化育人新载体,不仅让学生重温历史,而且为他们提供了剧本创作、舞台展演和道具制作的平台。提升了学生的创作能力和表演技能,更进一步促进了云南师范大学师范生技能的提升,拓展了大学生们的多维素质能力,提高了大学生就业的核心竞争力。

"鲲鹏历史话剧社大型历史话剧展演"活动,力求以演促学,以学促教,以教促改。在活动中激发大学生兴趣，培养道德情操，使德育目标鲜活化。《未央歌》——2015 年教育部辅导员“精品历史话剧展演”成果，对于高校立德树人，提高学生整体素质，引导学生全面健康发展，创建文明、健康、和谐校园具有积极的作用，具有很大的应用价值。

29　发扬红色文化传统　传承红色文化基因

——南京晓庄学院师生十年接力弘扬雨花英烈精神

“国家是大家的,爱国是每个人的本分”“晓庄是从爱里产生的,没有爱便没有晓庄”“捧着一颗心来,不带半根草去”正如南京晓庄学院创始人陶行知先生所言,晓庄是在行知大爱的熏陶中成长起来的。“不忘初心,方得始终”是每一个晓庄人都始终坚持践行的“本分”。

2006 年,南京晓庄学院雨花台烈士纪念馆志愿讲解服务队成立。十年来,300 多位志愿者累计志愿讲解时间 6.8 万余小时,服务对象百万多人次,为参观者讲述革命烈士的斗争历史和可歌可泣的英雄事迹;讲解队成员依据实地调研写成的调研作品《探寻抗日英烈的足迹——南京市抗日烈士纪念地现状调查报告》荣获第十四届“挑战杯”大学生课外学术科技作品大赛江苏省特等奖、全国三等奖;撰写出版了雨花台烈士传丛书《晓庄十英烈传》;制作了首张南京市抗日烈士纪念地电子地图;征集到学生写给雨花台烈士的回信参赛作品近 60 篇,3 篇荣获一等奖,获奖作品被收录进《穿越时空的对话—当代青年给雨花台烈士回信精选》一书中;讲解队成员在深入研究红色文化的基础上已发表相关学术论文 30 余篇。《光明日报》《中国青年报》《中国教育报》《新华日报》等多家媒体报道了学校弘扬晓庄英烈精神的感人故事。

一、理念思路

南京雨花台,是新民主主义革命时期共产党人最集中的殉难地。在雨花台英勇就义的革命烈士有十万人之多,其中留下姓名的就有 1519 位,晓庄十英烈之一的袁咨桐是在雨花台牺牲的最小的一位烈士。习近平总书记视察江苏时指出:

“要注意用好用活丰富的党史资源，使之成为激励人民不断开拓前进的强大精神力量。”

南京晓庄学院作为以教师教育为特色的地方高校，传承伟大的人民教育家陶行知先生“大爱奉献”精神及“教学做合一”理念，注重以文化育人、实践育人，重视大学生志愿服务工作，将学习好、讲解好、宣传好、研究好红色文化视为未来人民教育家珍贵的练兵场。学校与雨花台烈士陵园管理局合作，共建雨花台烈士纪念馆义务讲解项目，为学生搭建展现风采和锻炼技能的舞台，让学生走出校园，以做为本，参与红色文化教育基地的建设，从服务中获得经验性学习体验，坚定理想信念，培育社会主义核心价值观，使大学生真正成为爱国主义文化的弘扬和传承者、社会主义核心价值观的宣传与践行者，在志愿服务的执着坚守中为实现中华民族伟大复兴的中国梦不懈努力。

二、具体做法

(一)依托红色资源，十年接力讲解雨花英烈精神

1927 年 3 月，由伟大的人民教育家陶行知先生创办的中国第一所乡村师范学校——“晓庄试验乡村师范”诞生在国家危难之际。面对危急时刻，晓庄这片热土上涌现出不少英勇之士，他们为了祖国的光明英勇战斗直到牺牲，这其中最为突出的当属被国民党政府残酷杀害在雨花台的晓庄十英烈。晓庄英烈精神和行知精神一起成为南京晓庄学院精神文化的精髓。

弘扬英烈精神，组建志愿讲解团队。2006 年 4 月 3 日，南京晓庄学院雨花台烈士纪念馆第一支 26 人的志愿讲解队正式上岗。讲解队成立的目的一方面是锻炼学生的综合素质，包括语言交流、仪容仪态、组织能力等；另一方面，是宣扬行知精神、雨花精神，让晓庄学子、让更多世人铭记历史，立志为祖国做贡献。学校非常重视学生志愿讲解服务队的建设和培养，给予讲解队经费支持，依托旅游与社会管理学院强有力的指导教师团队，建立严格的志愿服务队员选拔培训体系和管理制度，努力创新服务形式，拓展服务领域，延伸服务内涵，将志愿讲解队打造成为学校、地方志愿服务的品牌，并以点带面，建设校园志愿服务文化。

为保证讲解的高质量、高水准，讲解队的每一批成员都要经过海选报名、现场面试、岗前培训和实地试讲等几个步骤，最终通过选拔试用后方能正式上岗讲解。

这一过程中,学校制定了详细的招募标准,严格把关,力求招到综合素质全面的志愿讲解员。讲解队分为四支小分队,按顺序轮流挂牌上岗、志愿讲解。讲解过程中如有不足,队员们会相互指正。每支小分队还另选一名小队长,主要负责讲解指导及纪律监察。

倾情志愿讲解,弘扬雨花英烈精神。雨花台志愿讲解队成立至今,每周末及节假日坚持志愿讲解服务,早晨七点校门口集合前往雨花台烈士纪念馆,下午四点返回。十年中,无论是刮风下雨还是烈日高照、寒风凛冽,只要值班表上有安排,只要纪念馆的工作有需要,队员都会立即赶到,挂牌上岗。

每批南京晓庄学院志愿讲解队的志愿者有 20 多人,志愿学生熟悉场馆知识,从一开始的主要向游客介绍为革命流血牺牲的 10 位晓庄英烈,到纪念馆的全馆讲解,双休日、节假日坚持不懈倾情为游客志愿讲解成为了雨花台烈士纪念馆的一大特色亮点。“参观者对晓庄学院的讲解员们都给出了很高的评价,我们已把他们当成是正式的讲解员了。”雨花台烈士纪念馆馆长向媛华对志愿讲解队的成员们给予高度肯定。

薪火相传十载,行且日坚不变初心。志愿讲解员个个苦练内功,认真背稿,精心准备,不断提高讲解水平,每天练习得口干舌燥,但是从没有谁想过偷懒,没有谁打过退堂鼓。在讲解队员新老交替时,老讲解员带着新成员一遍又一遍地在纪念馆试讲,从语音语调到站姿、手势和行进速度,逐一向新志愿者们传授经验,分享心得,直到不舍地脱下讲解服,把它们郑重地交给自己的学弟学妹们。

夏顶烈日,冬冒寒风,始终如一,无怨无悔。遇到恶劣天气,雨花台烈士陵园的工作人员会给讲解队队长打电话,“天气不好,一来路上交通不便,二来游客不会太多,要不你们就别来讲解了!”但队员们总会准时赶到现场。他们表示,“既然当初选择了加入,就要坚持到底。只要有人来参观,就应该去。”讲解队员们的身上都体现着一种志愿服务的精神。在晓庄学院,志愿服务早已不是一句口号,而是一种行动、一种品质,这种精神已融入每位晓庄人的学习和生活。志愿者们每天重复几十遍讲解词,往返于各个展馆之间,工作是机械乏味的,但是手中的扩音器就是志愿服务接力棒,在晓庄学子中一届传给一届。

(二)发挥专业优势,让红色资源的价值在实践中落地扎根

志愿讲解队员在做好日常讲解工作的同时,还利用双休日、寒暑假仔细查阅

大量文献资料，寻找烈士纪念地的信息，并前往纪念地实地考察，寻找准确方位。为了更全面掌握每个纪念地的概况，晓庄学子们用文字、图像、视频、音频等形式记录下纪念地的现状，深入了解更多纪念地的相关信息。

实地调查研究，探寻英烈足迹。晓庄学子们在江苏省部分地市，重点开展烈士家属寻访、抗战老兵寻访和实录等工作。寻访晓庄英烈、南京大屠杀遇难者、渡江战役老兵的工作以江浙两省为主，如汤藻、石俊、郭凤韶等烈士故居在江苏如皋、浙江临海等地，同学们利用暑假组成多支社会实践小分队，寻访晓庄英烈足迹，奔赴如皋、兴化等晓庄十英烈家乡开展调查，与烈士家属深刻交谈，通过走访调研，获得了许多有价值的第一手资料。回校后及时整理、总结，并转交雨花台烈士纪念馆。同学们还到位于徐州养老服务中心的省内首家“抗战老兵照护中心”寻访和照顾老兵等。

心绣雨花烈士名，诉说晓庄学子情。2011 年 3 月 8 日，南京晓庄学院组织了由志愿队的 23 名讲解员、77 名学生党员和入党积极分子组成的百人团队齐聚陶行知雕像前，参加南京晓庄学院和雨花台革命烈士陵园管理局共同主办的“晓庄学子情 · 心绣英烈名”活动。满载着 100 名学生拳拳心意的 504 幅绣品顺利送交雨花台烈士陵园管理局，自新馆开放以来一直在其中陈列、收藏。每年清明节，同学们都会在校内举办“清明悼，雨花祭”“悼晓庄英烈，颂行知精神”等活动，宣讲晓庄烈士精神。活动形式包括猜灯谜、绣红旗、横幅签名等，得到了广大同学的支持与参与，让大家在寓教于乐中受到了深刻的红色教育。

制作电子地图，创新协同管理平台。志愿者们为南京烈士纪念地制作了调查信息记录表，与江苏测绘地理信息局、江苏省基础地理信息中心合作，制作了首张南京市抗日烈士纪念地电子地图，并于 2014 年 12 月 12 日正式上线。电子地图基于“QuickMap”等具有自主知识产权的软件平台，实现了该电子地图纵向与国家、省、市县级“天地图”平台的功能互通，其内容丰富、信息准确，包括烈士故事、纪念地址、到达路线等。

讲解队现已与多家企业、学校等联合组建志愿团队，定期勘察、维护烈士纪念地，积极搜集、整理烈士事迹，利用物联网、大数据及云计算技术挖掘分析烈士事迹，对其进行深度加工，最后通过互联网及自媒体的广泛应用，弘扬传承烈士精神。同时通过媒体、南京市烈士专题教育网站、宣传手册、南京市抗日烈士纪念地电子地图等渠道，创新协同管理平台，彰显社会影响力，弘扬爱国主义精神，为类似红色历史文化遗产树立样本，具有借鉴意义和推广价值。

成立专门研究会，提升学生精神境界。为深入发掘雨花英烈精神时代价值，进一步传承红色基因，南京晓庄学院成立了英烈精神研究会，该会以“弘扬英烈精神，传承红色基因”为宗旨，学习、研究和传播晓庄英烈精神，争做时代青年，发扬晓庄十烈士“以我青春换光明”的献身于人民的精神。学校还同时命名一批“2016思政郭凤韶班”“2015 思政袁咨桐班”“2014 思政姚爱兰班”“2013 思政石俊班”等“红色班级”。“红色班级”每年开展“五个一”工程活动，即读一本优秀的红色经典书籍、撰写一篇红色书籍读后感、参观一个爱国主义教育基地、观看一部红色题材的电影、开展一项红色课题的研究。通过开展“五个一”工程活动，不仅让青年大学生加深了对红色文化的了解，而且将红色基因内化于心、外化于形。“红色班级”的同学们一直坚持知行合一，服务社会，积极参加南京亚青会、青奥会、关爱留守儿童、帮扶敬老院老人等活动，通过志愿者行动践行青春风采。

（二）应用红色资源，开发大学生思想政治教育的校本特色

红色资源能激发学生的爱国热情，南京晓庄学院积极主动应用红色资源，开发具有高校特色的独特样本，让红色资源在校园中广泛传播，让大学生时时处于红色文化的熏陶中。

组建红色资源的宣讲团队。志愿讲解队是南京晓庄学院校园里一支极具活力的学生队伍，他们利用班会、团会时间，深入各班级开展“弘扬雨花精神，争做时代青年”“我光荣，我是雨花英烈讲解员”“做一名有担当敢负责的新青年”等交流座谈会，引导广大同学向榜样学习，引领校园精神文明建设，让红色文化成为高校校园文化的主流文化。

志愿者讲解队组成了英模宣讲团，定期深入学校党校培训班、“青马工程”培训班、团校培训班，通过理论宣讲，解读理想信念教育。宣讲内容结合宣讲对象的实际情况，讲述身边人的感人故事，避免了理论宣讲的空洞。“第一届全国未成年人思想道德建设先进工作者”陶勑恒、“江苏省教学名师”史爱华、“蝴蝶教授”李朝晖、“第三届全国道德模范提名奖”王景光、“全国优秀共青团员”黄岳、“感动南京”人物胡小五等学校师生的感人故事，均入选进宣讲稿。宣讲团用一个个鲜活的事例来告诉同学们坚定的理想信念才是人生发展的内在动力。

推进红色资源的科研平台。讲解队在做好日常志愿服务的同时，积极参与理论研究并荣获一系列表彰。调研作品《探寻抗日英烈的足迹——南京市抗日烈士纪念地现状调查报告》荣获第十四届“挑战杯”大学生课外学术科技作品大赛江苏省特等奖、全国三等奖；大学生写给雨花台烈士的60篇回信，三篇荣获一等奖，获奖作品被收录进《穿越时空的对话——当代青年给雨花台烈士回信精选》书中。此外，讲解队成员在深入研究红色文化的基础上已发表相关学术论文30余篇。

撰写英烈事迹丛书。为深入贯彻习近平总书记视察江苏时的重要讲话精神，铭记革命先烈，弘扬革命精神，南京晓庄学院按照江苏省委宣传部、省作家协会的要求，组织创作了《晓庄十烈士传》和《青春永铸 · 晓庄十烈士传》。讲解队参与了两本书的调研和撰写工作。两本书展示了晓庄十英烈战斗一生的经历和他们的精神风貌，再现了他们的光辉事迹，勾勒出一幅感天动地的英雄群像，思想深刻且可读性强，对大众了解晓庄历史、弘扬雨花英烈精神、用好用活丰富的党史资源起到积极作用。两本书成为南京晓庄学院独具特色的校本教材，为学校大学生陶行知研究会、英模研究会、英烈精神研究会的同学学习、思考、传承和弘扬雨花英烈精神提供了保证、奠定了基础。

三、经验亮点

（一）传承创新，挖掘了红色资源的当代价值

习近平总书记多次指出，“要把红色资源利用好、把红色传统发扬好、把红色基因传承好”。[①] 红色文化传承创新具有重大历史价值和当代价值。南京晓庄学院雨花台志愿队以雨花台烈士纪念馆志愿讲解为核心，服务内容涵盖红色讲解、文化宣讲、史料整理、寻访实录等，一定程度上解决了红色纪念地讲解服务专职人员少、红色印记探寻实录深入挖掘难、红色文化弘扬辐射面小等问题。讲解队以新时期晓庄学子的身份向参观者讲述血雨腥风年代里晓庄青年的革命故事，传承创新红色文化，开发形式多样的文化产品，挖掘红色资源的精神内涵，弘扬红色资源的精神价值。

---

① 光明网－传承红色基因弘扬红色文化．2017. 11. 29. http://guancha. gmw. cn/2017－11/29/content_26952667. htm

（二）开辟途径，拓宽了核心价值观培育新形式

红色文化传承创新的过程也是当代大学生学习红色文化、践行时代使命和宣扬、培育、践行社会主义核心价值观的过程。在专业指导教师的带领下，讲解队既充分发扬了当代大学生强烈的爱国主义精神和志愿服务意愿，又发挥了师范专业的优势，以英烈事迹宣讲为抓手，宣扬、传播爱国主义精神，培育自身、他人爱国、敬业、诚信、友善的优良品质，这是培育与践行社会主义核心价值观的一项成功探索。活动受到各方媒体的关注，已成为由地方政府支持、学校团委组织、专家教授指导、大学生青年志愿者为主体、无限受益面的专业化、品牌化服务项目，成为培育与践行社会主义核心价值观的一个常态化、长期化重要方式。

（三）助力成长，发挥了青年学子先锋作用

雨花英烈精神志愿讲解将红色文化传承与大学生自我成长结合起来，既服务了社会，也充分彰显了“服务性学习”的教育理念，满足了青年大学生自我发展、自我提升的需要，促进大学生在服务中学习，在服务中成长。从最初的胆怯、害羞到历练成长后的自信、侃侃而谈，这样的过程让每一个讲解队员都觉得受益匪浅。志愿讲解引导青年开阔视野，提高思辨能力，对人生与理想、前途与责任等问题进行深入思考，树立起远大理想信念，将个人的青春梦和中国梦的实现有机结合；引导青年学生尤其是学生党员，发挥先锋模范作用，并以此带动更多身边的人，树立科学的信仰和理想，确立正确的人生目标。一直以来，雨花英烈精神在晓庄校园里流传、纪念并被时刻牢记践行，在学校人才培养和社会服务中充分发挥了教育人、引导人、激励人的重要作用。

点缀艺术人生　张扬青春风采

美育是审美教育，也是情操教育和心灵教育，不仅能提升人的审美素养，还能潜移默化地影响人的情感、趣味、气质、胸襟，激励人的精神，温润人的心灵。美育与德育、智育、体育相辅相成、相互促进，把培育和弘扬社会主义核心价值观融入高雅艺术进校园全过程，对唱响爱国主义主旋律，传承和弘扬中华优秀传统文化，培育深厚的民族感情具有重要意义。

南京大学民族乐团以"弘扬民族文化、倡导高雅艺术、推进素质教育、展示学子风采"为宗旨，开展中华优秀传统文化教育，提高大学生综合素质，已成为学校开展艺术实践活动的重要载体、创建优秀校园文化艺术氛围的重要平台、展示学生素质教育成效的重要窗口。

西华大学围绕主题教育，以师生乐见的方式和高水平的艺术表演，着力打造的集观赏性、教育性、艺术性于一体的迎新晚会，将社会主义核心价值观落细落实，营造了浓厚的尊师重教氛围，成为学校培育和践行社会主义核心价值观的有效载体、师生共同的文化记忆、学生艺术实践的平台和放飞青春梦想的舞台。

西安外事学院以社会主义核心价值观为引领，打造校园文化精品话剧《白鹿原》，通过艺术教育和思想政治教育相结合，充分发挥戏剧艺术在加强思想政治教育、培养道德情操、提高审美修养方面的特殊功能和潜移默化的育人效果，弘扬优秀文化，践行核心价值，切实培养出社会主义合格建设者和可靠接班人。

怀化学院影像艺术节，在校台联合指导团队的专业指导下，以广播电视学专业为实施主体、动员全校学生广泛参与，以创作与传播微电影、公益广告、纪录片、专题片、电视散文等原创影视作品为主要内容的校园文化活动，经十载传承，已成为学校以影视文化为载体、践行立德树人的新平台。十年来，艺术节薪火相传。

南京审计大学有悠久的辩论文化传统。“世界华语辩论锦标赛”秉持“君子和而不同”的理念，通过辩论，促使学生“博学、审问、慎思、明辨、笃行”，融价值引领、情操陶冶和能力培养于其中。在学校的大力支持与引导下，每一场辩论和每一次赛事组办都是学生自我教育和自我潜能激发的过程。在不断改革创新的历程中，“世界华语辩论锦标赛”成为校园文化产品供给侧改革的典型案例。

“夏荷”成长“云”计划是郑州信息科技职业学院近年来开展成长教育的创新实践。该计划分入学、在读、毕业三个部分，分别以“启”“实”“绘”为核心。计划实施中注重发挥学院在信息技术方面的优势，广泛应用微信、微课、微电影等学生喜闻乐见的互联网载体，再配合以丰富多彩的线下活动，寓教于乐、潜移默化地引导学生成长成熟。

武汉音乐学院艺术团坚持“以人民为中心”的文艺方向，以“受过最专业训练的群体为最广泛的听众奉献最好听的音乐”为目标，以“经典艺术的时尚表达”为品格，自行“模拟文化产业规律”，面向社会举办研究生实践音乐会，在切实做好培育和践行社会主义核心价值观、进一步推动高校发挥文化传承创新功能等方面发挥了积极作用。

面对全球化程度不断加深，世界范围思想文化交融，以及改革开放和发展社会主义市场经济条件下思想意识多元的新特点，高校更需要开拓新思路、寻找新方法、探索新模式，对大学生进行深入的价值观教育。清华大学《马兰花开》的编演过程通过思想性、艺术性和实践性的结合，成功地在思想政治教育过程中提高了学生的参与度，在培养过程中激发起学生的自主性，在实践过程中发挥出学生的创造性。

厦门大学“中文有戏”演出季以该校中文系戏剧影视文学专业为依托，以学生为创作核心的、大规模的校园戏剧展演季，历经多年实践，该项目已经成为一个广受关注和好评的校园文化精品，也探索出了一条有专业特色、接本校地气的“文化育人之路”。“中文有戏”已经逐渐成为富有厦大特色的全校性校园文化建设平台体系。

30 弘扬中华优秀传统文化 打造一流大学校园文化品牌

——南京大学民族乐团20年助力学生成长

南京大学以“南京大学民族乐团”为活动载体，实施民族音乐文化海内外传播与校园文化艺术实践，开展中华优秀传统文化教育，陶冶大学生道德情操，丰富大学生校园文化生活，提高大学生综合素质，形成了独具特色和较为完备的体系。作为高校校园文化建设优秀成果，具有以下特点：

一、民族乐团是一支具有国内外影响的高水准大学乐团

南京大学民族乐团成立于1996年，成员全部由文、史、哲、经、管、法、理、工、医等各学科专业的本科生、研究生组成。乐团弓弦、弹拨、吹奏、打击等各种乐器齐全，主要以合奏、齐奏、重奏、独奏等形式演奏中国民族音乐。民族乐团以“弘扬民族文化、倡导高雅艺术、推进素质教育、展示学子风采”为宗旨，以训练有素、配合默契、演奏求精而深受广大师生和社会各界朋友的一致好评。20年来，民族乐团已参加各类演出活动1000余场次，奉献了200余首中国音乐作品。南京大学民族乐团的指导教师均由本校音乐专业的老师担任，他们具有较高的政治思想素质、良好审美修养和较强的教学和指导能力，多次受到各类教学奖励。除本校专业教师指导外，还聘请国内外著名专家参与乐团辅导，指挥家卞祖善、陈燮阳、石中光，二胡演奏家闵惠芬、朱昌耀、宋飞，笛子演奏家俞逊发、张维良，琵琶演奏家吴玉霞、陈音，古筝演奏家王中山等专家都亲临乐团辅导。民族乐团因水平高、影响大，2003年被命名为“江苏省大学生民族乐团”。

二、民族乐团已成为校园文化艺术活动品牌

乐团全体成员认真学习贯彻习近平总书记系列重要讲话精神，积极培育和践行社会主义核心价值观，坚定中国特色社会主义文化自信。乐团发挥中华优秀传统文化的育人功能，以民族音乐文化陶冶大学生的性情，培养大学生爱祖国、爱人民、爱社会、爱生活的美德，把德育教育渗透到音乐文化教育中去，根据音乐文化教育的自身规律，在潜移默化中育人、养性、怡情，促使大学生志存高远、放飞梦想。经过20年的努力，民族乐团的艺术实践水平不断提升，演出和创作均已达到较高层次，成为学生课余自我素质培养、培育高雅兴趣爱好、延续和拓宽课堂教学内容、开展艺术实践活动的重要载体，成为学校引导学生从事健康文明的业余文化生活、创建优秀校园文化艺术氛围的重要平台，成为学校展示学生素质教育成效的重要窗口，已成为校园文化艺术活动品牌。

三、民族乐团坚持课程教学与艺术实践紧密结合

中华优秀传统文化教育与民族音乐艺术实践作为实施素质教育的重要途径之一，在提高大学生综合素质方面具有独特作用：一是提升大学生的思想和道德水准；二是提高大学生的审美修养和鉴赏能力；三是启迪大学生的智慧和创新思维；四是促进大学生身心和情感健康发展。乐团指导老师张静波教授每学期承担了《音乐艺术与审美》《中国音乐概述》《民族器乐赏析》《合奏与指挥》等4门课程教学，每学期有1000余人修读，深受学生好评。张静波教授自乐团创办时，坚持20年课程教学与艺术实践活动紧密结合，并形成了一定的理论研究成果，出版教材两部，发表学术论文60余篇，主持和参与部省级科研项目九项，将艺术理论教学与艺术实践深度融合，利用课余时间组织学生开展艺术实践活动。

四、民族乐团配合孔子学院开展音乐文化交流活动

2009年以来，南京大学民族乐团连续七年受国家汉办委派，赴美国、德国、加拿大、英国60余所孔子学院和20余所孔子课堂，演出80余场次，开展民族音乐文化交流活动，生动展示了中国当代大学生的风采，进一步扩大了南京大学的国际影响力，广泛传播了中华优秀文化。尤其是出访演出将中国古典传统音乐与中国

书画、武术、民歌、民间舞蹈等完美结合，充分展示中国精神、中国力量、中国风格的丰富文化内涵和独特的艺术魅力。每一场演出都受到孔子学院师生及当地政府、民众的热烈欢迎和强烈反响。

南京大学民族乐团在英国首次访问演出期间，英国 Step in Side The BBC 专门邀请乐团部分成员在电台作了一档 1 小时的直播节目，介绍中国民乐和主要乐器。《兰开夏晚报》官网新闻、伦敦商学院网站、威尔士大学、兰彼得学院官网新闻、谢菲尔德大学网站新闻、英国女王中学官网新闻、兰开夏大学网新闻、Penworthem 镇官网等都对乐团演出作了热情洋溢的报道。多年来，国务院新闻办公室门户网、外交部网、中央电视台新闻频道、新华社、中国新闻网、英国 BBC 广播电台、加拿大多元文化电视台、加拿大 OMNI NEWS、中日新闻等多家海内外著名媒体，先后报道南京大学民族乐团在海外孔子学院的巡演活动，高度赞扬乐团高水准的演出和大学生的综合素质，充分肯定乐团为传播中华优秀传统文化所做出的积极贡献，产生了很好的社会影响和国际影响。

五、民族乐团享誉海内外

20 年来，乐团曾多次走出国门，应邀赴美国、加拿大、英国、法国、德国、日本、韩国、俄罗斯、马来西亚、新加坡以及台湾、香港、澳门等多个国家和地区的 40 多所高校开展文化交流活动，展示中国大学生文化素质。20 年来，“南京大学民族乐团”完成教育部、江苏省教育厅“高雅艺术进校园”的演出任务共 30 余场次，并与西藏、广西及省内的 30 多所高校举行校际互访交流演出，在全国高校中产生了很好的反响。国务院副总理刘延东、原教育部长袁贵仁、原教育部副部长周远清、吴启迪、章新胜分别观看演出，并给予高度评价。中央电视台、中国教育电视台、《人民日报》海外版、光明日报、中国教育报等媒体多次报道，受到海内外广泛好评。近年来，在教育部举办的四届“全国大学生艺术节展演活动”中，《秦淮灯市》《节日》等多个节目荣获一等奖，指导老师多次获得优秀指导教师奖和先进个人奖，乐团荣获“先进集体”奖。

31　打造会讲故事的华丽舞台　构筑入脑入心的文化记忆

——“西华秋韵”培育践行社会主义核心价值观的探索与实践

“教育贵乎熏习，风气赖于浸染”。加强高校思想政治工作，要注重文化的浸润、感染、熏陶。校园文化潜移默化地影响着青年学生，作为隐性教育在文化育人与价值引领方面发挥着重要作用。西华大学围绕立德树人根本任务，立足爱国爱校教育、立志成才教育和尊师重教教育，以高水平的原创表演和师生喜闻乐见的表现方式，连续九年打造集思想性、艺术性、观赏性于一体的校园文化品牌——“西华秋韵”迎新文艺晚会，坚持不懈培育践行社会主义核心价值观。

一、理念思路：在浸润式审美体验中培育社会主义核心价值观

“西华秋韵”迎新文艺晚会至今已连续举办九届，学校党委坚持思想性、艺术性、观赏性并重，按照“文化育人的载体、艺术实践的舞台、嘉宾云集的盛会、有口皆碑的品牌”四大目标，将晚会作为文化育人的重要载体和培育践行社会主义核心价值观的重要途径。

一是凸显思想性。学校致力于将“西华秋韵”打造成新生和新教师“开学第一课”，通过晚会节目创意，集中展示西华精神和办学成绩，将爱国爱校教育、尊师重教教育和立志成才教育贯穿始终，发挥文化滋养心灵、涵育德行和引领风尚的作用。社会主义核心价值观通过晚会在学校落地，在师生心中生根。

二是强调艺术性。学校将晚会与艺术表演类专业教学实践汇报演出紧密结合，通过高水平的导演组对晚会节目质量严格把关，确保晚会节目保持较高的艺术水平。

三是注重观赏性。晚会注重观众观赏体验和全员参与，尽力满足观众观赏需

求,迎合青年学生审美爱好,通过线上线下互动扩大晚会影响面和参与度。

四是强化育人性。学校将“西华秋韵”打造成嘉宾云集的盛会,通过晚会将社会各界嘉宾、校友、在校师生紧密联系在一起,形成育人合力。

“西华秋韵”以社会主义核心价值观为指导,以文化育人为目标,以全员参与为手段,在浸润式审美体验中为师生带来启迪和感动,以文化人、以文育人,不断深化社会主义核心价值观教育。

二、具体做法:通过高水平的艺术表演讲述校园文化育人故事

(一)讲好校园故事,践行核心价值。

学校精心策划晚会内容,通过原创音乐、诗歌和舞蹈,将“西华秋韵”的舞台打造成讲述学校建校历史、教师奉献故事和学生成才故事的舞台,打造成展示学校成就和抒发爱国情怀的舞台,弘扬青春正能量,增强学校凝聚力。

爱国爱校教育贯穿始终。历届晚会都高度重视爱国爱校教育,突出主旋律,传播正能量。每年晚会都安排在国庆前后,围绕时政热点和改革开放取得的重要成绩创作一系列艺术作品。比如,围绕航天事业发展创作舞蹈《奔月》;结合抗洪抢险创作舞蹈《洪流中的使命》;2008 年汶川大地震,师生同台朗诵校友叶浪创作的诗歌《我有一个强大的祖国》,催人泪下,反响极好。校情校史教育是恒定主题,根据建校历史创作舞蹈《毛主席来到咱红光》,充分展示西华人“知难而进、自强不息”的奋斗精神;原创音乐剧《这里是西华》以百老汇风格的歌舞讲述西华历史、展示西华成就;原创诗朗诵《我们的西华》由老师、校友、学生同台朗诵,以不同身份、不同视角表达共同的爱校情怀。

尊师重教氛围浓厚感人。“西华秋韵”的舞台也是表彰优秀教师的舞台。一批批优秀教师、优秀教育工作者、优秀科技工作者登上秋韵舞台,接受学生献上的鲜花,赢得全校掌声。学校还在学生推荐、投票的基础上,评选出“我最喜爱的老师”在“西华秋韵”上隆重表彰。晚会节目坚持原创,通过展示教师优秀事迹,营造浓郁的尊师重教氛围,也对新教师进行生动的入职教育。年近 80 岁的退休教师与中青年教师同台朗诵原创诗歌《教师的誓言》,近两万观众自发打开手机照明灯,为老师们点亮一片“星海”,台上台下互动场面极为感人;新进教师表演舞蹈《变成蜡烛照亮你》拉近了师生距离,掀起晚会高潮。

立志成才教育成效显著。“西华秋韵”已经成为学生心中的“奥斯卡颁奖典礼”。每年晚会都会隆重表彰“西华之星”，对在科学研究、创新创业、公益服务、见义勇为、自强不息、文体艺术竞赛等方面表现突出的学生进行隆重表彰，讲述他们的成长故事，展示他们在大学期间的成绩和表现。通过塑造身边榜样，对新同学进行了生动的成长成才教育，激励他们立志成才、追求梦想。

（二）严格要求质量，共享艺术盛宴。

学校由党委宣传部牵头，组成了一批由艺术学院、人文学院、体育学院专家教授构成的高水平导演组，从舞美、灯光、音效、语言、音乐、舞蹈等方面为晚会把关。每个节目都有专业教师负责指导，历经层层筛选、打磨的节目才能登上“西华秋韵”的舞台。

孵化原创节目，彰显文化自信。“西华秋韵”是校园文化艺术作品的孵化器，借晚会契机，全校师生集中创作，精心打磨，催生了一批高质量、高水平的艺术作品。原创作品《奔月》《羌寨里的年轻人》《洪流中的使命》《魔法师》等作品经“西华秋韵”晚会孵化，多次在全国荷花杯、桃李杯舞蹈大赛和大学生艺术节上获奖。

教学实践锻炼，走向更大舞台。学校着力将“西华秋韵”打造成音乐、舞蹈、表演、播音主持专业的教学实践平台，将晚会节目表演纳入教学实践环节，构建了“秋韵搭台、教师指导、学生成长”的育人模式。一批批优秀节目从“西华秋韵”的舞台走向全国乃至世界，一批批优秀艺术人才从这里迈上了更大的舞台。西华大学啦啦操队与秋韵同成长，他们先后亮相2008奥运会、广州亚运会、世界大学生运动会，在2015年世界啦啦操锦标赛决赛中获爵士组第三名，代表着中国啦啦操表演的顶尖水平。艺术学院舞蹈队历经秋韵磨练，在老师的指导下表演水平得到各界好评，受邀参加中央电视台“五月的鲜花，我们的中国梦”和“领航中国——喜迎党的十八大胜利召开”文艺晚会表演。

构筑育人平台，助力学生成才。“西华秋韵”在推进学校公共艺术教育方面发挥了重要作用。以校园歌手大赛为基础，经“西华秋韵”舞台孵化的西华大学好声音团队，在首届、第二届全国高校“校园好声音”大赛总决赛中先后夺得全国冠军、亚军；2016届材料科学与工程学院学生黄柯，作为西华好声音团队核心成员在音乐领域成功创业，毕业后开办T. L音乐工作室和真爱音乐酒吧，在成都市文广新局、成都市科技局主办的“菁蓉创享会·音乐专场”中获得460万元意向投资。

（三）各界嘉宾云集，形成育人合力。

“西华秋韵”始终坚持“开放办晚会”，通过邀请校外媒体、社会各界人士参加晚会，不仅借晚会的契机展现办学成果，展示学校软实力，源源不断地传递西华“好声音”，而且借助社会各界力量形成育人合力。四川省教育厅、四川省文化厅、四川省文联、成都市委市政府、凤凰卫视、成都军区战旗文工团等单位和兄弟高校的领导和来宾每年都会莅临晚会现场，校友代表、家长代表也应邀观看晚会，每年现场观众接近2万人。

受邀嘉宾不仅作为晚会观众，还上台担任主持人、演员，并担任优秀教师和优秀学生的颁奖嘉宾。嘉宾的精彩表演以及成长故事、人生感悟成为激励学生成才的鲜活教材。凤凰卫视资讯台总编辑兼首席评论员阮次山、凤凰卫视主持人沈星客串主持；学生家长、西藏军区文工团副团长、国家一级演员巴桑一展歌喉；大学生创新创业导师、校友邓雪敏与师生同台朗诵。凤凰卫视资讯台副台长吴小莉、国家一级战斗英雄赵宇、凤凰卫视时事评论员郑浩、新尚集团董事长唐立新等企业界捐资助学代表和历届在各领域表现出色的优秀校友都曾作为颁奖嘉宾参加晚会，并与学生分享成长心得。

同时，学校以“西华秋韵”为契机，邀请社会各界人士来校，组织时事报告会、创新创业座谈会、校友活动月等活动，形成育人合力，拓展办学资源。

三、经验亮点：在打造活动品牌的过程中积淀共同的文化记忆

“西华秋韵”已经逐渐成为校园文化品牌，在地方政府教育文化管理部门、兄弟高校、四川本地媒体和文化艺术界口口相传，形成良好的口碑。“西华秋韵”在家长、校友、师生心目中，也成为一年一度的文化期待、文化自信和文化记忆。

网上网下好评如潮。“西华秋韵”借助新媒体，实现网络直播与线上互动，不断扩大晚会影响力。#西华秋韵#微博话题多次成功进入新浪微博热门话题榜，实时阅读量突破百万，引发线上线下同步关注的热潮；“我最喜爱的秋韵节目”易班投票吸引了6万多条用户留言；2016年，晚会首次采用视频直播网络同步播出，未能亲临现场的校友、家长也能在网络专区观看节目、参与晚会互动。2016年，学校在新生入学之际通过网络平台征集到2万余条“我的大学梦想”，在晚会现场展示并抽奖，线上线下互动，营造了敢于有梦、勇于追梦、勤于圆梦的校园氛围。

校内校外高度认可。学校曾连续两年对毕业生做问卷调查,了解学生对西华印象最深的十件事件,“西华秋韵”都排名第一。很多学生对西华的归属感、自豪感从“西华秋韵”开始建立。《中国教育报》以《西华大学:青年学生逐梦的“助跑者”》为题对“西华秋韵”搭建育人平台进行了专题报道。成都电视台主持人张毅评价说:“西华大学的组织能力与节目质量都很专业,每年都有不一样的惊喜,这是送给新生最珍贵的礼物。”凤凰卫视资讯台副台长吴小莉评价道:“西华秋韵让我想起我的校园时光,希望以后有更多的机会能在西华大学作报告。”

历经九载岁月,“西华秋韵”文艺晚会已经逐渐成为校园文化品牌,成为师生共同的文化记忆,成为学生艺术实践的平台和放飞青春梦想的舞台,成为学校培育和践行社会主义核心价值观的有效载体。

32 打造精品话剧《白鹿原》培育特色校园文化

——西安外事学院全面践行文化育人

西安外事学院在长期办学过程中，将校园文化建设融入办学全过程，明确把铸造校园文化精神、建设优秀校园文化品牌，作为提高人才培养质量、推进学校建设与发展的战略举措，持之以恒常抓不懈，在构建特色校园文化、打造校园文化品牌、全面践行文化育人方面取得了一定成效。

一、培育特色校园文化，全面践行文化育人

西安外事学院以“突出的价值导向、全面的素质养成和持久的情操陶冶”为三大基本功能，以培养高尚人格、形成优良校风、营造高雅环境、提高整体素质、培育创新能力为主要内容，以培养优秀人才、促进学校发展为目标，确立了“多元集纳、自强创新”的办学理念和校训，凝练了“不拘一格、博采众长、坚忍不拔、志存高远”的校园文化精神，形成了“爱岗敬业、感恩奉献”的校风、“以生为本、立德为先”的教风、“发展个性、注重养成”的学风，铸造了“精神高远、风气高尚、环境高雅”的校园文化品牌，充分发挥校园文化在价值导向、素质养成和情操陶冶方面的突出功效，为显著提高人才培养水平、持久促进学校的建设与发展，提供丰沛的精神支持和文化动力。

为持续推进校园文化建设，培育特色校园文化，近三年来，西安外事学院以社会主义核心价值观为引领，打造校园文化精品话剧《白鹿原》，通过艺术教育和思想政治教育相结合，充分发挥戏剧艺术在加强思想政治教育、培养道德情操、提高审美修养方面的特殊功能和潜移默化的育人效果，用文艺的形式开展大学生思想政治教育，弘扬优秀文化，践行核心价值，切实培养社会主义合格的建设者和可靠

接班人。

二、打造精品话剧《白鹿原》，探索文化育人新模式

（一）弘扬优秀文化，强化育人功能，创编话剧《白鹿原》

一是突出弘扬爱国主义。将核心价值观深刻内涵融入到剧本之中，对国家、民族、革命历史进了理性思考、对我党奋斗历程和革命经验进行了重现和总结，提亮主题色彩，突出爱国主义。二是大力弘扬中华民族优秀文化和价值理念。在尊重原著的基础上，对小说《白鹿原》重新解读，全新架构，突出中华民族历经磨难而不屈精神品格，爱国和仁义这一中华民族最核心的价值理念，并以此为主线统领剧情编排和人物塑造。三是突出剧本创编的育人功能。师生们在剧本创作中更加深入地了解了原著所呈献的优秀传统文化、民族精神和共产党人的革命情怀。

（二）融合思想政治教育和艺术教育，构建文化育人新模式，排演话剧《白鹿原》

一是将舞台和讲台融为一体，创新艺术教育模式。在话剧排演中，将课堂教学和舞台演出相互融合，让学生投身高要求的专业实践并通过专业舞台的历练全面提升自已，以舞台实践的教学互动，带动学生的思想、历史、道德、文化、艺术等的全面学习和提高。目前，学校初步建立起“以演带教、以练促教、演练结合、教练相长”、“教、练、演”有机融通的新型艺术教育实践教学模式，为高校艺术教育实践教学探索出一种新方法、新途径、新机制，成为民办大学探索深化艺术教育实践教学改革的一个优秀成果。中央电视台等媒体均在第一时间给予了专题报道，盛赞该剧为“艺术人才培养模式的大胆创新”。

二是将思想政治教育和艺术教育相融合，践行核心价值，探索大学生思想政治教育新途径。在话剧《白鹿原》的排演中，通过话剧这一特定的艺术表现形式呈献传统文化的核心价值理念，使核心价值观不再抽象，让学生在艺术创作的同时，感知人性的善恶，净化心灵、内化德性，重塑自我人格，达到以文化人的目的；同时让学生感受艺术魅力、接受艺术熏陶，提升批判性思维，强化对革命历史的理性思考和对革命经验的辩证吸收，加强思想政治教育。

（三）发挥大学文化的传承创新功能，传播社会正能量，展演话剧《白鹿原》

已先后在全国 12 个省市展演话剧《白鹿原》26 场次，观众总计 5 万余人次，将

“高雅艺术出校园”，传播正能量，为践行核心价值、推动社会文化发展贡献力量。日前，话剧《白鹿原》已入围陕西省重大文化精品项目，将在陕西及各大高校进行巡演。陕西省委宣传部并正在协调推荐该剧在人民大会堂公演。

三、话剧《白鹿原》展演后获得强烈社会反响，突显文化育人功效，彰显文化在弘扬核心价值观中的引领效应

话剧《白鹿原》在全国展演后，获得广泛好评。多位国家领导人，教育部、文化部等部委负责同志及文艺界的专家、学者出席观看演出，一致认为该剧艺术处理精当，符合社会主义核心价值观，是一部成功的名著改编。陕西省委书记娄勤俭同志观看演出以后，给予充分肯定，当即指示有关部门给予支持，全力打造成为陕西乃至全国的精品剧目。陕西省委宣传部陈彦副部长观看演出后评论道：“这是一部改编《白鹿原》的成功之作！写出了生命与土地的关系，画卷波澜起伏，内蕴博大沉雄。名著改编实难，但该剧剪裁得当巧妙，人性表达深刻且得体。导演处理适度。音乐用得恰如其分。尤其是演员表演，群像自然，质朴，准确。”西安第四军医大学郭军老师说：“看完《白鹿原》话剧，非常震撼，这部剧里面我们看到的不仅是一个时代的变迁，也看到了中国文学以及中国最原生态的东西的一种呈现，值得我们现在很多人深思，比我们看的那些综艺节目、明星演出，真的好多了，这才是我们的经典文化。现在的大学生正需要这样的经典剧作去教育他们、感染他们、影响他们。”话剧《白鹿原》展演后，中央电视台、陕西电视台、天津电视台、广东电视台等 13 家电视媒体联动报道，人民网、中国文化报、陕西日报、华商报等媒体刊发了深度报道，产生了强大的社会影响力。

四、充分发挥《白鹿原》辐射示范和带动作用，开展系列校园文化活动，形成校园文化品牌，构建校园文化建设的长效机制

（一）话剧《白鹿原》成为校园文化品牌，具有典型的示范带动作用

一是在话剧《白鹿原》展演活动的辐射带动下，丰富了大学生思想政治宣传教育的平台和渠道。二是充分发挥话剧《白鹿原》的品牌效应，促进区域经济发展。

（二）话剧《白鹿原》辐射带动了系列校园文化活动的开展，多元发挥了校园文化育人功能

一是带动以课外社团活动和文体活动为主平台，培育学生人文艺术素质的功能。在话剧《白鹿原》展演活动的带动下，学校组建了大学生艺术团、舞蹈协会等100余个社团组织，涉及学术科技、社会实践、文学艺术、体育竞技四大类，参与学生达10000余人。这些社团开展各种活动，参加校内外各种文艺汇演、艺术比赛以及社会文化艺术普及活动。学校被陕西省文化厅授予“大学生艺术实践育人基地”。

二是以课外文化科技活动为主渠道，培育学生创新能力。在话剧《白鹿原》展演活动的带动下，课外文化科技活动开展得多姿多彩，锻炼和提高了学生灵活运用课堂知识和书本理论知识的能力，激发了广大学生锐意创新、迎接挑战的创新潜能，培育了广大学生的创新能力和素质。

（三）总结打造精品话剧《白鹿原》的经验，构建了校园文化建设的长效机制

一是目标定位明确。二是领导体制完备。三是工作机制完善。四是各项保障到位。

推进校园文化建设，打造特色校园文化，需要在长期实践中培育和形成。今后，学校将在打造精品话剧《白鹿原》的基础上，总结经验，以推动更多富有教育意义的优秀校园文艺作品涌现，进一步丰富、创新校园文化，践行核心价值，开展大学生思想政治教育，实践文化育人，切实培养国家需要的建设者和接班人。

33　打造校园影视文化　构建立德树人新平台

——怀化学院影像艺术节十载传承铸品牌

影视文化具有直观形象、形式多样、娱乐性强等特点，在传播效果上又有很强的渗透性和导向性，是大学生思想政治教育工作从灌输型教育向渗透型教育、从被动教育向自我教育转变的有效载体。怀化学院影像艺术节，依托教育部“本科教学工程”大学生校外实践教育基地——“怀化学院—怀化市广播电视台文学实践教育基地”，在校台联合指导团队的专业指导下，以广播电视学专业为实施主体、动员全校学生广泛参与，以创作与传播微电影、公益广告、纪录片、专题片、电视散文等原创影视作品为主要内容的校园文化活动，经十载传承，已成为学校以影视文化为载体、践行立德树人的新平台。

一、理念思路：以影视文化为载体，落实立德树人根本任务

历经十载磨砺积淀，影像艺术节以影视文化为载体，以落实立德树人根本任务为核心，形成了明确的工作理念和思路：

（一）以影视作品创作为手段，创新实践育人新途径

习总书记强调，要坚持把立德树人作为中心环节，把思想政治工作贯穿教育教学全过程，实现全程育人、全方位育人。影像艺术节引导并推动大学生走出校园搞创作，下到基层，深入群众，在创作实践中去体验社会、了解国情，去接触感动人物和道德模范，去培育吃苦耐劳的精神和社会责任感，从而使他们在潜移默化中受到深刻的思想道德教育。同时，怀化电视台的资深媒体人与校内教师组成指导团队，使学生在专业的指导中提升影视创作能力。

（二）以影视作品展播为载体，陶冶大学生的道德情操

习总书记强调，要引导广大师生做社会主义核心价值观的坚定信仰者、积极传播者、模范践行者。影像艺术节鼓励和引导大学生积极创作传播社会主义核心价值观、优秀传统文化、地方民俗民风民情、感动故事、最美风尚的影视作品，通过校园集中展播和新媒体传播，丰富校园文化生活，提升大学生思想道德素质。

（三）以影视作品评比为抓手，提升校园影视文化的品位

习总书记强调，要更加注重以文化人以文育人，广泛开展文明校园创建，开展形式多样、健康向上、格调高雅的校园文化活动，广泛开展各类社会实践。影像艺术节立志打造怀化学院影视文化的“艾美奖”，通过对原创影视作品进行专业评比，设立10多个不同的奖项，并隆重举办仪式感很强的颁奖晚会，引导学生创作弘扬社会主义核心价值观、主题鲜明、构思新颖、艺术水准高的优秀作品，在浓厚的影视文化氛围中提升大学生的影视文化品位，实现以文化人、以文育人。

二、具体做法：多部门、多举措、多方位、多途径打造精品活动

经过十载的探索实践，影像艺术节已形成稳定、成熟的操作流程和方法。

（一）精心组织，多部门协同打造精品

校领导高度重视，教务处、宣传统战部、学生处、校团委、文新院五个主办单位通过给经费、给政策、给建议等方式协同打造精品活动；怀化电视台的资深媒体人与文新院新闻学教研室教师联合组建指导团队，并以广播电视学专业学生为主体组建影像艺术节组委会。

（二）宣传发动，多举措推动学生参与

组委会制作专门的宣传广告、演员招募视频、影视作品征集海报等，除采用现场招募、招贴海报、校电视台、GTV平台等传统方式外，还广泛采用微信公众号、微博、小咖秀、易企秀、IH5、朋友圈、QQ空间、美拍APP、蜻蜓FM、网络直播、百度贴吧等新媒体方式进行宣传发动。通过充分运用大学生喜欢的新技术、新手段，与他们的各种媒介接触点实现无缝对接，有效提高传播到达率和活动影响力，并使影像艺术节更富时代气息。

（三）全力投入，多方位增强活动实效

在校台联合指导团队的专业指导下，每届影像艺术节学生都要历时近半年，

全力创作影视作品和筹备两台主题晚会；经指导团队认真筛选，确定集中展播30~45部作品。在为期一个星期的集中展示阶段，邀请校领导、部门领导、各院系师生参加主题开幕式、闭幕式暨颁奖晚会和影视作品展播，并通过网络直播平台、校园电视台、校园网“书山影视”平台、GTV等进行现场直播和展播。

（四）深化运用，多途径延伸作品功能

集中展示结束后，还要对成果进行深化运用：一是作为德育教育、创新创业教育和影视创作的典型案例，运用到课堂教学中；二是部分优秀作品在怀化电视台、腾讯视频、优酷、微信公众号等平台进行展播；三是部分优秀作品在优化提升后参加各种比赛项目；四是将录制的两台晚会、展播作品与艺术节的过程材料、作品文案、心得总结等一起汇编存档。

三、经验亮点：实现体验型、感悟型、内化型育人

影像艺术节通过汇聚校内外的优质资源与指导力量，以活动的专业性为基础，不断深化、拓展其德育功能，充分运用影视文化这一寓教于乐、寓教于情的手段，实现了从刻板型、说教型、管制型教育向体验型、感悟型、内化型育人转变。

（一）潜移默化地陶冶了大学生的思想道德情操

一是在影视创作阶段，大学生深入群众、走进民间，用影像去记录道德模范的感人事迹，去挖掘抗战英雄的历史故事，去展现草根人物的励志奋斗路程，去寻访蕴藏在民间的文化遗产，在创作实践中受到了深刻的思想道德教育。如在对洪江市20位道德模范评选候选人的采访中，被候选人践行社会主义核心价值观的点点滴滴所感动；在对抗战老兵的寻访中，被他们的爱国情怀和牺牲精神所震撼；在对非物质文化遗产的记录中，被中华优秀传统文化所感染。二是在影视作品展播与新媒体传播阶段，每届艺术节大概有3500人次参加现场观影，通过各媒体平台收看者超过10000人次，不少传播社会主义核心价值观的优秀作品，如在全国大学生广告艺术大赛（公益类）中获二、三等奖作品《留守希望》《各尽所能　爱国爱家》《小善举　中国梦》等，极大地陶冶了观影大学生的道德情操。

（二）卓有成效地丰富了大学校园文化生活

经过10年发展，影像艺术节通过打造一年一度的影视盛宴，已发展成为全校影视创作爱好者交流经验、展示成果和共享资源的平台，也是全校影视创作能力

培养、呈现与竞技的舞台。十年来，参与学生达3.15万人次，孵化影视作品630余部，集中展播266部，举办主题开幕式晚会9台、颁奖晚会9台，营造了浓厚的影视文化氛围，丰富了大学校园文化生活，提高了大学生的审美品位和影视素养，已成为深受学生喜爱的校园文化活动品牌。2012年，被学生投票选为全校"十佳有影响力的学生活动"；根据影像艺术节的实践撰写的论文获湖南省第四届高等院校艺术教育科研论文三等奖。

（三）扎实有效地锤炼了参与者的影视创作能力

怀化电视台的资深媒体人与校内教师共同组成指导团队，保证了艺术节的专业性，使其成为全校影视创作能力培养和优秀影视作品孵化的重要平台，更是内化为广电学子心中的专业成人礼。不少优秀作品经优化提升后在各类赛事中获得了不菲的成绩，如第九届作品《岁月如戏》《湘西第一古镇·黔阳古城》分别获2016年中国大学生计算机设计大赛微电影组一等奖、二等奖。学生的影视策划与创作能力也得以大幅提升。据不完全统计，近三年来，孵化作品在全国大学生广告艺术大赛等赛事中获全国一等奖2项、二等奖3项、三等奖4项；在湖南省公益广告征集大赛、湖南省大学生广告艺术竞赛等各类省级赛事中获奖72项。通过艺术节锤炼的影视创作能力，成为不少学生就业创业中的核心竞争力，如第三届副导演李少彬，现（曾）为陕西卫视《中国真功夫》栏目主编、《国风秦韵》栏目编导、纪录片《秦腔古戏楼》总导演，北京诺格威文化科技有限公司、西安大圣数字科技有限公司的艺术总监；第五届执行导演柴广翰，现为《时代人物》杂志社委会委员、时代传媒总监兼新媒体总编；第一届执行导演唐文文创办了中传盛视（北京）文化发展有限公司；第四届执行导演汤军创办了湖南达睿文化传播有限公司等。2016年，以影像艺术节的实践作为关键支撑申报的项目"校媒协同构建层级性专业能力培养体系的探索与实践"，被教育部高等院校新闻传播学类专业教学指导委员会、中国高等教育学会新闻学与传播学专业委员会联合表彰为"全国新闻学与传播学教学创新项目"。

（四）春风化雨般地唤醒了大学生回报社会的意识

学生在深入群众的实践创作中，不断被自己的创作对象所感动，受到了深刻的思想道德教育，他们开始充分发挥自身的专业能力，以感恩之心回报社会。在校台联合团队的指导下，第二届影像艺术节协同怀化电视台策划了联办栏目《新农村》,学生深入农村创作了 59 期“三农”栏目,展现了当地“三农”的热点、焦点和难点问题,填补了怀化电视台无“三农”栏目的缺憾;第七届协同怀化电视台影视技术制作公司等单位,策划了《千年湘西 · 古城古镇古村行》系列文化纪录片摄制项目,共拍摄了 22 集,已由湖南人民出版社出版,首次对怀化地区古城古镇古村群落及其蕴含的建筑文化和地方民俗进行了系统的影像记录和深度挖掘;第十届承接了洪江市道德模范评选候选人事迹展播专题片、怀化市创建文明城市专题汇报片等拍摄项目。同时,学生也开始自觉主动地用影像记录怀化地区独特的自然风光和多彩的民俗、民风、民情,去采集散落在民间的历史记忆和故事,从而为当地的影像资料保存贡献了力量。十年来,依托影像艺术节,学生共开展服务地方项目 41 个,创作相关影视作品 139 部,产生了广泛的社会影响。

34　国际化背景下校园文化精品建设之路

——南京审计大学世界华语辩论锦标赛

南京审计大学以届次化形态举办的“南审杯”校园辩论赛破土而生，从此延续不断。24 年来，审计文化、辩论文化、大学文化相互激荡、相互融合，成为南京审计大学校园文化建设有别于其他高校的亮丽特色。将辩论文化置于校园文化建设和大学生人文素养提升的高度，致力于将南审辩论推向国际化舞台。

一、君子和而不同——世界华语辩论锦标赛提升大学生人文素养

世界华语辩论锦标赛既是一个辩论竞技平台，更是一个提升大学生人文素养的有效载体。“君子和而不同”，通过辩论，促使学生“博学、审问、慎思、明辨、笃行”，融价值引领、情操陶冶和能力培养于其中。

每届赛事都将辩题设计作为重点筹备工作，历届赛事辩题关注国计民生、社会热点和道德修养，力图使辩题成为厘清价值“混沌”的尺度和武器。比如，“在‘一带一路’的国家战略下，中国西部地区是优先走出去还是优先引进来？”“食品问题频发，制度缺失/管理缺失是主责？”“民主的进程取决于民众思想层次的提高/制度的健全？”“网络围观有助于/无助于解决社会热点问题？”等辩题无不包含着对社会主义核心价值观，对国家、社会、民族及个人的成与败、兴与衰、安与危、正与邪、荣与辱、义与利、廉与贪等方面的思考。

在共青团中央、江苏团省委等单位的支持与指导下，邀请张爱萍、周玄毅等知名教授学者，路一鸣、徐卓阳等央视知名媒体人，黄执中、林正疆等知名辩手担任评委，对辩题和辩论双方做出评判与点评，通过举办明星辩手表演赛，专家学者开设“辩论与人生”“学习方法与辩证逻辑的思考”等主题讲座和文化论坛，使得世

界华语辩论锦标赛成为思想碰撞、观点交锋的文化盛宴。

二、“值得尊敬”的校园文化活动——世界华语辩论锦标赛激发学生自我教育与自我潜能开发

2014 年 5 月,《中国青年报》(03 版)以“小社团如何撑起国际辩论赛”为题全面报道了“君和思辩社”这一成立仅 5 年时间的学生社团如何精彩举办国际辩论赛事的典型事迹。报道引起教育界、全球华语辩论圈的热烈反响。武汉大学教授周玄毅感叹:“最常见的是学校带着学生办活动,但像南审这样,学生自己牵头办大型活动从而推动学校文化发展,值得尊敬”。

培养高素质人才是高等院校的首要职能。思辩、表达、合作、分享、组织、创新等能力要素是高素质人才培养的应有之义。学校提供大力支持与引导,鼓励“君和思辩社”等学生社团走自我管理、自我教育的创新发展之路,每一场辩论和每一次赛事组办都是学生自我教育和自我潜能激发的过程。

每年四月,辩论的热烈气息弥漫所有参赛大学校园,通过卓有成效的赛事宣传发动,世界华语辩论锦标赛成为参赛高校的“热门事件”。每一场比赛开始前半小时,辩论场内所有能站人的地方,挤得“连张纸片都塞不进去”,盛况空前。

世界华语辩论锦标赛为什么有如此大的“魅力”? 赛事连续成功举办六年来,从未停止创新的脚步:

——成功打破地域阻隔、高校层次固化等桎梏,迄今已覆盖四大洲(含港澳台地区)307 所高校;

——始终坚持“公平、公正、公开”的办赛原则,突破传统高端赛事邀请制,实现零门槛报名;

——成功打造辩论生态圈知名 IP,实现了辩论赛制的创新,推出“世锦赛赛制”专有赛制名词,成功研制“奇袭”赛制,该赛制在《奇葩说》第二季等文娱节目中亦被采用;

——实现了学生社团(组织)业务协同,采用全球赛区承办招标机制,实行全球决赛现场运作,学生社团矩阵化协作,以赛事运作为载体,实现项目负责制。

种种创新之举,不仅盘活了校内外学生组织资源,更有效推动了校园文化产品生产方式的变革,实现了学生自发组织不断发展壮大和校园文化产品提质增效

的“双赢”局面。

2016 年,华语辩论网、“辩论”微信公众号发布“华语辩坛世界排名”,经过世界华语辩论锦标赛历练的南审辩论队位列世界第五,大陆地区第四的位次。

世界华语辩论锦标赛已经成为南京审计大学校园文化产品供给侧改革的典型案例,不仅丰富了大学生的校园文化生活,而且提升了校园文化生活质量和品位。

三、“辩论圈的世界杯”——世界华语辩论锦标赛延伸中华文化全球影响力

世界华语辩论锦标赛既是学生社团校园文化活动鲜活生动的“创业史”,更是中华文化影响力全球延展的“实验田”。

(一)全球华语辩论强校参与世界华语辩论锦标赛已成为一种风尚

第二届世界华语辩论锦标赛邀请新加坡国立大学、马来西亚国家能源大学、香港大学等中国港澳台地区及海外名校参赛,迈出了国际化的坚实步伐;自第三届世界华语辩论锦标赛以来,新加坡国立大学、英国帝国理工大学、澳大利亚莫纳什大学、爱丁堡大学、悉尼大学、泰莱大学、马来西亚多媒体大学、香港大学、澳门大学、世新大学、清华大学等海内外辩坛名校连续参赛,覆盖亚、欧、澳、美洲及中国港澳台地区的 307 所高校,强力助推世界华语辩论锦标赛成为世界辩论圈的标杆性赛事。

(二)华语辩坛“殿堂级”评委成为世界华语辩论锦标赛公正性的“压舱石”

“如果总是主办方全胜,其他队参加也觉得没意思。如果大家认定比赛公正,就会增加一种‘安全感’。这种安全感很重要,至少不辜负那千里迢迢的飞机票”(《中国青年报》2014 年 5 月)。如何让辩手、观众和赛事组织者获得“安全感”?比赛的纯粹、专业和公正是需要重点考量的内容。评委的邀请就显得至关重要!六年来,1995 年国际大专辩论会最佳辩手、台湾昭昀律师事务所执业律师林正疆,2003、2005 国际大专辩论会全程最佳辩手、“宝岛辩魂”黄执中,中华名辩盟主席、澳门大学教授张学森,凤凰卫视“寰宇大战略”观察员、实验辩论创始人熊浩,马来西亚资深评委梁泽宗,著名媒体辩论人路一鸣、徐卓阳等华语辩论圈“殿堂级”评委执判世界华语辩论锦标赛,受到辩手和辩论爱好者的热捧,在赛事的全球推广进程中,产生了正向的“蝴蝶效应”。

(三)海外名校华文辩论社团掀起中华文化传播热潮

随着世界华语辩论锦标赛届次化、国际化步伐的加快,华文辩论社团成为海外名校中华文化传播不可或缺的力量。在世界华语辩论锦标赛全球选拔过程中,华文辩论社团已扮演起区域选拔赛事承办者的角色。如英国帝国理工大学中文辩论队主办的华语辩论全英赛(涵盖曼彻斯特大学、杜伦大学、伦敦政治经济学院、伦敦国王学院等名校)、莫纳什大学中文辩论社于墨尔本市政厅主办的全澳大学华语辩论邀请赛等,不仅成为世界华语辩论锦标赛全球选拔的海外分赛区,更成为凝聚华文学生社团推广中华文化的靓丽“名片”。

“看似寻常最崎岖,成如容易却艰辛。”世界华语辩论锦标赛已发展成为一个优秀的辩论文化、中华文化交流平台,带动影响全球近 10 余万人参与辩论赛事,使校园文化焕发出勃勃生机,展现出中华文化的无穷魅力!

四、“了不起的辩论赛”——站在世界华语辩论锦标赛新的起点上

辩论不仅仅是校园文化活动,更对关注过、参与过的辩论人产生了职业生涯上持久的影响。2016 年 7 月 16 日,江苏省南京市举办全市银行系统辩论赛,中国银行、建设银行、人民银行、工商银行、紫金农商行等金融系统的驻地分行员工报名参赛,统计发现,南京审计大学毕业的辩手占据赛场半边天,曾经担任南审辩论队 2010 级队长的杨柳,受人民银行与南京团市委邀请担任评委。

世界华语辩论锦标赛受到各大主流媒体的关注,中国青年报、新华日报、扬子晚报、南方日报、南方都市报、北京日报、人民网、环球网、江苏卫视、中国青年网、江苏新闻网、新华网、中国新闻网、中国台湾网、羊城晚报网、凤凰网、新浪网、网易新闻、腾讯网、新民网等国内主流媒体百余篇次的采访、报道和转载,产生了良好的社会影响力。

35　新媒体创新平台　新技术展新校风

——郑州信息科技职业学院成长教育创新实践

“高校思想政治工作关系着高校培养什么样的人、如何培养人以及为谁培养人这个根本问题。”在全国高校思想政治工作会议上，习近平总书记在讲话中强调，要坚持把立德树人作为中心环节，把思想政治工作贯穿教育教学全过程，实现全程育人、全方位育人，努力开创我国高等教育事业发展新局面。如何做好高校思想政治工作？“要运用新媒体新技术使工作活起来”，“要因事而化、因时而进、因势而新。”“夏荷”成长“云”计划就是运用新媒体新技术搞好思想政治工作的有益尝试。也是新形势下根据学生特点，不断改革和创新思想政治工作的结果。

一、理念思路

“夏荷”，以其出淤泥而不染之品格恒为世人称颂。“荷”与“和”、“合”谐音，荷花品种多样，是“荷（和）而不同”，但又共同组成了高洁的荷花世界，是“荷（和）为贵”。赏荷也是对中华传统文化的一种弘扬。

“云”是云计算背景下互联网的概念，既申明校园文化建设运用现代信息技术，使用了新载体，体现了新特色，也寓意以培养应用技能型人才为主要任务的高职院校，校园文化如祥云般萦绕在大学生活的每一个瞬间。

“夏荷”成长“云”计划是郑州信息科技职业学院立足“信息”和“科技”特色提出的校园文化品牌。该计划分三个阶段按在校时间顺序次第推进：“入学”迎新期间突出一个“启”字，重在启蒙、启发、开启、计划；“在读”学习期间突出一个“实”字，重点把握知识传授、技能培养、人文熏陶、实践锻炼；“毕业”离校前夕突出一个“绘”字，主要是回顾、展望和描绘。这三个阶段覆盖了学生在校的所有时间，体现了“全程育人”。同时根据不同阶段学生的不同特点，又各有侧重，体现了“全方位育人”。

学生刚入学时，“小荷才露尖尖角，早有蜻蜓立上头”，“才露”的是学生，面对崭新的大学生活，自然清纯。“早立”的是学校，早已准备好了一整套培养方案，从专业知识、职业素养、人文修养等各个方面对学生展开成长教育。高职学生完成高中学业步入大学校园，在人生成长历程中站在了新的起点也面临着新的开始。我们希望通过营造良好的校园文化氛围，助力培养德才兼备的应用技能型人才，盼望将来学生毕业时犹如“接天莲叶无穷碧，映日荷花别样红”，预示着学生能力、实力都得到成长。成长教育是“碧叶”，学生是“红花”，只有在碧叶的映衬下，荷花才能别样红。

该计划面向全院师生开展，涵盖品德成长、职业成长、心灵成长等各个方面，旨在打造德才兼备、心理健康的当代大学生。在云时代背景下，我校积极探索校园文化建设的新载体和新路径，以信息技术为抓手，在各项校园文化建设工作中寻求新突破。

二、具体做法

（一）“启”字为先，开启“入学”新气象

新生一踏入我校，即能够感受到热烈的欢迎气氛，浓烈的成长氛围。入学阶段的成长教育，注重传统优良方式和新媒体手段相结合，寓厚重于时尚。新生一踏入校园，就能感受到浓郁的互联网气息和文化氛围。入学教育突出人文修养与科学素质的建立，并使学生树立一种理念：高职教育的特色是应用技能培养，高职学生的优势是动手操作能力。

迎接新生时，除了张贴具有时代气息的迎新标语，还要做好各种事务性服务工作，时时体现人文关怀是学校的一大亮点。比如建筑工程学院，以新生寄语的形式开辟了寄语墙，让新生家长写下自己对孩子的期望。信息工程学院根据专业组建了微信群，报到当天即可扫描二维码进群。群里有新生、有老生，还有相关的教师、管理人员等。辅导员老师会根据情况，随时在群里发起各种讨论，比如提醒刚入校的学生防诈骗、防传销，增强安全意识等。还在微信群里发布《新生入学注意事项》，提醒学生和家长增强自身防范意识，快速有效地引导新生了解丰富多彩

的校园生活,以便更好地融入大学生活。

微信群不仅能回答新生对学校、专业的各种疑问,也是进行思想政治教育的一块重要阵地。比如老师会不定时地在群里推送各种“主题教育”的内容,比如9月份重点推送了“尊师重教”“纪念九·一八”事件等主题教育的内容,让学生在潜移默化中受到教育。

新生入学之后的一个星期,学院分几个环节对学生进行集中教育,以便学生能尽快完成角色转变,适应并规划好大学生活。心理健康教育、安全教育、助学贷款细则介绍、学生手册学习、专业介绍这几个环节是必备的。每个环节都紧紧围绕学校育人目标,突出校园文化。

以专业介绍为例,院长寄语和专家讲座是这一环节的重点内容。

院长寄语:对于从高中升入大学的新生来说,院长寄语,是他们来到大学听到的第一节关于探讨人生追求、解读大学精神的讲座。院长寄语阶段,会把学校的人文特色、育人期望,传达给学生。

专家讲座:按照职业岗位介绍、前沿技术讲座的分类,分别聘请知名公司的专家和工程师分不同专题进行讲座。相关专家从专业发展前沿和就业经验等方面给学生举办一场场生动的讲座。使初入大学校园的学生感受到学校浓厚的学习氛围,面向岗位和职业准备的紧迫性,做好努力拼搏、好好学习的准备。

(二)“实”字引领,展开“在读”新成长

学生在读期间,传授知识、培养技能、熏陶人文、锻炼实践,以信息技术新手段和传统的方式方法,做实成长教育各项工作。

时髦“微”信,占领主题教育新高地。在培育社会主义核心价值观方面,微信发挥了巨大的作用。比如制作“党史学习资料”、“习近平系列讲话”、“廉政知识普及”等学习资料,通过微信点对点的传播方式,发送到每一个学生手中,便于学生随时随地查阅浏览。线下的各种活动在微信中也都有体现,比如在教室中举办“纪念红军长征胜利80周年演讲比赛”、“党风廉政演讲比赛”时,很多学生把图片和视频发到自己的朋友圈,很好地渲染了气氛。

学生三年级顶岗实习,不在校内,依然可以通过微信群继续交流,发送学习材料,传递“正能量”的文章等等。

微信公众平台的力量也不容小视,虽然一天只发一条信息,但每条都是经过规划和编排好的,如《你有一封〈文明习惯倡议书〉未阅》《大学生和“一带一路”有什么关系》等等,一些和学生关系密切的新闻也会在这里转载,阅读这些文章,不仅在思想教育上能达到春风化雨、润物无声的效果,另一方面也能培养学生对学校的认同感。有些学院将微信公众平台交给学生社团打理,一方面能培养学生的专业动手能力,同时也能培养学生的责任感和使命感。

另外,通过“最美教师”、“我的宿舍我做主”等微信评选和投票活动,凝聚了班级的向心力,在全校营造了和谐的校园文化氛围。

在新媒体的引导和使用方面,学院坚决抵制消极、虚假、夸张的传播,引导校园文化正能量,使新媒体有效助推校园文化的传播推广,使正能量的传播无处不在。

学生“微”电影,创新校园文化新载体。一个创意、一台摄像机、几个不知名的演员,谁都可以成为生活的导演。微电影作为一个新生事物,制作门槛低,传播快,可以随时随地通过移动终端观看,特别适合新时代学生追求精神自由和情感交流的需要。

——大力发展,丰富校园文化。我校在校园内曾多次开展“微”电影相关活动。教育引导的目的不同,活动主题也就不同。比如心理健康日组织进行“心理微电影”大赛或展播。如果有非常好的作品,也可以开展深入的赏析活动。大力开展丰富多彩的“微”电影活动,调动更多的学生制作和传播微电影,既丰富了校园文化的内容,也拓宽了校园文化的载体。

——积极引导,弘扬核心价值观。微电影虽为广大学生喜欢,但要起到教育和引领作用,还需学校对其内容和传播形式进行积极的引导,尤其要对学生的价值取向进行正确的引导。用社会主义核心价值体系引领校园内的微电影。把爱国主义、集体主义等内化到学生的灵魂中,把社会主义共同理想、中国梦等积淀到人们的思想中。

——以文化人,提高道德情操。好的微电影,不仅有教育性和娱乐性,还有思想性,可以使学生有所感悟,起到完善自我、陶冶情操的作用。为此,学校把一些好的励志微电影如《老男孩》《拾荒少年》等引入课堂,利用班会时间给学生们播放。同时以班级为单位,在一些主题班会上,如“爱国”“诚信”“协作”等,让学生自己推荐相关主题的微电影,大家一起观看、讨论、分析。一方面增进师生之间的沟通和交流,另一方面,教师也可以用优秀传统文化积极引导,提高学生的道德情操。

云上"微"课,开创共育人才新手段。学校有非常丰富的网上资源,很多专业课都有相关的网上课程资源。以学生就业指导和专业素养提升工作为例,信息工程学院与职前通签订战略校企合作协议,依托"职前通线上学习平台"为学生提供丰富多彩的"微课",其中包括职业经验分享、职业素养课程、就业指导课程、面试技巧、笔试技巧、简历制作、名企实习、就业岗位等等。依托我校远程教育优势,邀请往届毕业生中的创业典范通过远程视频会议等形式在线为学生开展创业指导,为我校学子营造了良好的就业创业氛围,提高了我校毕业生的就业质量与水平。

为保证"微课"学习效果,学校还在线下安排了丰富的职业素养提升活动,比如形式多样的主题活动。主题活动由专题讲座及经验交流会、职业生涯规划大赛等主题组成,多角度全方位丰富学生的就业应聘知识,提升学生在面试、简历制作、团队协作、沟通交流等方面的职业素养,为我校学子对未来职业方向的选择做出相应的指导与分析。

(三)"绘"字为要,满足"毕业"新需求

为满足毕业生面向社会,面向岗位的职业需求,对其进行"描绘前景,不忘初心,坚定信念"的成长教育。

我校作为一所职业院校,其"职业性"在校园文化建设中也得到了充分的诠释。为了提高学生职业素养,我校积极与企业合作,并将一些优秀的企业文化引入校园文化,如师傅教徒弟的"传、帮、带"等。通过渗透优秀的企业文化,使学生在校学习期间接受一定的优秀企业文化熏陶和浸染,在自觉或不自觉中形成职场意识,为今后在职业生涯中的拼搏奠定人生基础。

感受企业文化和校园文化的异同,真正使学生从本质上理解到两者间底蕴的相通性、相融性,为校园文化的多样性、纷呈性奠定良好基础。为了达到这一目的,我校积极探索校企合作新模式,2016 年 11 月 16 日举办了一场"现代学徒制校企合作拜师会",拜师会上学生用最传统的三鞠躬向师傅行礼,庄严而隆重,使学生感受到了传统文化的魅力。河南卫视在当天的《新闻联播》中报道了我校的这一活动,并给予肯定。11 月 17 日,河南新闻频道《新闻 365》播出《校企合作推进现代师徒制》,深度报道了我校的校企合作模式。校企合作不仅仅是人才、资源、技术的合作,更是文化的交融。

引入企业文化不仅仅让学生感受到了职场的氛围,也能找到学生与"职业人"的差距,找准自己的职业定位。

为了有效地指导学生就业,学校在三年级的学生中开展"模拟招聘大赛",从企业邀请相关的人力资源专家和部门经理,完全按照正式的招聘流程和标准进行。大赛的获奖者往往当场就有企业与其签订正式的聘用合同。该活动引导学生尽快绘制自己的职业蓝图,克服困难,在实践中实现自己的人生价值。

大三学生离校实习后,学院利用微信、QQ 等手段关心他们的生活状况、关注他们的实习情况。当他们求职遇到困惑时,给他们提供建议;当他们求职受挫时,给他们鼓励并帮助他们开阔求职渠道。这些做法,让离校实习学生时刻感受到母校般的温暖。

三、经验亮点

(一)领导重视和科学的学生工作理念是前提

我院始终坚持文化育人,注重打造校园文化精品活动,营造良好的校园文化氛围。在学生工作上始终坚持"育人为本、德育为先"的理念,十分重视学生的德育工作。

(二)以学生为本、情系学生、服务学生是根本

"夏荷"成长"云"计划最鲜明、最显著的特点就是贯彻以学生为主体、以学生为本、服务学生的宗旨,把培养在校学生文明素养和积极参与活动的思想政治教育活动转化为"面向学生、情系学生、服务学生"的主体性活动,使广大学生能自觉地参与到校园文化建设活动中来。

(三)创新思想政治工作的方式方法,积极利用新媒体新技术是最大的亮点

与传统的板报、横幅、校园广播等传播方式相比,新媒体具有载体新、容量大、时效快、互动强等特点,不受时间和空间的限制,随时随地为师生提供丰富多彩的信息,充分有效地利用了师生的碎片时间,达到潜移默化、润物无声的效果。

36　徜徉音乐海洋，擎举公益之帆

——武汉音乐学院研究生艺术团公益音乐会

高校作为中国特色社会主义文化的重要阵地、示范区和辐射源，应当坚持社会主义先进文化前进方向，应当以坚定的文化自觉和文化自信，充分发挥高校校园文化在文化传承和创新方面的重要功能，积极开拓校园文化建设的新载体，着力完善校园文化建设的体制机制，紧密结合培育和践行社会主义核心价值观，深化校园精神文明创建活动。

在国家"深入推进高校校园文化建设"之际，武汉音乐学院依托"湖北省音乐表演研究生艺术实践中心"和"武汉音乐学院·湖北省歌剧舞剧院有限责任公司研究生工作站"，以研究生综合人才培养模式改革为契机，以研究生艺术团自行"模拟文化产业规律"而"责任开展全程运作"为方式，坚持定期面向社会举办研究生艺术团系列公益音乐会，在培育和践行社会主义核心价值观工作、进一步推动高校文化事业与产业的繁荣发展、为社会公共文化服务体系培养"多能基础上的一专"以及"主动服务人民大众"的复合型音乐人才等方面发挥了积极作用。

一、一主两翼　多元成果

武汉音乐学院研究生艺术团系列公益音乐会的起点是湖北省教育厅、学位办于2006年和2013年先后批准的"湖北省音乐表演研究生艺术实践中心"和"武汉音乐学院·湖北省歌剧舞剧院有限责任公司研究生工作站"建设项目。历经建设，2014年成立"武汉音乐学院研究生艺术团"，2015年与腾讯·大楚网正式合作，每月举办一场"公益音乐会"，通过腾讯·大楚网面向广大市民在网上象征性地1元售票，全部售票收入捐赠给"湖北力量"公益基金。自2006年起，面向社会已举办研究生实践音乐会 140 期，其中，从 2015 年起与腾讯 · 大楚网正式合作举办的公益音乐会共 20 场，上演曲目 252 首，演出总人数逾 2000 人次，共接受市民观众约 9000 人次，向公益基金捐出 9000 余元。

此外，除了舞台艺术实践载体之外，研究生艺术团拓展延伸出了“公益志愿服务”平台和“武汉音乐学院研究生艺术团”微信公众号网络新媒体平台，打造文化公益全平台。公益志愿服务活动“音为爱——事实孤儿音乐关怀”项目曾获 2015 年“湖北青年志愿公益项目大赛”铜奖、“关爱困境未成年人项目”二档资金扶持，“中国梦，音为梦——事实孤儿音乐关怀”项目获得 2016 年“湖北青年志愿公益项目大赛”银奖、“关爱困境未成年人项目”二档资金扶持。“武汉音乐学院研究生艺术团”微信公众号主要包含“公益音乐会”（涉及公益音乐会节目单、精彩剧照、乐评报道、往期回顾、爱心支教）和“滴答音乐”（涉及音乐故事汇、音乐旅行家、影画留声机、音乐故乡行、亲子宝贝）两大模块，目前已有 4700 余名受众关注订阅。

研究生艺术团始终坚持以品牌活动带动提升校园文化建设质量，始终坚持服务于人才培养这一中心工作，始终坚持以推动和促进地方文化建设为落脚点，致力于全程育人、全方位育人，致力于音乐实践，服务于广大人民群众，服务于社会主义文化建设。

二、创新思路 全面统筹

（一）以精准定位为基础，着力于面向社会服务

研究生艺术团坚持“以人民为中心”的文艺方向，以“受过最专业训练的群体为最广泛的听众奉献最好听的音乐”为目标，以“经典艺术的时尚表达”为品格，充分发挥专业种类齐全的优势，致力于创演丰富多彩的综合性音乐艺术作品。公益音乐会以“满足人民精神文化需求作为文艺和文艺工作的出发点和落脚点”进行了一系列改革，在服务观念上变“自赏”为“服务”，在人才培养上变“单一”为“多能”，在演出形式上变“专一”为“综合”，在演出内容上变“艰深”为“大众”，以新颖的教学与演出成果为最广泛的听众奉献最真诚的音乐。

（二）以制度护航为关键，着力于可持续性建设

研究生艺术团公益音乐会通过近两年的发展已成功转型为研究生部开设的一门实践性必修课程——《研究生艺术团公益音乐会实践课程》，固定与灵活相结

合的排练时间、严格的考勤制度，细致的学分规则和审核程序，保证了系列公益音乐会的顺利开展，也在最大程度上与课堂教学良好协调。该课程的考核方式为每期公益音乐会的排练、走台及演出，并根据《研究生艺术实践学分审核细则》的相关内容，审核、计算参与音乐会研究生相应的艺术实践学分，有力确保了公益音乐会的可持续性发展。

（三）以专业融合为目的，着力于实现学科交融

研究生部秉承学院“办好大众化音乐艺术教育、保持好精英教育功能”的办学定位，聚焦于“多能基础上的一专”以及“主动服务社会”的“综合人才培养”目标，着力培育综合素质高、专业视野广、创新能力强、服务社会意识高的复合型音乐人才。因此，公益音乐会的节目要求以集体性、协作性为主，利用研究生专业种类齐全、研究生部管理职能集中的两大优势，倡导学生自主选曲，以多种专业形式的合作为主，鼓励学生跨专业、跨年级参与表演，并主张演出形式的创新与多元。

（四）以学生自治为手段，着力于综合能力培养

公益音乐会在研究生部统筹指导下由研究生自行“模拟文化产业规律”而“责任开展全程运作”，音乐会的策划、选曲、创编、排练、宣传、联络、实施，包括维持音乐会现场秩序、乐器搬运与摆台等全部工作，都由不同专业方向的研究生分工协作完成，每场音乐会演职人员均在 100 人以上，充分培养了研究生协同合作意识和市场导向意识，增强其专业能力和综合素质。

三、群策群力　共享盛宴

为实践“培养艺术创作、表演领域的高层次应用型专门人才”的目标和方针，每期“研究生艺术团公益音乐会”相关实施过程及工作部署要经过以下十个环节。

（一）网上申报节目

准备参加当期公益音乐会的研究生在规定期限内网上申报节目，提供节目的相关音像资料与文本资料，如：曲目名称、曲作者与改编者、曲目编制及作品简介等，由艺术团文字组成员对所报节目进行整理汇总。

（二）节目初审

此环节由艺术团质检组成员对所有申报曲目进行审核，在综合考虑曲目演出效果、同类型作品数量、各类型作品平衡、音乐会总时长等方面问题的基础上，对

申报曲目进行删减,初定曲目。

(三)组织排练

演出曲目确定之后,参演者固定每周排练时间,由艺术团质检组成员督促并指导参演者进行排练,每周录制视频小样,同时由学习部成员负责排练考勤制度的执行。

(四)质量审查

艺术团质检组全体成员在每周固定时间对所有参演曲目的视频小样进行审核,对每首作品提出具体的排练指导要求,并建议不成熟的作品增加排练时间、提高排练效率。

(五)节目复审

在排练进行到第三周时,研究生部会以音乐会走台的形式组织所有节目进行复审,确定每个节目乐器的摆台,并对参演者的演出状态、作品的演出效果提出具体要求和改进措施。

(六)演出前期宣传

艺术团文字组成员联系腾讯·大楚网制作纸质版节目单和海报,并在“武汉音乐学院研究生艺术团”微信公众号上发布电子节目单与购票链接,同时,开始撰写音乐会主持人节目串词。

(七)音乐会走台

在演出当天上午,所有节目要在演出场地进行走台,再次确定乐器排放位置,调试音响设备,设计灯光。

(八)音乐会演出

艺术团全体成员从分发节目单、指引观众入场、后台催场、舞台监督、维持现场秩序等方面进行整体调控,确保音乐会演出顺利进行。

(九)撰写乐评

演出结束之后,艺术团文字组将根据当天演出效果从多角度对音乐会进行评论,在武汉音乐学院研究生部官方网站及“武汉音乐学院研究生艺术团”微信公众号中发布乐评。

(十)艺术实践学分审核

学习部将严格按照《艺术实践学分审核细则》对参与整场音乐会工作的同学

进行艺术实践学分的审核，记录每位同学相应获得的艺术实践学分。

四、总结经验　展望未来

经过长期的努力，研究生艺术团公益音乐会项目已取得了一定的成绩，总结其经验主要有以下四点：

第一，音乐会与企业合作、与公益事业联姻、与广大市民对接，为公益音乐会项目建设提供了有力支持和保障，为研究生的艺术创新与实践活动提供了广阔的舞台，为文化企业培养了高层次的后备人才，为校园音乐文化艺术的传播扩大了辐射面，丰富了校园文化建设与地方市民文化生活；

第二，打造立体式多元公益服务平台。以公益音乐会舞台表演为主，延伸出各项公益志愿服务和微信公众号新媒体文化传播平台，将线上与线下、学校与社会、艺术与文化有机结合起来，更好地服务普通音乐爱好者、少年儿童、弱势群体等多元对象；

第三，立足综合性人才培养。将综合实践实验体系建设与课程体系建设融合渗透，使学院艺术实践活动及其突出成果在体现学院服务社会功能的同时，逐步走向规范化、常态化和课程化，保证了系列公益音乐会项目的可持续发展；

第四，坚持研究生自治管理。通过职能分工不断实施细腻化、完整化、规范化的改革，艺术团各部门统筹规划并协同处理音乐会工作流程中的各项事务，使得研究生们具备更丰富更全面的工作实践能力，更高程度地获取有利于未来发展的直接工作经验。

研究生艺术团公益音乐会项目将继续面向社会、面向公众辐射开来，坚持社会主义先进文化前进方向，坚定文化自信，增强文化自觉，充分发挥武汉音乐学院研究生的艺术专业素养与综合能力，积极开拓服务于志愿精神、公益事业的新载体，着力完善系列公益音乐会建设、社会志愿服务、新媒体平台发展中艺术文化传播工作的体制机制，深入推进校园文化精神文明建设，以文化人、以文育人，引导广大研究生在艺术工作中践行社会主义核心价值观，坚持为人民服务，为社会主义服务这个根本方向，将研究生们培养成为服务社会、德才兼备、全面发展的社会主义艺术人才。

37 清华大学以原创话剧《马兰花开》创作排演为载体开创学生思想政治教育新模式

习近平同志提出,到建党100周年时全面建成小康社会,到新中国成立100周年时,建成富强民主文明和谐的社会主义现代化国家。在这一过程中,大学要加强和改进思想政治教育,青年要刻苦学习、奋发成才,践行社会主义核心价值观,勇当中华民族伟大复兴的“筑梦人”。在这样一个离中华民族伟大复兴目标最接近的时期,清华大学以《马兰花开》为契机,在创作排演过程中探索出培育践行社会主义核心价值观新模式,帮助更广泛的青年人树立远大理想,立志成才报国,为实现中华民族的伟大复兴而不懈奋斗。

一、创作背景

话剧《马兰花开》取材于邓稼先等我国老一辈“两弹一星”科技工作者,克服重重困难,开创我国核武器事业的辉煌壮举。对邓稼先真实故事的挖掘中,在亲历者(许鹿希先生、马兰基地、绵阳九院的相关离退休职工)的采访中和相关历史资料的学习中,参与创作剧本的师生受到了深刻的思想政治教育。我国核武器事业的发展史是一部广大人民群众在中国共产党领导下自力更生、开拓创造,承载国家光荣、担负民族使命的自强史、创造史、奋斗史。以此为原型,能够最大程度地激发当代青年的爱国热情、弘扬民族精神、表达和诠释社会主义核心价值观。

以中国科协、教育部共同主办的“共和国的脊梁——科学大师名校宣传工程”活动为契机,组织不同院系、不同专业、不同年级的260余名在校学生参与到《马兰花开》的排演工作中。这些同学利用课余时间,全身心投入到创作和排演中,向老一辈科学工作者学习,通过艺术的形式培育和践行社会主义核心价值观。至今话剧共演出41场，约6.7万名校内外观众观看后开展了深入的讨论和思考，在校内外形成了一种“马兰花开”文化现象。师生在赴青海原子城基地和新疆马兰基地的巡演过程中，深入当地开展以爱国主义教育为主题的社会实践，通过参观和访谈等多种形式和当地工作人员交流，挖掘当代扎根在西部、基层的科技工作者的“个人梦”，从而更加坚定了大家中华民族伟大复兴的“中国梦”。

二、核心理念

《马兰花开》的创作、排演结合时代特征，用青年更易接受的方式回顾邓稼先等老一辈科学家璀璨的人生，潜移默化地引导青年人自觉践行社会主义核心价值观。在高校教育教学实践中探索出社会主义核心价值观教育的三个新角度，开创了集思想性、艺术性、实践性的社会主义核心价值观教育新模式。

（一）突出了社会主义核心价值观教育的思想性。

以邓稼先为代表的我国老一辈“两弹一星”科技工作者，克服重重困难，开创我国核武器事业的辉煌壮举。是一部广大人民群众在中国共产党领导下自力更生、开拓创造，承载国家光荣、担负民族使命的自强史、创造史、奋斗史。以此为原型，能够最大程度地激发当代青年的爱国热情、弘扬民族精神、表达和诠释社会主义核心价值观。

（二）赋予了思想政治教育的思想性和艺术性相结合

《马兰花开》以话剧表演形式为主体，融合歌唱、舞蹈等多种艺术形式。经过艺术教育中心多种艺术类基础课程的学习，加之专业的创作、导演团队的带动和影响，在校学生受到了一次艺术的全面洗礼，在艺术知识、艺术鉴赏、艺术表演、审美水平等方面提升到了新的高度。话剧的主题歌也在同学们当中广泛传唱，物理系选择剧《马兰花开》主题歌参加一二·九歌咏比赛。

（三）提升了学生在核心价值观学习中的实践性

整部话剧由在校大学生参与全剧的创作、排演工作，创作排演剧目本身是一个自我教育的过程。无论是话剧的创编、排演还是后台技术处理，主创团队都积极调动同学的主观能动性，引导剧组成员自觉践行社会主义核心价值观，向观众传播正能量。马兰花开精神不仅在剧组生根，也感染全校师生以及社会大众，每场演出结束，在互联网上都能看到同学们热情的赞美；剧组先后赴青海大学、新疆马兰基地、中国地质大学(武汉)、西安交通大学和绵阳九院进行巡演和交流,希望让更多人体悟到邓稼先扎根荒漠、无私奉献的伟大人格。

三、实现途径

(一)三个任务

以《马兰花开》的创排和演出为载体,实现了在国家、社会、公民三个层面对大学生的社会主义核心价值观教育,完成了思想政治教育的三个任务:

还原历史,凝聚正能量。“艰苦奋斗干惊天动地事 无私奉献做隐姓埋名人”的马兰精神是我国现代科学开拓者留给当代青年人的宝贵财富,也是社会主义核心价值观的突出体现。我们让青年学子站在马兰精神的丰碑下,坚定理想信念,迈出坚实步伐。立足当下,传播正能量。在马兰精神的感召之下,在青海、新疆、武汉、西安、绵阳、太原巡演的过程中,同学们把马兰精神带到了祖国各地,带给了那里的大学生、中学生和社会公众。面向未来,弘扬正能量。站在新的历史时期,结合当代大学生自身特点,同学们对马兰精神进行新的诠释,对两弹元勋的英雄事迹进行新的精神巡礼。

(二)三个课堂

在排演的过程中,实现了思想政治教育三个课堂的融合:

创编课堂是我们集中进行思想政治教育的第一课堂,在校大学生参与全剧的创作、修改工作,创作剧目本身就是一个自我教育的过程。无论是话剧的编创、修改还是后台技术处理,主创团队都积极调动同学的主观能动性,引导剧组成员自觉践行社会主义核心价值观。排演课堂是我们践行社会主义核心价值观的具体体现,参加《马兰花开》的排演,对于全面提高同学们的素质,提升人生境界作用非常大,不仅是对话剧艺术更深的感悟,更多的是在思想上获得收获。实践课堂让我们的同学走出校园,感受真实的社会,传播大学文化。受《马兰花开》精神影响,工物系核 22 团支部举办“坚定理想,圆梦兴国”主题团日,赴中核集团基地实践、实习,深入学习、体会邓稼先精神,剧组先后赴青海大学、新疆马兰基地、中国地质大学(武汉)进行巡演和交流,希望让更多人体悟到邓稼先扎根荒漠、无私奉献的伟大人格。

（三）三个群体

在排演的过程中，实现了对三个群体的思想政治教育：

剧组成员是投入最多的一个群体，也是收获最多的一个群体。参加《马兰花开》创排的同学，实际上在他们的学习之外，又上了另一堂思想政治教育课，参加《马兰花开》的创排，剧组成员不仅是对话剧艺术的更深的感悟，更多的是在思想上获得收获。观看话剧的在校师生，观看话剧的过程也是受教育的过程，马兰花开精神不仅在剧组生根，也感染着全校师生。每场演出结束，在人人网、微博、微信朋友圈上都能看到近千条师生们热情反馈，在校学生以社交网站为平台发起了观后感写作与交流活动。观看话剧的社会观众也是一个重要的群体，《马兰花开》目前演出 41 场，观众 6.7 万人次，巡演行程 1.7 万多公里。在兄弟高校和社会大众中引发强烈反响。《马兰花开》在全社会范围凝聚正能量、传播正能量、弘扬正能量。

四、深远影响

清华大学以《马兰花开》为载体，促使在校大学生思考人生方向、树立人生理想、自觉成为社会主义事业的合格接班人与优秀建设者；以《马兰花开》为媒介，向全社会宣传两弹元勋、传播正能量；以《马兰花开》为平台，展示当代大学生的精神风貌。形成了面向创编团队、全校学生、社会大众三个不同群体，包括创作排演、观演讨论、宣传巡演三个环节的社会主义核心价值观统筹教育系统。

（一）创作排演，剧组成员在实践中感悟

“马兰花开课”激发了一批选择把个人事业与国家民族发展紧紧连在一起的学生。与此同时，艺术教育中心开授多种艺术类基础课程，在校学生受到了艺术的全面洗礼，在艺术知识、艺术鉴赏、艺术表演、审美水平等方面提升到了新的高度。

（二）观演讨论，全校学生在思考中成长

马兰花开精神不仅在剧组生根，也深深地感染全校同学。每场演出结束，在人人网、微博、微信朋友圈上都能看到同学们热烈的反响，在校学生以社交网站为平台发起了观后感写作与交流活动。2014 年 9 月刚刚入学的航空航天学院本科新生杨春晖，一年前在清华暑期学校观看了《马兰花开》视频，当时便下定决心报考清华航天航空学院，像邓稼先等老一辈科学家一样为国家做一些事情。刚踏入清华校门，他就迫不及待报名加入马兰花开剧组，希望可以通过自己的实际行动传承马兰花开精神，践行社会主义核心价值观。

（三）宣传巡演：社会大众在感动中收获

习近平总书记在文艺工作座谈会上指出："一部好的作品，应该是把社会效益放在首位"，①《马兰花开》目前已经覆盖约6.7万人次的现场观众，巡演行程1.7万多公里。除去现场演出外，通过闭路电视、光碟等方式辐射到的观众多达十余万。观众里有清华师生、校友，也有科研工作者、军人、中小学师生以及来自社会各界的其他观众，在社会大众中引发强烈反响。每次演出后通过微博、微信等方式收到的观众反馈多达上千条。《马兰花开》在全社会范围凝聚正能量、传播正能量、弘扬正能量，展现了当代大学生爱国爱党、阳光向上、乐观积极、充满活力的精神风貌。

① 人民网－习近平给当前五大文艺负面现象提的醒.2014.10.16. http://politics.people.com.cn/n/2014/1016/c1001－25850155.html

38　从“中文有戏”到“厦大有戏”

——厦门大学“中文有戏”演出季的文化育人之路

习近平总书记在全国高校思想政治工作会议上强调，要更加注重以文化人、以文育人，广泛开展文明校园创建，开展形式多样、健康向上、格调高雅的校园文化活动。近年来，厦门大学坚守立德树人的神圣使命，坚持以人为本，把学生的健康成长及全面发展作为办学的立足点，切实发挥文化的育人功能，在充分构建展示社会主义特色、时代特点和大学生形象的校园文化实践中，以原创校园戏剧为生动载体，好戏连台，润物细无声，在提高厦大学生的综合素质、完善健康人格，优化审美品位，培养创新精神等方面发挥了独特作用，取得了显著成效。

一、“中文有戏”：把毕业大戏“演”成文化精品

一是植根学科沃土，推出创作实践。厦大人文学院历史悠久，学科积淀厚重，不仅要研究、传承、创新人文知识，更有着成为大学文化建设主力军的天然优势和必然担当。2004 年中文系开设戏剧影视文学专业，学院应时顺势，找到校园戏剧这个兴趣点，作为学生的创作实践，每年推出一台“毕业大戏”，逐渐成为中文系的一项传统校园文化活动。

二是凝练文化内涵，塑造文化品牌。2010 年，经过六年的积累，毕业大戏扩展为“中文有戏”演出季，“中文有戏”已成为厦门大学独具内涵的文化品牌，其寓意多重，既指中文系每年创作大量戏剧作品，也表示中文专业前程远大，更表达出厦大人的文化自信，因为有如此多热爱艺术的青年学生投身戏剧创作，为发扬中华文化不遗于力，中华文化在世界文化大舞台上一定“有戏”。

精品工程的品牌效应日益凸显，校园戏剧创演热潮进一步升温，每年的 5 月

中旬到6月中旬，历时一个月，都会在厦大的精神地标——建南大会堂，上演连台好戏，有原创话剧、传统戏曲、曲艺等风格多样的戏剧形式，2010年以来，“中文有戏”演出季共演出了近200场，观众达50万人次。“中文有戏”演出季成为我国高校少有的以学生为创作核心的、大规模校园戏剧展演季，显示出厦大人文学院在专业教学、课程实践、文化推广、品牌建设等方面的成效，探索出一条有专业特色、接本校地气，以文育人、以文化人的“文化育人”之路。

三是集教学、创作、编导、赏析于一体的演出季运作方式。演出季依托人文学院戏剧影视文学专业，开设《写作》《编剧概论》《舞台实践》《电影实践》等一系列专业课，学生成立创作小组进行专题创作，再从学生作业中选取优秀作品，专业老师指导其修改、提升，使之更适合舞台表现，最后由学生成立剧组，自导自演搬上舞台。在创作过程中，从文学、表演、服装、道具、音乐、舞蹈、摄影、宣传、制作等角度，对学生进行全方位综合素质的培养，旨在提高学生将专业知识、创作才华与实际运用相结合的能力；并通过观演关系，展示和提升厦门大学的文化品位的文化素养。结合演出季，学院还以校园戏剧的创作、表演为着力点和辐射源，开展一系列艺术赏析讲座、读戏评戏等活动，并指导相关学生艺术社团自主开展活动，让青年学子在优秀的原创戏剧作品中陶冶情操、升华精神，打造富有厦大特色的全校性校园文化建设平台体系。

二、以剧化人，呈现多元立体的育人特色

历经多年实践，“中文有戏”演出季的受众面越来越广、持续性越来越强、影响力越来越大，这是因为校园戏剧其本身固有的艺术特性契合大学生成长的内在心理需求，为激发大学生在校园文化建设中的主体作用提供了一条有效路径，呈现出以剧化人、多元立体的育人特色，具体如下：

一是课堂教学的实验田。“中文有戏”演出季的主体依托是厦门大学戏剧影视中心，具有鲜明的戏剧影视文学专业特色。作为厦门大学戏剧影视文学专业本科生和戏剧影视学研究生的一个实践课堂，“中文有戏”表演季的开展，打破了传统教学“课堂说教”的定式，有效地激发了学生的文学艺术创作热情，使得学生自主地将戏剧影视文学的专业理论知识应用到舞台上。该项目以厦门大学戏剧影视中心全体师资为后盾，在实践中有效地引导学生们对专业知识进行补缺补漏，

并反馈于课堂教学,这种实践模式有效地调动了学生的学习自主性。

二是激发创新的活力源。创新是演出季的生命力所在,7届50多部话剧中有90%都是学生原创,而在微电影、纪录片更是百分之百的原创作品。“中文有戏”所推出的“毕业大戏”“毕业电影”等专场,主要展示的是戏剧影视文学本科和研究生毕业生的原创作品。同时,从中挑选优秀作品,不断地打磨锤炼,形成创新品牌剧目。精品原创剧目的展演,也成为后来者学习和创作的榜样,有利于代代传承,凝练经典。如话剧《日租房》,由博士生骆静创作,在舞台上不断地表演呈现,很多学生从中得到再创作的灵感,不断产生新作品。如2011届毕业大戏《东方三次方》广受好评,时隔五年之后,“中文有戏”演出季又重新打造,再度搬上舞台,以激发后来者。

三是综合优势的聚集地。戏剧的综合性有助于充分发挥厦大综合性大学的多学科优势,演出季为全校热爱校园戏剧的学生提供了实践梦想的空间,比如计算机和软件专业的学生在此应用展示其剪辑和合成等电脑技术,艺术学院的学生在此应用展示他们的道具、服装设计和编舞功夫。七年来,每届演出季都以人文学院的学生为核心主创,同时集结了来自全校不同院系专业学生间的合作,涵盖全校人文、经济、艺术、法学等几乎全校所有的学院,学生们自编、自导、自演,从幕后宣传策划到台前表演。据统计,每届演出季都有500多名师生参与创作,参与人员层次从本科生到博士生,从校内到校外,甚至有台湾师生、外国留学生的加入。“中文有戏”演出季为全校师生奉献包括话剧、电影、纪录片、戏曲、相声等形式多样、精彩纷呈的一百多个场次的演出,其中半数以上为学生原创作品,并推出了毕业大戏、毕业电影、南强雅韵(中国传统戏曲戏剧)等重点项目。由此可见,“中文有戏”切实发挥了“惠及全校,受益全员”的品牌效应。

四是校史教育的新载体。校园戏剧植根于一所大学的历史与传统,必然会打上特有的大学精神烙印。厦大90多年的办学历史为校园戏剧创作积淀出丰富的灵感源泉,使校园戏剧既有青春活力也有历史厚重。2013年起,“中文有戏”演出季开始从校史中精选创作素材,创排了大型原创校史话剧《陈嘉庚》和《哥德巴赫猜想》,为以校主陈嘉庚为代表的爱国精神和以陈景润为代表的科学精神,找到了具体生动的表现载体。校史剧《陈嘉庚》截取了校主陈嘉庚一生中的几个生活片段,展示了他以一己之光照亮后人的知识之路、强国之路的动人形象,多层面地探索了他从“倾资兴学”到“毁家兴学”的心路历程，也得以观照厦门大学建校以来的心灵成长史。该剧旨在使厦大学子近距离感受“宁可变卖大厦，也要支持厦大”的“嘉庚精神”，重新思考校训“自强不息，止于至善”的真谛，进而以实际行动投入到实现中华民族伟大复兴中国梦的进程中。《陈嘉庚》剧组主创成员均为厦大在校生，剧组大胆启用一年级新生，让新生在亲身演绎中真切感受嘉庚先生的教育兴国梦。校园戏剧成为活生生的校史课，校史不再只是校史馆内抽象的文字和瞬间定格的图片，而是学生可以亲身经历和触摸的生活。陈嘉庚的扮演者郑嘉璐同学从没想到会以这样的方式认识校主，“我感觉自己一下子融入了厦大，爱上了厦大。”学生以这种方式从内心生发出厦大人特有的“历史自信”和“文化自信”。

话剧《哥德巴赫猜想》以著名数学家、一代科学大师、厦门大学杰出校友陈景润为主角，以陈景润在厦门大学、中科院的生活为主要线索，展示了陈景润不断接近、挑战“哥德巴赫猜想”难题的艰苦历程，书写了他不断突破人生困境，最终取得杰出成就的不凡人生故事。陈景润作为时代偶像，激励了一代代青年人投身科学、为实现四个现代化而努力奋斗。陈景润校友也是厦门大学“四种精神”中“科学”精神的杰出代表。《哥德巴赫猜想》多次公演，已经取得了良好的社会效果，引发了观众特别是青年学子的强烈共鸣，纷纷认为本剧“震撼”“真实”“感动”，是一部不可多得的校园文化精品剧目。2015 年 11 月，《哥德巴赫猜想》入选中国科协“共和国的脊梁——科学大师名校宣传工程”，剧组还登上人民大会堂，参加科协举办的“共和国的脊梁”文艺汇演，实现了繁荣文艺与培育人才的“双丰收”。

“中文有戏”演出季将把这几部校史剧精品作为传统保留剧目一年一年演下去，让陈嘉庚的爱国精神、陈景润的科学精神代代相传，光照后人。

三、注重价值引领，“中文有戏”永不落幕

“中文有戏”演出季的成功，得益于厦大对校园文化建设在思想上的高度重视、正确引导，在实践上的真诚支持切实投入。

一是价值导向为先，突出社会主义核心价值观的引领作用。在“中文有戏”的实践过程中，我们深刻感受到，校园戏剧植根于大学文化沃土，深刻的思想性、精制的艺术性、审美的感染力有机统一，才能锻造出时代需要的校园戏剧精品。用社会主义核心价值观引领校园戏剧的创作，把社会主义核心价值观融入校园戏剧

主旋律，润物无声、潜移默化，真正实现价值观内化于心的教化效果。大学生是思想最活跃、最富有表现力、创作激情最旺盛的群体，在戏剧创作中，一方面引导他们关注现实生活，理性认知社会，思考人生，在一部部校园戏剧力作中为青春命题寻找答案，表达对美好生活的向往，引发校园同龄人的共鸣；另一方面，我们加强校本文化的研究，从厦大悠久的办学历史和独特的大学文化中寻求创作灵感，《陈嘉庚》《哥德巴赫猜想》两部校史剧已经树立了成功的典范，厦大校史中还有无尽的精神宝藏值得以更加创新的方式进行探究和提炼，期待我们进行“创造性转化和创新性发展”，从这个意义上来说，从“中文有戏”到“厦大有戏”，校园戏剧的舞台应该永不落幕，校园戏剧的探索应该永不止步。

二是不断提供条件支撑，改善创演环境。厦门大学将容纳五千观众的建南大礼堂提供给演出季作为固定的演出场地，还专辟场地建立“厦门大学艺文工作坊”与数字媒体实验室平台，给学生提供各种优质的创作演出条件。新华社、中新社、人民网、中国新闻网、凤凰网、中央电视台、光明日报、中国教育报、福建电视台、厦门日报以及台湾媒体多次对演出季进行相关报道，产生了广泛的社会影响。

三是原创精品，屡获大奖。近年来，“中文有戏”作品风格日益多样化，囊括话剧、影视、戏曲曲艺三大板块，优秀的经典原创剧目不断走出校园，辐射社会，在国家和省级的戏剧汇演中频获重奖。如，2011 年《我们的小镇》参加第十届金刺猬大学生戏剧节获“优秀剧目奖”。2012 年经典原创话剧《日租房》参加第三届中国校园戏剧节，荣获最高荣誉“中国校园戏剧奖”，主要演员荣获“戏剧之星”。2014 年 5 月，《陈嘉庚》获得首届福建省大学生戏剧节“优秀剧目奖”“优秀组织奖”以及六项单项奖。2015 年 11 月，《哥德巴赫猜想》应邀参加第四届中国校园戏剧节，获得“最佳剧目奖”，特别值得一提的是该剧入选中国科协“共和国的脊梁——科学大师名校宣传工程”，精彩片段在北京人民大会堂演出。为了便于总结和传承，我们将近年来的优秀剧目汇编并由厦门大学出版社出版了《厦门大学中文有戏演出季（剧作集）》《厦门大学中文有戏演出季（评论集）》《厦门大学中文有戏演出季（影像集）》等，并编写印刷了《〈哥德巴赫猜想〉2014 年纪念册》等资料，今后，也将分期继续出版相关资料。

打造双创品牌　敦行实践梦想

党的十八大明确提出，要加大创新创业人才培养支持力度。大学生作为实施创新驱动发展战略和推进大众创业、万众创新的生力军，既要认真扎实学习、掌握更多知识，也要投身创新创业、提高实践能力。新形势下，加快实施创新驱动发展战略，迫切需要全国高校加强规划、配套政策、协调指导，形成创新创业教育改革的强大合力，让支持大学生创新创业在全社会蔚然成风。

吉林大学凝练形成了“志高远、敢担当、基础厚、能力强、会创新、适应广”的育人理念，坚持“以创新带动创业”。以培养学生的社会责任感、创新精神、实践能力和创业意识为核心，真正把创新创业教育融入人才培养全过程，积极营造独特的创新创业文化，取得了显著成效。

中国人民大学紧密围绕国家发展战略与重大民生问题，每年组织师生赴全国各地开展“千人百村”社会调研活动，旨在构筑思想引领、素质提升、能力发展有机融合的实践育人高地，建设科学严谨、专业规范、开放共享的科研资源系统，打造扎根基层、面向前沿、特色鲜明的公益服务体系。

作为创新创业教育先行者之一，上海交通大学是一所有着强烈创新创业基因的学校。自1999年开始，学校近二十年矢志不移地探索构建研究型大学创新创业生态体系，双创文化已成为交大创建世界一流大学建设进程中的重要着力点，全面贯穿于育人全过程，在交大学子中掀起了一波又一波创新创业的热浪。

首都师范大学立足教师教育特色，弘扬“为学为师、求实求新”的校训精神，将支教育人作为实践育人的重要载体，深入挖掘支教育人功能，精心打造支教育人品牌，构建了全方位、立体化、多维度的支教育人体系，育人成效显著。

华东理工大学创业实战赛始终紧扣时代主题，引导学生将创业梦想与社会建设、国家发展紧密结合在一起，通过设置特色环节，鼓励参赛者从青年人的视角出发，以城市生活为立足点，结合所学，撰写和实施创业策划。

南京理工大学主动服从和服务于国家创新驱动发展战略，注重挖掘和弘扬办学历史积淀中的"双创"文化基因，结合"大众创业　万众创新"的时代要求，不断凝练、丰富和诠释自身蕴含的"双创"文化内涵，积极培育和壮大"双创"文化精神，努力构建和完善"双创"文化体系，大力营造和孕育"双创"文化氛围，将"双创"文化融入学校人才培养导向、融入学生培养实践、融入校园日常生活，切实增强了广大学生的创业意识、创新精神和创造能力，形成了具有示范和辐射作用的"双创"文化品牌。

39 多措并举激励创新创业 全员合力培育优秀英才

——吉林大学积极营造独特的创新创业文化

习近平总书记指出："青年是国家和民族的希望，创新是社会进步的灵魂，创业是推动经济社会发展、改善民生的重要途径"。① 近年来，吉林大学深入学习贯彻落实习近平总书记系列重要讲话精神和治国理政新理念新思想新战略，贯彻落实全国高校思想政治工作会议精神，坚持立德树人基本任务，围绕学生、关照学生、服务学生，积极营造独特的创新创业文化，取得了显著成效。

一、理念思路

在办学过程中，学校凝练形成了"志高远、敢担当、基础厚、能力强、会创新、适应广"的育人理念，以培养学生的社会责任感、创新精神、实践能力和创业意识为核心，坚持"以创新带动创业，以创业开辟未来"，坚持"面向全体、分类施教、结合专业、强化实践"，把创新创业教育改革作为推进人才培养模式改革的突破口，努力实现创新创业教育由面向有创新创业意愿的学生向全体学生转变，由注重知识传授向注重精神培育转变。目前，学校已通过创新创业文化的引领和辐射作用，打通学科专业壁垒，健全了人才培养机制。经过长期探索，创新创业文化已经全面融入、渗透进学校人才培养和发展建设的方方面面，逐步构建起系统完备的创新创业文化建设体系。

---

① 新华网－培养创新创业的有生力量——党的十八大以来创新创业教育改革综述. 2017. 09. 12. http://news.xinhuanet.com/2017－09/12/c_1121650705.htm

二、具体做法

（一）整合优质资源，完善科学合理的育人机制

学校不断创新育人理念、整合多方力量，构建全方位、多层级的创新创业育人机制。一是加强组织建设。成立由学校主要领导、专家学者组成的工作指导委员会，统筹协调全校学生创新创业工作。印发《创新创业教育和大学生自主创业实施办法》《选拔优秀应届本科毕业生为创新人才推免生工作办法》，对于在读期间获得一定的学术、科技等成果，具有创新精神和创业能力的优秀人才，推荐免试攻读硕士研究生。完善创新人才培养机制，发布《关于通过特别渠道聘任教授、副教授职务的通知》，对于创新创业教育活动中表现出色的教师设立特别渠道聘任教授。二是创新育人载体。成立“创新创业教育学院”和“创新创业研究院”，开设创新创业通识课程。会同以色列高校合作建设“中以创新创业合作研究中心”，为学生创新创业注入国际基因。成立青年科技工作者协会，开展《创新能力与科学素养》系列讲座，一对一、甚至多对一指导学生创新创业。加强对创新创业类学生社团的统筹建设，构建以“学术讲座”“创业大讲堂”“学术报告会”等为形式的校园学生创业文化活动体系。三是坚持协同推进。统筹教务、学工、就业、团委等部门，共同推动创新创业教育发展，由“各自为战”向“集团作战”改变。协同吉林省开展创新创业高端师资培训10余次，培训教师近千人次。学校已累计投入创新创业专项经费5000多万，实现了“机构、场地、人员、经费”四到位。

（二）注重分类引导，营造层级递进的育人环境

学校结合学生实际需求，因材施教、分类指导，不断提升创新创业育人实效。一是面向全体学生，开展创新创业通识教育。建立“创新创业教育课程群”，设置通识教育必修课《大学生职业生涯发展与就业创业指导》、专业教育选修课《创业基础》。通过创新创业服务网开展网上实训，利用慕课平台在线课程教学，计算课时学分。开设创业管理学位教育，进行创业理论知识和创业管理技能的系统训练。开展创业大讲堂、创业论坛、创业沙龙等活动200余场，组织《创新能力与科学素养》系列讲座50余场，影响覆盖人群达3万余人次。邀请360总裁齐向东、新东方总裁俞敏洪、爱国者董事长冯军等创业家、风险投资商和成功企业家与学生面对面交流，营造“敢想敢干、不怕失败”的创业文化氛围。组织“挑战杯”“创

青春”获奖团队校区巡讲活动，调动师生参与创新创业类竞赛的积极性。二是面向有创新创业意愿学生，开展创新创业实训教育。建设“特色专业和人才培养模式创新实验区”，推动学校各级重点实验室及研究基地面向学生开放使用。依托优势学科，建立17个创新创业实训基地、3个实训模拟平台，为学生提供创业培训、创业仿真模拟和创业实践。深入实施“大学生创新实验计划”，鼓励本专科二、三年级学生在导师指导下开展科学研究和创业实践，“十二五”以来，学校“大学生创新实验计划”共结题3000余项，参与人数占本科生总数的40%。

（三）加强平台建设，树立多方联动的孵化体系

学校整合优势资源，逐步构建政府、学校、社会企业开放共享的创业生态体系，为创业项目和创业学生发展进步提供良好的孵化环境。一是设立创业园区。投入1000万元，优化校区功能，建设占地1.3万平方米的学生创新创业园和“互联网+”产业集聚园，目前已有40余家科技含量和产品附加值双高的学生及校友创业企业入园孵化。依托国家级大学科技园建立“学生创业专区”，为学生提供法律、工商、税务、管理咨询、推荐融资等方面的创业咨询和服务。开展学生创业实训活动，实行创业导师一对一制度，为入园学生企业提供分阶段、分类别的指导咨询，提高学生企业成活率。二是建设创业基地。与吉林省林田远达集团、大连沙河口区产业园等省内外40余家创新创业孵化器合作，鼓励和支持学生到创业基地落户、孵化。广泛开展与投资公司、商会、行业协会、校友会的联系，拓宽学生创业路径。依托学校资产经营公司建设校园“在地化”的学生创业实训基地，已有300余人参与校园经营。三是加强指导服务。建立吉林大学创新创业网等信息服务平台，有效实现信息共享、资讯发布、网上学习、项目展示、市场对接、经验交流等功能。组织学科交叉课题立项200余项，推动和鼓励在校学生（至少1名本科生）尽早进入科研队伍进行科学研究。聘任校内外200余名行业优秀人士作为创业教师，依托青科协骨干教师对创新创业学生进行针对性地指导。

（四）契合学生特质，构建个性多元的实践模式

学校立足学生在知识结构、信息获取方式、互联网思维等方面的优势，鼓励学生进行有针对性的创新创业。一是高科技成果转化型。通过市场化和企业化运作，将科技成果转化为现实生产力。如吉林大学博士马银龙以“万米钻探”技术成果为依托，瞄准现实需求，研发出仿生钻头，创立金城切削刀具有限公司，实现了科研成果

的成功转化。二是“互联网 +”产业型。以互联网技术和多媒体平台为支撑,将互联网基因注入传统产业,创新营销模式。如吉林大学博士王熙博,以现代互联网技术为依托,以“健康果膳”为理念,将水果销售与互联网深度融合,创立果语堂品牌,创造近百个就业岗位,年销售额近亿元。三是公益创业型。以学生创新思维结合公益导向,用收益做公益,将“输血”与“造血”有机结合。如吉林大学“周末圆梦大学”项目,以“免费版”帮扶农民工子女,以“收费版”补贴“免费版”,创新了公益组织运行形态。目前该项目已接收社会各界资助 50 余万元,帮扶农民工子女 5000 余人。

三、经验亮点

(一)各界广泛关注

2015 年 4 月,李克强总理视察吉林大学,专门看望了大学生创新创业典型,对学校学生创新创业工作给予高度评价。2015 年 10 月,深入推进高校创新创业教育改革座谈会在吉林大学召开,刘延东副总理出席会议,并与创新创业学生代表深入交流。承办 2016 年全国高校实践育人暨创新创业推进会,对第二批全国高校实践育人创新创业基地授牌,全国高校实践育人创新创业基地代表进行了交流发言。中央电视台、人民日报、新华网、人民网等多家重要媒体对学校创新创业文化建设进行宣传报道 100 余次。

(二)营造良好氛围

学校承办首届中国“互联网 +”大学生创新创业大赛,吸引 31 个省(市、区)的 1878 所高校的 5. 73 万支团队报名参加,提交项目作品 3. 65 万个,参与学生超过 20 万人。创建吉林省高校首个创客空间 i. Flame. JLU,并在不同校区创建了 5 处契合专业需要的创业苗圃,每周组织创业路演 10 余场次。选树学生创新创业典型,涌现出何崇崇等一批中国青少年科技创新奖先进典型。充分发挥“青年文化书院”“青科协”教师对学生创新创业的引领作用,组织开展各类创业计划竞赛,为学生创业实践搭建舞台。通过“创业俱乐部”“创业论坛”等形式,促进学生、教师和企业家之间相互交流,分享创业理论与实践成果。

(三)深化育人实效

在国际生物分子与设计大赛、国际基因工程机器大赛、全国机器人大赛等国内外顶级创新赛事中,吉林大学均斩获金奖,不断创造中国高校的最好成绩。在全国“创青春”“挑战杯”竞赛中，吉林大学连续4年捧得优胜杯，金奖和奖牌总数不断刷新东北地区高校的最佳纪录，成为东北地区创新创业赛事的一面旗帜。学校入选首批“全国高校实践育人创新创业基地”及“全国创新创业典型经验高校”，入选第二批“全国大众创业万众创新示范基地”。

40　聚焦民生筑创新平台　思想引领育厚重人才

——中国人民大学“千人百村”社会调研活动介绍

一、理念思路

为响应习近平总书记在全国高校思想政治工作会议的号召，全面提高我国高等教育发展水平，增强国家核心竞争力，中国人民大学坚持把立德树人作为中心环节，把思想政治工作贯穿教育教学全过程，实现全程育人、全方位育人。以“千人百村”社会调研活动为代表的学生社会实践，是中国人民大学人才培养改革路

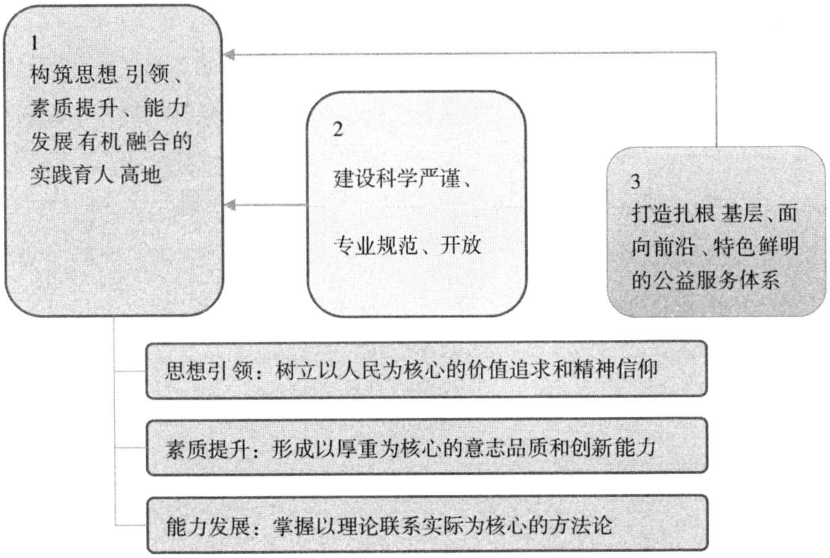

线图的重要组成部分,也是学校科学研究的重要支撑和社会服务的基础平台,秉承理论联系实际的传统,遵循青年学生成长规律,旨在构筑思想引领、素质提升、能力发展有机融合的实践育人创新高地,建设科学严谨、专业规范、开放共享的科研资源系统,打造扎根基层、面向前沿、特色鲜明的公益服务体系,形成人才培养、科学研究、社会服务三位一体的创新平台。

二、具体做法

中国人民大学紧紧围绕国家发展战略与重大民生问题,贯彻十八届六中全会精神,以"千人百村"社会调研项目为主体,每年组织超过5000名师生赴全国各地及海外地区开展社会实践活动,引导师生系统观察城乡基层实践、全面城乡体悟基层文化、深刻理解城乡基层治理、用心服务城乡基层发展,受到了国内外媒体和社会舆论的广泛关注和赞誉。

(一)活动内容

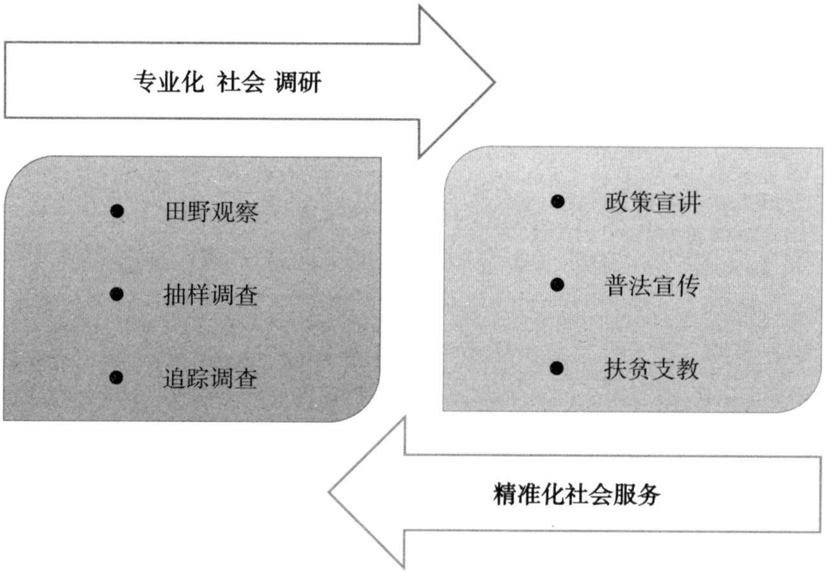

（二）项目概览

（三）基地支撑

中国人民大学按照"突出创新、注重特色、开放共享"的原则，全面夯实校内实践创新基地，建设成果分享会、主题工作坊、学术社区、实践创新论坛、数据共享平台等一系列活动平台，形成了教师参与、培训辅导、过程管理、教学对接、科研对接等一系列运行机制，着力推动实践教育研究、基地信息管理、实践成果转化、实践项目对接等四个平台的建设，为"千人百村"社会调研项目的扎实开展和成果转化奠定坚实基础。

成果分享会

- 搭建分享经验、交流心得、争辩观点、碰撞思想的平台，引导学生更加系统、科学地认识中国。

主题工作坊

- 举办面向全校开放的调研方法与技术培训、调研成果发布与交流、调研专题交流。

学术社区

- 组建关注农村发展变迁的学术共同体，组织开展专题调研，发布学术研究成果。

实践创新论坛

- 纳入本科生学术论坛，集中呈现社会调研过程中产生的实践成果和高水平学术成果。

数据共享平台

- 按照学术界惯例逐步面向科研人员公开调查数据，形成稳定的教师参与机制与成果形成机制。

三、经验亮点

（一）特色创新

中国人民大学每年1200余名学生身着统一服装在暑假赴全国各地开展“千人百村”社会调研活动，进行科学、规范的社会调查，同时因地制宜开展社会服务活动，集中诠释了中国人民大学“实事求是”校训和理论联系实际、求真务实的学风，在价值彰显、教研融合、校地协同、数据积累等方面形成了一系列特色与创新。

人大精神诠释	•践行人大校训"实事求是" •诠释人大理论联系实际的学风 •彰显人大师生对国家发展与社会民生的深切关注
教学科研融合	•第一课堂与第二课堂无缝衔接 •课堂教学与实践教学有机融合 •专业课教学与方法课教学紧密互动
校内校外协同	•扎实建设校内实践创新基地，融入学校人才培养体系 •亮点在校外，功夫在校内，实现全过程实践育人
数据积累创新	•"千人百村"户跟踪抽样调查填补中国学术调查空白 •"街巷中国"已经成为全国最大的专业城市调查平台 •城乡公共服务与治理领域形成一手数据提供支持决策

（二）项目成果

"千人百村"社会调研活动已经成为暑假全国各地的一道亮丽的风景线，在实践育人和科研数据资料库建设方面取得了突出成效。目前，相关调查数据和调研成果已经受到发改委、财政部、民政部等部委的重视和采纳，国家发改委社会发展司近期专门致信就"千人百村"调查数据对国家"十三五"基本公共服务规划编制提供的重要数据支撑表示感谢。

41 让交大成为双创最活跃的细胞

——上海交通大学二十年探索构建创新创业生态体系

作为创新创业教育先行者之一，上海交通大学是一所有着强烈创新创业基因的学校。近年来，学校紧密地团结在以习近平同志为核心的党中央周围，深入学习贯彻党的十八届六中全会精神、全国高校思想政治工作会议精神，牢固树立政治意识、大局意识、核心意识、看齐意识，全面提升思想政治工作水平，努力开创高等教育事业发展新局面，坚持学校在创业就业方面的改革创新，矢志不移地探索构建研究型大学创新创业生态体系。

双创文化已成为交大创建世界一流大学建设进程中的重要着力点，全面贯穿于育人全过程，在交大学子中掀起了一波又一波创新创业的热浪。二十年来，学校孵化培育出了一大批由学生自主经营的科技服务和知识服务企业，如昂立股份有限公司、TP－Link、饿了么等；毕业生中也出现了杨元庆、沈南鹏等在创新创业和创投领域中具有广泛社会影响力的领军人物。2002 年，上海交通大学等高校被列为教育部首批创业教育试点院校；2009 年，成为上海首批创业教育试点高校；2014 年获得首届“创青春”全国大学生创业大赛冠军；近五年来，学校连续三届（2011 年、2013 年、2015 年）蝉联“挑战杯”全国大学生课外学术科技作品竞赛决赛冠军，创造了该赛事的历史；2016 年，学校获评“上海高校实践育人创新创业基地”、全国高校创新创业工作 50 强、入选首批国家“双创示范基地”。

“让创新成为凝结在学生血液中的一种精神，让创业成为学生生命中的一种力量的迸发”，已然成为交大校园创新创业文化“主旋律”，点燃了愈来愈多的交大学子创新创业之梦！

一、工作理念与思路

上海交通大学始终坚持“积极弘扬、主动引导、拓宽渠道、全面育人”的育人工作方针，以双创精神为核心，细分抓手、实验、载体、纽带等不同方式重点突破，经过连续四个“五年”的探索实践，学校双创教育实践育人工作成效卓著，硕果累累。第一个五年(2000～2004)，以创新创业意识教育为核心，健全组织机构，厚植创新创业土壤。率先成立“大学生科技创新创业中心”统筹学生创新创业活动，1999年迄今连续举办17届创业计划大赛。第二个五年(2005～2009)，着眼创新创业能力教育，构建多层次、多形式的创新创业教育体系。推动创新创业教育进入第一课堂；在第二课堂，已形成创业沙龙、电梯演讲、海峡两岸创业交流营等品牌。学校先后投入近2亿元建设大学物理、工程训练中心等十大实验中心和创新创业基地。第三个五年(2010～2014)，聚焦创新创业素质教育，2010年在全国高校中率先成立创业学院。以全面、系统的创新创业素质教育为核心，探索创新创业教育、训练、孵化链。创业学院采取“无形学院、有形运作”的崭新模式，探索“一体两翼”的研究型大学创新创业教育模式。当前，学校创新创业教育正处于第四个五年(2015～2019)的关键期，学校坚持“教育、实践、孵化、研究”相结合，推进构建创新创业生态体系。坚持创新引领创业、创业带动就业，激活学校科技、人才和资源优势，推动科技成果转移转化，为国家双创战略提供重要支撑。通过构建完整的“双创教育—双创实训—双创指导—创业孵化”成长链，推动双创向更高层次发展。

二、具体实施方法

上海交通大学在二十年探索构建创新创业生态体系的实践过程中，注重前瞻性研究与战略性规划，不断创新育人工作抓手、开展品牌实验、搭建主要载体、构建发展纽带，具体实施方法如下：

(一)注重战略规划，构建“前中后端”三层式双创育人体系

作为高校类双创示范基地，学校把创新创业教育作为全面提高学生综合素养的内在要求，秉持知识探究、能力建设、人格养成“三位一体”的育人理念，逐步构建了“前中后端”三层式学生课外科技创新教育体系，涵盖全校共计170项各类高

水平科技竞赛，总计覆盖学生 4 万人次。三层式学生课外创新教育体系前端由学生科技类社团、各类创新兴趣小组、学生自发组织的科技创新沙龙与学术论坛组成。中端为挑战杯和各学科国际竞赛等大型科技竞赛、全校大学生实验创新计划(PRP)以及“政基金”等专项科技创新资金支持项目。后端是经过“前端”和“中端”的有效“孵化”而产出的成果，如论文、专利、技术授权产业化等。通过“前中后端”体系，为学生创新精神和实践能力的培养搭建了广阔的平台，更为学生科技创新成果的不断涌现打下了坚实的基础。

（二）创新育人抓手，秉持平台战略，积极整合校内外资源

平台的一端是有创新思维和创业热情的广大学生和年轻校友，另一端是各类创业课程、创业导师以及创业基金等。学校在 1998 年率先成立了科技创新创业中心，培养学生创新创业意识，统筹运作学生的创业教育、实践等活动；同时面向有强烈创业意愿的学生提供有针对性的创业课程和实践服务。此外，充分发挥“学生科学技术协会”引领学生科技创新的积极作用，学生科协聚拢了各学科拔尖学生，重点开展学术创新交流活动、对接各学科高水平竞赛辅导，组织有较高学术水平的学生对接科研项目。为了激发学生创新兴趣和潜质，学校积极整合校内外资源，面向全校主要学科方向建立了 50 个科技创新工作室，为学生提供固定的场地、师资、设备以及智力的支撑。

（三）开展品牌实验，通过“一体两翼”模式搭建双创育人有效载体

“一体两翼”模式的“一体”，即创业学院，以此作为创业教育深入推进的有效载体；“两翼”中一翼是“面上覆盖”，面向全校同学立足培养创新精神、创造理念和创业意识，另一翼是“点上突破”，面向有强烈创业意愿的同学，培养成为企业初创者和未来企业家。打造创业学院品牌育人，2010 年 6 月，为更加系统全面地推进创业教育，上海交大成立创业学院这一创新创业平台。创业学院在学校有机构代码，“有户口”；院班子配备齐整，创业学院招收的学员不涉及学籍和院系调整，和其他学院是深度合作的“双赢”关系。面上覆盖——对全校学生进行全覆盖的创业教育，通过开设以创新与创业大讲堂为核心的系列课程，举办创业计划大赛、创业沙龙等内容丰富、形式多样的活动。其中，于 2007 年面向全校学生推出的“创新与创业”课程，每年固定举办 16 期，邀请了如柳传志、俞敏洪等知名企业家和校友沈南鹏、季琦等参与授课。点上突破——对部分有强烈创业意愿的同学，

开设创业学程和培训，提供创业导师团的辅导和资金支持，使他们成为创业的“种子选手”。现主要是“宣怀班”项目，“宣怀班”自2010年开办以来已招收六期，共计学员287名，其中本科生124名，硕士研究生129名，博士研究生34名，涉及全校25个院系，已经形成跨年级、跨学院、跨专业的融合平台。

（四）坚持“引育并举”，铺设高校双创培育之路的“最后一公里”

一是创建上海市高校学生职业（生涯）发展教育创业实习基地。2015年，学校联合闵行区、“饿了么”、上海昂立教育科技有限公司共同申报“互联网+”创业孵化和教育基地，获得教委支持建设资金60万；“饿了么”公司捐资500万作为创业基金，设立“互联网+”创业孵化和教育基地，校企联合开展引导在校生开展创业见习、设立奖学金、支持互联网领域创业大赛等。二是构建“大学生创业训练计划项目—创业加油站—零号湾”的创业育人孵化体系。对处于计划和创意阶段的创业项目，依托大学生创业训练计划项目，给予5000到10000元不等的资金支持；对于初步具备产品或服务的创业项目，提供创业加油站的物理空间的支持，使其拥有体验现实商业环境的条件和能力，对于更为成熟的创业项目，促使其在零号湾创新创业集聚区获得更为全面的孵化支持。目前，学校每年组织100项大学生创业训练计划项目，已建成6个校内创业加油站并将继续新建6个创业加油站，另有5间封闭式项目讨论室，每年可以为约16支创业团队提供封闭的孵化空间服务。

三、工作经验及亮点

开展大学生创新创业教育，弘扬双创精神，引导大学生创新创业实践，是培养高素质创新人才的迫切需要，也是推动国家振兴、民族富强的切实要求。上海交通大学经过二十年摸索，形成了浓郁的创新创业文化氛围。

（一）理念文化——理顺创新创业教育的体制机制，营造浓郁的创新创业校园氛围

学校历任领导高度重视创新创业工作，加快理顺学校创新创业教育的体制和机制。学校坚持“三个理念”，即坚持以学生为中心，注重启迪式、探究式、分享式、模拟式和体验式学习；坚持开门办院，充分整合校内外、境内外资源；坚持“鼓励创新、宽容失败”的价值观。一是成立上海交通大学创新创业教育领导小组。由校

长担任组长,分管校领导担任副组长,统筹协调各项任务,保障创新创业教育顺利推进。二是成立大学生科技创新指导委员会。由校领导、团委等相关部门负责人组成,挂靠学术委员会,每年定期召集相关专家研讨大学生科技创新竞赛体系,健全学生科技竞赛分级管理制度;着力构建创新人才培养的长效激励和保障机制,为学生学术科技创新活动提供支撑。三是积极举办各类创业论坛、沙龙等活动,面向全校同学培养创新精神、创造理念和创业意识。2015 年举办中国青年领袖论坛,举办“上交创业汇”7 次,创业沙龙 16 次,电梯演讲 8 次,邀请知名企业家和杰出创业者来校作报告,旨在启迪全校学生的互联网创新创业意识,培养学生企业家精神。

(二)环境文化——共建新型双创服务平台,打造环交大知识经济创新圈

学校在构建创新创业生态体系时,确立符合科学规律的育人目标,整合多方资源构建服务平台,为创新创业者提供资源。学校于 2015 年 4 月联合闵行区政府、上海地产集团,共同建设“零号湾——全球创新创业集聚区”,“零号湾”面向全球吸引高校师生及校友集聚创业,为从零开始的创业团队搭建创业服务平台和成长培育体系,凝聚包括上海交大、华师大师生以及其他国内外顶尖名校或著名高校毕业生进驻创新创业集聚区。通过共建“零号湾——全球创新创业集聚区”,交大推动了创业项目入驻园区的速度,使园区在项目立项、评审、入园、跟踪评审等方面进一步规范化,为交大师生入驻园区提供了便利。截至 2015 年底,累计引入创业团队、企业 130 家,合计吸引创业者约 650 名,零号湾已形成了创业要素、创新人才、国际元素等多种资源的集聚。

(三)导师文化——构建“四师制”队伍,以点带面,培育双创项目

学校通过聚集校内优秀师资和海外资深学者,以及产业界领袖和创新创业实践者,组建了一支学术与实务相结合、创新与创业相结合、本土与国际相结合的课程教授和创业创投导师团队,建设教师、讲师、创业导师和创投导师“四师制”队伍——为全校开设创业课程的有来自安泰经济与管理学院和工学院的专职教师、来自海外大学的兼职教师和来自业界、从事创业的兼职讲师以及指导创业实践的导师,现有创业导师和创投导师近 200 名。创业导师主要评估学生是否适合创业,对创业过程中的情绪、团队管理、社会交往等给予指导;创投导师则主要评估学生创业项目的前景,市场拓展、商业模式以及融资策略。“四师制”队伍以点带

面,促进了校内外、海内外、专兼职、学界和产业界在创业教育与实践的结合,推进了协同创新培养创业人才。

(四)制度文化——制度保障为师生创新创业保驾护航

让创新成为凝结在交大学子血液中的精神,培养勇于投身实践的创新创业人才,更离不开政策和制度保障。近年来,学校出台了《上海交通大学“双创示范基地”建设工作方案》《上海交通大学关于建立专职教学教师队伍的实施意见》等政策性文件,在专职教学队伍建设体系中,专门明确可聘任有丰富经验的企业家担任创业“讲师”和“教授”,承担授课任务。此外,修订了《上海交通大学学生科技创新竞赛资助实施办法》和《上海交通大学“学生科技创新工作室”申报及管理办法》,鼓励和引导更多教师关心和指导学生创新创业。在资源保障方面,学校还制定了《上海交通大学大学生创业训练项目经费管理办法》,为每年培育的约100个创业团队(项目)提供资金支持以及导师辅导等服务,为支持学生创新创业提供更加强有力的资源保障。

学校浓郁的双创氛围中,涌现出了一代代、一批批创新创业实践者,不断点燃着交大学子的梦想。当前,在以习近平同志为核心的党中央坚强领导下,在党的十八大和十八届三中、四中、五中、六中全会精神的指引下,学校将全面贯彻党的教育方针,坚持社会主义办学方向,全面提升思想政治工作水平,努力开创高等教育事业发展新局面。作为首批全国“双创示范基地”之一,交大将进一步加强双创教育实践建设,充分发挥其“虚实结合”的独特育人功能,打造具有全国影响力的育人品牌,逐步形成双创教育良性循环和长效生态圈!

42 立足教师教育特色 创新支教育人体系

——首都师范大学构建全方位、立体化、多维度的支教育人体系

首都师范大学立足教师教育特色，弘扬“为学为师、求实求新”的校训精神，将支教育人作为实践育人的重要载体，深入挖掘支教育人功能，精心打造支教育人品牌，通过近二十年如一日的支教实践，构建了全方位、立体化、多维度的支教育人体系，育人成效显著。

一、全方位搭建育人载体，深化支教育人内涵

学校将支教工作作为实践育人重要载体的同时，积极拓展支教工作的内涵，以支教为基点，搭建了更广阔的实践育人平台。

一是驻点接力支教成就学校教育战略合作。支教是大学生锻炼实践能力和提升社会责任感的重要实践形式，“短暂支教”“形式支教”“盲目支教”带来的问题不容忽视。源自家国情怀的传承和责任担当的使命，则让支教有了更多生根发芽开花结果的力量。在2008年汶川地震后，我校音乐心理治疗团队第一时间赶赴现场开展支教工作，不同于震后其他团队的陆续撤离，这支特殊的支教团队近十年来一直坚守在北川中学，并建成了我校音乐教育改革与实践基地，在此实施的改革实践荣获了北京市优秀教学成果一等奖。在京津冀协同发展的国家战略格局下，我校师生对河北省阜平县、平山县的支教工作更促成了学校与两县的教育战略合作。

二是一站式社区服务搭建区校合作平台。学校发挥区位优势，依托大学生党支部联合体与周边的八里庄、甘家口两个街道建立共建合作关系，超过2000余名学生，先后帮助社区建立了8所社区学校和24个心理健康接待室，开展了8000余

小时的专题教学。由于持续推进效果明显,学校与海淀区政府已签订全面战略合作协议,实践育人工作实现跨越式发展。

三是校内朋辈指导助推大学生成长互助计划。我校师生心系边疆少数民族教育发展,学前教育学院支教团队是全国第一个深入青海农牧地区开展幼儿师资培训的团队,为青海省培训了4000余名幼儿教师;当新疆少数民族未就业大学生来到学校后,大学生们更有了近距离支持边疆教育的机会,他们以朋辈指导项目为依托,开展了“1 +1 互助成长计划”,与新疆学员一一对接,开发出计算机、音乐、美术、汉语言等13门有针对性的课程,开展一对一考前辅导,他们的教学实践工作获得新疆学员普遍认可。中央领导同志多次就我校用心用情做好新疆少数民族学生培养工作进行批示。

二、立体化打造支教工程,实现支教精准服务

首都师范大学深度融合人才培养与社会服务两大功能,有效结合师范特色优势、人才培养目标与支教对象的实际需求,以精准服务、注重实效为原则,着眼于提升人才培养质量、培育优良的师德师风和高度的社会责任感,着眼于服务国家和首都基础教育发展,实施多方共赢战略,打造了立体化的支教育人系统工程。

一是着眼于推进区域教育均衡发展,积极引导大学生围绕“同在蓝天下、携手共成长”发展理念,开展对薄弱学校帮扶工作。围绕基础课程开展常态化教学的同时,针对校务管理不规范、学生心理发展重视不够的问题,吸收教育、管理和心理学相关专业学生加入支教队伍,增设了校务管理、心理辅导等支教模块,既衔接了学生的理论知识,促进知行合一,又精准服务薄弱学校需求。从2007年至今,团队先后前往京郊20余所薄弱学校进行支教,300余个班级的2万余名学生从中受益。

二是积极响应国家加强艺术教育的号召,在推进大学生艺术素养提升的同时,依托艺术实践类公益项目服务社会。我校依托“余香行动”,组织管乐团成员开展对河北省马兰村的艺术支教工作,丰富山区孩子们的童年艺术生活,点亮他们心中的梦想;学前教育学院开展了自闭症儿童康复帮扶特色支教活动,将支教活动与医学治疗结合,创设出游戏化的艺术课程,利用独特的形式对自闭症患儿进行有效的干预;音乐学院支教团走进十里河星河双语打工子弟学校,让舞蹈零

基础的孩子们最终捧起了 CCTV“舞蹈世界”五彩缤纷夏令营栏目的一等奖，支教团的同学们被誉为“天使一样的老师”。

三是坚持扶贫先扶智，发挥学校教育优势，积极为教育资源薄弱地区提供教育决策服务。“真学习真实践”研究生暑期社会实践工程 10 年间奔赴了 20 余个省市，完成了四川灾区教育重建、一线教育教学、新农村教育信息化建设等 30 个项目，形成特色调研报告 150 余篇，得到广泛社会好评。同时，研究生将社会调研转化为学术成果，有效地提升了研究能力和解决问题能力。

三、多维度完善保障体系，建立支教长效机制

我校近三十年的支教育人工程，之所以能够持之以恒，历久弥新，源于师生的共同坚守与奉献，更植根于学校长效机制建设与不断完善的组织保障体系。

一是统筹协调，三级联动。我校明确了学校、院系、师生三级支教育人主体责任，层层推动落实，保障了支教育人实践既有顶层设计又能落地生根。学校党委统一领导，制定支教育人实践主题及总体方案；学院层面，细化特色支教育人方案，并对不同学生群体予以分类指导；师生层面，以党支部、团支部、班集体、社团、宿舍、实验室、个人等多元主体形式开展实践，最大程度地激发和调动了师生的主体地位和作用。近年来，从党支部、班集体和社团中涌现了一批批我校乃至社会上知名的支教品牌，包括 20 年坚持自发自主自费进行支教的晨曦社、从英文系拓展到全校的盲校支教团等。

二是项目推动，协同育人。学校依托课题立项对实践活动进行项目化管理，每年开展立项申请、中期检查和结题总结，不断加强对实践活动的指导、管理和监督，每年投入 100 万元用于大学生社会实践工作，为支教活动开展提供了充足的经费保障，有效地推动了支教工作的规划化建设；同时，学校建立了实践育人的大工作格局，学工部门与教务部门、马克思主义学院协同配合，依托第一课堂开展对学生的教育教学训练和调研指导，并在实践活动中吸收专业教师和思政课教师队伍进行指导，极大地提升了支教的质量，形成了我校全员参与支教育人工作的良好氛围。

三是加强宣传，示范引领。学校、学院定期举办支教项目总结交流会、事迹报告会、优秀志愿者表彰会，通过专题刊物《青春无悔，放牧草原》《首师青年》《曦

望》以及校报、网站、微信等媒体全面宣传支教典型人物和先进事迹，营造了良好的支教服务氛围。

四、聚焦学生成长成才，支教育人成效显著

从1988年我校支教队开启部三喜烈士子女支教之旅，到晨曦社、“同在蓝天下”支教团和“真学习真实践”研究生支教工程等，在近30年的支教育人之路上，首都师范大学的师生走遍了祖国20余个省市，累计服务学生4万余名。支教，就是要把优质教育送到最需要的地方去，就是要把温暖带给那些最需要关爱的人。支教师生们用爱心、智慧与行动成就了最美的人生经历，谱就了首都师大源远流长的支教育人文化，更彰显了大学的社会责任担当。

在首都师大的师德文化中，不仅有自称“教书匠”、最想被唤为“老师”、几十年坚守三尺讲台的、我国著名学者、书法家、教育家欧阳中石先生；也有主动放弃条件优越地区，深入内蒙古、云南、新疆等贫困地区，“用一年不长的时间，做一件终身难忘的事”的研究生支教团；还有在冬天窗户没有玻璃、只能睡在乒乓球台、课桌或地上的、陪伴留守儿童的晨曦社社员们。传承是最崇高的致敬，“支教”已经成为首师校园文化不可割舍的重要组成部分，支教人是师生心目中最美的人。

在育人育己的支教人生引航之旅中，大学生对教师职业和教育事业的执着热爱进一步升华，伴随而生的是做“四有好老师”的强烈价值认同感与时代责任感，这深刻影响了大学生的职业选择和人生规划。近三年来，学校毕业生中选择教师职业的超过4200人，其中选择服务边远地区和基层一线的同学占全体毕业生的30%。已经毕业的研究生支教团团员，有一半选择了教师职业，一些同学更是放弃高薪职业，无怨无悔地选择到基层中小学做一名普通人民教师，他们的事迹感染和激励着校园里的每一个人。

我校支教实践育人工作也得到了社会的高度认可，活动多次获得各类奖励并被一线媒体报道。其中，“同在蓝天下”党员支教工程获得了北京市优秀基层党建工作创新二等奖、首都高校“身边雷锋——最美北京人”等多项荣誉；光明日报等媒体对我校“真学习真实践”研究生暑期社会实践工程进行过320余次的报道；晨曦研究生支教团荣获团中央、光明日报共同评选的“2015镜头中的最美支教团”荣誉称号。2009年，习近平总书记到我校调研指导工作时，充分肯定了我校教师

教育和为首都基础教育服务所做出的重要贡献,并对同学们"真学、真信、真实践"、坚持理论与实践相结合给予高度评价,师生备受鼓舞,这也激励着首都师大人传承"为学为师、求实求新"的校训精神,为首都和国家教育改革发展做出新的更大的奉献。

43　实践砥砺青春　创业实现梦想

——华东理工大学大学生暑期创业实战赛

华东理工大学不断深入学习贯彻党的十八大和十八届三中、四中、五中、六中全会精神和习近平总书记系列重要讲话精神，贯彻落实全国高校思想政治工作会议精神，以增强学生创业意识、创新精神和创造能力为目标，坚持创新创业教育“练中学”教育理念，历时16年，打造了创新创业实践育人的校园文化建设品牌项目——华东理工大学大学生暑期创业实战赛，努力实现创新创业教育的“虚实结合”，形成创业氛围的强辐射。

一、理念思路

华东理工大学始终以“服务学生成长成才”为创新创业教育的总目标，围绕学生的创新创业能力培养，构建立体化的工作体系，培养具备创业动机、能够适应复杂企业和项目体系的复合型人才。学校以实践促创业，通过各种创新载体和实践平台，深刻把握创新创业教育的工作内涵，将创新创业教育有机融入实践育人的培养模式中，着眼于大学生全面能力的培养，着力于大学生创业精神的培育，更服务于大学生的职业发展和自我实现，让学生在实践中砥砺青春，用创业实现梦想。在创新创业实践育人方面，形成了“华东理工大学大学生暑期创业实战赛”这一具有品牌效应和机制保障的校园文明文化品牌项目，在多年的实践中，取得了积极的成果。大学生暑期创业实战赛旨在还原真实的创业环境，培养当代大学生的创业精神和创业素质，鼓励和引导学生自主创业。大赛始终紧扣时代主题，引导学生将创业梦想与社会建设、国家发展紧密结合在一起，通过设置特色环节，鼓励参赛者从青年人的视角出发，以城市生活为立足点，结合所学，撰写和实施创业策划。

二、具体做法

大学生暑期创业实战赛的前身是2000年举办的模拟生存实战大赛,参赛学生仅可携带100元现金在外地某城市生存10天。自2009年起,在国家鼓励大学生创业的背景下,特别是近几年“大众创业,万众创新”的浓郁创新创业氛围下,大赛转型为暑期创业实战赛。经过校内策划筛选和沙盘模拟,挑选出5—7支创业团队,每个团队利用2000元的启动资金,在10天内于异地实施创业计划。而所有的创业收入在大赛最后一天都会通过各种形式回馈给社会。

大赛分为三个板块:

一是激发创业想法,接受创业训练。每年3—5月,学校选拔200名学生举办“创业训练营”,邀请创业教育领域专家学者和创业成功的校友从创业知识、相关政策以及创业成功案例等方面对参赛学生进行科学系统的培训。学生自由组合形成若干只创业团队,撰写创业策划书。

二是进行创业模拟,组织沙盘推演。组织专家对创业策划书进行初筛,遴选出20支左右的团队进入创业模拟环节,组织学生进行沙盘推演。经过两轮的答辩,由专业教授和企业导师结合实战赛的目的城市特点,挑选出最具有代表性的创业团队和项目,最终选拔5—7支团队进入到异地创业实战的决赛环节。

三是比拼创意耐力,实战成就梦想。晋级团队赴异地开展为期10天的创业实战环节,实践创业策划的具体内容。在实战赛期间,学校也积极结合新的时代特点和学生特点,不断寻求新的突破。2013年,实战赛开始融入公益创业的理念,盈利情况不再作为单一评价指标,而是以创业项目所带来的社会效益和对城市建设所做出的贡献为主要评价指标。2015年,赛事融入“互联网+”理念,借助“众筹”“微信推广”等渠道加速项目成果转化。2015年,创业实战赛配对MBA“创业导师”,让企业家全程指导创业实战。

三、经验亮点

举办17年来,华东理工大学暑期创业实战赛共吸引8000余名学生报名参赛,近百支团队、300多名大学生进行了异地创业实践,取得了卓越的成绩。比赛学生的创业足迹已经遍布北京、深圳、大连、厦门、杭州、福州、苏州、温州等十几个城市。大赛让参赛选手在体会到创业艰辛的同时,也感受着成功的喜悦和公益的快乐,成为学生创新创业教育的“最美一课”。

(一)在挫折与坚持的不易中,体验创业辛苦

参赛的选手在日记中写道:“这些天,交通基本靠走,我走遍了附近方圆4公里,知道了附近有哪些社区,了解哪里有卖便宜的馒头,通晓哪个位置人流较大。虽然艰苦,但是也让我们改变了许多,饭菜不敢再剩,米饭不敢再浪费,‘的士’不敢乱打。”从刚开始的失败,到后期的营利……队员们一路走来,尝尽酸甜苦辣;也体验到实际创业的艰辛。

(二)在理想与现实的碰撞中,领会成功窍门

很多参赛的项目虽然前期一再论证,但真正抵达异地开始创业旅程,实施时发现还是“想的太简单了”,很多很好的方案,最终困于现实条件,只能“流产”。“理想很丰满,现实很骨感”。经过实战赛,对创业兴趣浓厚的大学生们,对究竟该如何定位自己的创业计划,都有了各自的答案。他们终于在实践中明白,创业并不是那么容易的,要想成功还是要尽可能发挥自身的专业和特长,有些项目虽然前景很好,但如果自己无力驾驭,还是要学会放弃。

(三)在公益与商业的博弈间,学会价值取舍

创业实战赛融入了很多公益的元素。从事公益创业项目的团队都可能面临着活动做得越多,亏得越多的现实困境。面对公益与商业的博弈,有的团队选择了放弃,但是更多的团队还是愿意把公益进行到底。公益与商业,在这两者看似矛盾的选择中,创业学子们该如何取得平衡和取舍,这也是对未来商业操守和道德的提前考量。

(四)在吃苦与感动的起伏中,感悟成长成熟

虽然从仅仅为了异地求生的生存实践大赛转型成为了有更高“含金量”的创业实战赛,但是仅有的千元启动资金既要作为项目经费,又要支付团队所有人的住宿费和餐费,不少团队依然靠一天只吃一个馒头,交通基本靠走来节省经费。但是,经过真实的社会体验之后,很多团队也都遇到了社会上热情的好心人。有学生在赛后的创业体会中写道:“其实,社会本就艰苦,只是我们不曾那么近距离地去接触,每天生活在父母的羽翼之下,不懂得节俭,应学会珍惜和感恩……”大学生们在诸多的第一次后,有了更多的感悟和思考,也在成长成熟。

17年的坚持不懈，让暑期创业实战赛成为了华东理工大学校园内最具有影响力的校园文明文化品牌项目之一，报名参与人数从最初的几十人到现在超千人，参加的学生覆盖大一到大三等多个年级。暑期创业实战赛的单个团队最高创造了10天近万元的收入纪录，所有团队累计创造了近20万元的创业收入。赛事每年吸引众多媒体的关注，文汇报、解放日报、新民晚报、中新社、中国经济网、上海教育新闻网等和众多比赛地的媒体都对参赛团队进行现场采访和专题报道。

在多年来注重创新创业教育和实践的氛围滋养下，华东理工大学从暑期创业实战赛中成功走出了一批大学生创业者。2013届本科毕业生董伟忠，曾获全国大学生移动应用大赛第二名、中国创新创业大赛50强。2010年，他参加了在深圳举办的暑期创业实战赛，以上海世博会为契机，结合自己团队作为上海在校大学生的优势，在深圳推出了参观上海世博园区和各大高校的特色旅行线路，最终与中青旅达成了意向协议。毕业后，他创建“点赞网”社团活动筹资平台，现已发起1300多个项目，累计筹资金额超过800万元，首轮获得1000万美元融资。目前，“点赞网”已经实现了校园第一筹资平台的目标，覆盖了全国大约1500所高校的4000多个学生社团。

44　厚植“双创”文化　培育“双创”精英

——南京理工大学创建“双创”文化品牌的做法与成效

厚植创新创业文化是高校响应国家创新驱动发展战略和适应经济转型提质增效需求的应然使命。作为一所具有光荣军工血脉和创新创业传统的国家重点高校,南京理工大学近年来主动对接国家“大众创业　万众创新”发展战略,以造就求真务实、开拓创新、引领发展、具有国际视野的工程精英和社会中坚为己任,注重挖掘和弘扬办学积淀中的“双创”文化内涵,精心培育和壮大“双创”文化精神,努力通过孕育具有南理工特色的“双创”文化沃土培育国家期盼、社会亟需的“双创”精英。

一、传承与弘扬:深挖校史资源中的“双创”文化基因

南京理工大学由创建于1953年的新中国国防科技最高学府——中国人民解放军军事工程学院(简称“哈军工”)分建而成,尽管六十多年来历经三迁校址、四易校名、十次变更隶属关系,但哈军工一脉相承的白手起家、艰苦创业、超越创新等精神内核始终得以传承和弘扬,为培育壮大当代亟需的校园“双创”精神提供了不可或缺的文化基因。

(一)深度发掘校史,找准“双创”文化基因

纵观整个南理工的发展史,就是一部南理工人不断艰苦创业、开拓创新的历史。在1953年毛泽东主席亲自为哈军工成立题写的《训词》中指出,“今天我们迫切需要的,就是要有大批能够掌握和驾驭技术的人,并使我们的技术能够得到不断的改善和进步”。正是这一强大的文化基因,始终激励着一代代南理工人牢记使命、创新不息。哈军工成立之时,正是新中国成立之初最艰难的时期,没有校

舍,自己建设;没有教材,自己编写;没有实验设备,自己设计制造;缺乏教员,四处延请。“因时而生、白手起家、艰苦创业、创新突破”成为了成就哈军工辉煌的重要精神密码。1960年炮兵工程系从哈军工分出单独组建炮兵工程学院,面临重重困难,广大师生又一次以坚韧拼搏的昂扬斗志开始了新的创业,并通过数代人的不懈努力,将原来哈军工的一个系逐渐发展成今天近三万人规模的全国重点大学。这种坚韧不拔、筚路蓝缕的创业精神和志存高远、不断超越的创新精神,对今天学校打造“双创”文化、培育“双创”精英依然是取之不尽、用之不竭的宝贵精神财富。

(二)注重凝练阐释,构建“双创”文化体系

经过多年积淀,学校形成了“团结、献身、求是、创新”的优良校风,并将其中的“创新”二字阐释为“是批判、是创造、是成就进步的不竭源泉”,成为了激励师生勇立潮头、拓新求进的力量之源。2013年校庆60周年之际,学校又将“进德修业 志道鼎新”确定为校训,创新创业的价值取向在其中得到了直接体现。其间的“志道”旨在引导学生敢于探索未知领域,勇攀学术高峰;“鼎新”旨在鼓励广大师生在科技活动中要善于有所发明、有所创造,在各方面开风气之先,引领社会发展潮流。无论是在校生近年来参加创新创业大赛和开展创新创业活动的卓越表现,还是海内外广大校友在各行各业创先领先所取得的累累硕果,都不同程度地反映了学校“双创”文化基因的强大生命力和感召力。

二、统筹与融合:在人才培养中有机融入“双创”文化元素

学校重视把“双创”文化融入人才培养全过程,切实增强学生的创业意识、创新精神和创造能力,厚植“大众创业、万众创新”的文化土壤,形成了塑造“双创”文化品牌的强大合力,让弘扬“双创”精神、投身“双创”活动成为了广大学生的自觉追求,支持、服务和保障“双创”在校园里蔚然成风。

(一)将“双创”文化融入人才培养导向

“十二五”以来,学校紧跟创新型国家建设、新军事变革等时代步伐,积极适应经济社会发展新常态,将学校本科人才培养总目标明确定义为:“立足精英教育,培养基础宽厚,知识、能力、素质协调发展的高级专门人才,造就一大批具有国际视野,求真务实,能开拓创新、引领发展的工程精英和社会中坚。”明确了将“双创”

教育融入学校人才培养体系，强调了“双创”精神是学生必备的核心素养。在人才培养总目标的引领下，学校先后制定了《加强大学生课外学术科技创新能力培养的实施意见》《“挑战杯”竞赛参赛工作组织管理暂行办法》等相关配套政策，营造了各机关部门、各学院既各司其职又团结协作的齐抓共管格局，形成了学校上下重视创新创业教育、支持“双创”文化建设的强大合力，激发了师生投身创新创业活动的积极性。

(二)将“双创”文化融入学生培养实践

近年来，学校面向全体本科学生开设了《大学生创业教育》《大学生 KAB 创业基础》《商业模式》等必修课程，形成了由基本课程、创业模拟、专业教育、经验传授 4 个模块、19 门选修课程组成的创业教育课程体系。同时，通过创业沙盘模拟教学和实践，培养学生的创业素养，提高他们的创业能力；为学生创业团队配备 50 名创业导师，较好满足了广大学生对创新创业理论的渴求；成立大学生创新创业实践训练基地，将科技创新大赛、大学生科研训练、学生毕业设计等活动与大学生创业实践紧密联系起来，鼓励不同专业的学生组成创业实践团队，帮助大学生体验创业活动全过程。2011 年至今实施大学生科研训练——“百千万”计划，即学校每年支持百余项重点科研训练项目，千余名教师参与指导，四年覆盖在校万名本科生，要求全体本科生，在毕业之前都要参加一次科研训练，并通过考核，使得科研训练成为本科学生毕业前的“规定动作”。

(三)将“双创”文化融入校园日常生活

学校注重通过不同手段和方式，提高师生对“双创”文化的领悟与认同。一是开展主题教育。邀请在“双创”方面的学界翘楚、企业精英等开展“梦想传递、寄语未来——院士寄语当代大学生”“企业家走近高校学子”“未来企业家训练营”“创业者说”等宣讲、交流、对话等活动，点燃学生的创新创业灵感与激情。在新生开学季，校长付梦印教授更是用了 2 个多小时的时间，以“弘扬军工精神、立志创新报国”为题，为 4000 余名 2016 级本科生讲授了入学第一课，勉励学生成为“具有军工血脉、创新情怀、创新激情和南理工烙印的拔尖人才”。二是开展实践体验。每年组织“寻访南理工人——百队千人国防行”活动，通过走进军工企业参观调研、寻访校友、座谈交流等形式，增强广大学生对国防科技行业“双创”文化的了解，激励奋发成才。大力开展各类创新创业教育“微活动”、实施“微项目”，使得各类创新创业活动、项目与竞赛不再"高大上",以此帮助更多的学生参与创新创业活动、体验创新创业魅力。三是打造校园景观。学校在将校训、校风镌刻于主要建筑物上以传播"双创"价值取向的基础上,还通过雕塑、小品等公共艺术形式向广大学生传递"双创"理念与精神。如在建成的"止戈园——人民军工之路"主题景区中融入了"两弹一星""载人航天""工业和信息化融合"等"双创"元素,以"思考·思想·思念"为主题的思园中体现知识创新的典故,这些都潜移默化地激励着学生立志创新创业。

三、辐射与引领:形成有南理工特色的"双创"文化品牌

近年来,学校主动对接国家"大众创业　万众创新"战略,通过打造创新创业教育链等措施,着力培育大学生创新创业精神,形成了有示范和辐射作用的"双创"文化品牌。

(一)完善工作体系,激发学生"双创"活力

学校注重"双创"文化的培育和养成,打造了"一体两翼三平台"的创业教学体系、"三多三促"的创新能力提升体系和"三精一强"的创业助推体系,形成了教育环境一流、教育模式一流、实训体系一流、实践基地一流、工作业绩一流的"五个一流"创新创业格局。开创了高校独特的创业教育模式,在创新创业教育领域获评国家级荣誉 7 项,省级荣誉 10 项。三年来,学校有 1512 名学生办理了《南京青年大学生创业证》,成功孵化 133 个创业项目,申请专利 128 项,注册成立公司 88 家,带动就业 347 人。

(二)搭建活动平台,营造浓郁"双创"氛围

学校在校级层面连续 24 年举办大学生科技节,组织"创新杯"大学生课外学术科技作品竞赛和创业计划大赛、大学生课外科研项目孵化培育等专业活动与赛事,并鼓励不同学院根据自身学科专业特点,有针对性地开展科技创新活动,做到"一个学院,一个品牌"。例如,机械创新设计大赛、SCI 文献翻译大赛、化学科技文化节、电子设计大赛、大学生 IT 科技节、节能环保科技文化节结构设计大赛、唯(微)·艺术材料科学图片设计大赛等具有学科特色的科技活动及竞赛,形成了浓厚的创新创业氛围。近年来,学校学生在各类创新竞赛中屡获佳绩,获国际大奖 62 项、国家级奖项 437 项、省级奖项 952 项;尤其是在 2015 年 11 月举行的第十四

届“挑战杯”全国大学生课外学术科技作品竞赛中，我校以三项特等奖、一项一等奖、两项二等奖，总分第一的优异成绩捧得“挑战杯”，在 2016 年 11 月举行的“创青春”全国大学生创业大赛上以三金一银一铜的优异成绩捧得“优胜杯”。学校传承和培育“双创”文化基因以及以“双创”文化涵养大学生创新创业品格的实践探索取得了可圈可点的成绩，也得到了学校师生和社会各界的充分肯定。学校先后荣获“江苏省创业教育示范校”、工信部首批“大学生创业实践示范基地”、首批“江苏省大学生创业示范基地”“江苏省大学生创业示范园”“江苏省互联网众创园”和“江苏省省级众创空间”。在 2016 年度全国高校创新创业总结宣传工作评选过程中，根据国家统计局社情民意调查中心开展的毕业生对学校创新创业工作满意度调查情况，学校 6 项排名第一，2 项排名第二，1 项排名第三，位居进入调查的 33 所部属高校第一名。并于 2016 年获评教育部首批 50 所“全国创新创业典型经验高校”。

后 记

呈现在读者面前的这本《全国高校校园文化建设优秀成果选编》，集中体现了近两年来高校在深入开展主题教育、校风建设、校园文化载体建设、中华优秀传统文化教育、校园文化艺术活动、实践育人等方面的新进展和新亮点，真实反映了各地各高校所取得的丰硕成果和社会效益。本书将第九届评选活动中具有代表性、影响力的获奖优秀成果汇编出版，旨在进一步总结成果经验，促进高校校园文化建设优秀成果的传播和应用，充分发挥优秀成果的示范引领、辐射带动作用，切实提高校园文化建设质量。

全书是多所高校校园文化建设工作者集体智慧的结晶。教育部思想政治工作司司长张东刚同志确定全书架构结构并审定书稿。教育部思想政治工作司副司长张文斌，北京化工大学副校长任新钢，光明日报社教育部主任田延辉，光明日报社教育部副主任朱振国，教育部思想政治工作司思想教育与网络处处长吕治国，全国大学生思想政治教育发展研究中心办公室副主任段海超，教育部思想政治工作司思想教育与网络处许克松、窦余仁等同志参加了本书的编写、统稿工作。段海超同志负责统稿组织工作。在本书的编辑和统稿过程中，得到了光明日报出版社的大力支持，在此表示衷心的感谢。由于时间仓促，不足之处在所难免，欢迎广大读者批评指正。

编者

2017 年 5 月